日本の異言語教育の論点

——「ハッピー・スレイヴ症候群」からの覚醒

大谷泰照 著

東信堂

はじめに

—— 「いわれのない優越感」と「いわれのない劣等感」

　世界で最初に行われた大規模な国際数学学力調査は、1964 年 (昭和 39 年) の IEA 国際数学教育到達度テストであった。このテストで日本の中学 2 年生は、参加 10 か国中 1 位の圧倒的な高得点をあげて、敗戦国日本の教育は一躍「世界最高の数学教育」として国際的に知られるようになった。以後、日本の教育に学ぼうと戦勝国の欧米諸国からも教育調査団が相次いで来日するようになった。*Time* 誌 (1990 年 6 月 4 日) はこのような高い数学学力の日本人生徒を 'computer-brained superhumans' と呼んだほどである。

　世界で最初に行われた大規模な国際英語能力テストは、やはり 1964 年に始まった TOEFL である。TOEFL の参加国は世界の国際化につれて増加したが、PBT 最後の 1997 年 (平成 9 年) 度には、日本の成績は世界 169 か国中 155 位、アジア 25 か国中では最下位の 25 位であった。日本の国際化に関心を寄せるエドウィン・O・ライシャワー (Edwin O. Reischauer) やアーサー・ケストラー (Arthur Koestler) らの海外の識者たちからは、日本の「世界最低の英語教育」があからさまに指弾されるようになった。

　このような「動かぬ証拠」を突きつけられて、「世界最高の数学教育」と「世界最低の英語教育」は、日本国内でも大きな教育問題になった。特に「世界最高の数学教育」が可能な教育大国日本なら、「世界最高の英語教育」もまた不可能なはずはないという論調が強まった。ついには数学教員と英語教員の能力や熱意の差が問題とされ、政界や教育界からは、英語教員は「国賊」や「犯罪的」などと非難されることにもなった。

　文部科学省は平成 15 年 (2003 年) から「中・高等学校の全ての英語教員に対

する集中研修」を課する施策を開始し、平成 27 年（2015 年）には「英語教員の英語力・指導力強化のための調査研究事業」にも着手した。平成 26 年（2014 年）、文部科学省の有識者会議は英語教育改革のための 5 つの提言を行い、日本の英語教育の問題点は教員と教育法にあるとする見解を明らかにした。このようにして、教員と教育法のあり方こそが教育効果を決定するほぼ唯一・最大のカギであるかのような考え方が、教育界においても広く支配的になった。

その文部科学省が、たとえば中学・高校のすべての数学教員に対して集中研修を課したり、数学教員の数学力・指導力強化のための調査研究事業を始めるという話は聞かない。同じ日本の教育現場の教員でありながら、英語と数学ではなぜこれほどまでに大きな差が生じるのか。英語教員は数学教員に比べて、明治以来 1 世紀以上もの間一貫して揃いも揃って無能者の集団であり続けてきたのか。また、この国の大学の中学・高校教員養成は、特に英語の教員養成については数学の教員養成に比べて格段に劣等な教育しか行ってこなかったといえるのか。もしも文部科学省や英語教育関係者が本気でこの国の英語教育の改善を考えようとするのであれば、なぜこの程度のごく基本的な疑問さえも持とうとしないのであろうか。

そもそも IEA や TOEFL のテストの結果は、それをそのまま各国の教育成果の反映と考えることには無理がありすぎるとは考えないのか。まず何よりも、学習者の母語が異なれば、数学や英語の教育・学習の難易度もまた大きく異なるというまぎれもない事実にしっかり気づくべきではないのか。英語教員にもしも異文化理解のプロとしての自覚があれば、こんなことは心して欠いてはならない基本的な認識ではないか。そんな英語教員の目からみれば、「世界最高の数学教育」などといううぬぼれはまぎれもなく「いわれのない優越感」であり、「世界最低の英語教育」という自虐的評価もまた「いわれのない劣等感」と映るはずである。

さらに、外国語教育の問題は本来、すぐれて異文化接触の問題である。とりわけ組織的な異文化接触の構造を検討してみれば、外国語教育の成果を左右する条件は単に「外国語教員の資質」だけではないことが分かる。加えて少なくとも「言語・文化的環境」と「国の教育政策」の 2 大条件を無視するこ

とはできないはずである。しかもこの2大条件は「教員の能力や努力をはるかに超えた問題」である。このようにみると、英語教育改革と言えば決まって俎上にのぼる教員や教育法の問題は、いわば目先の単なる「対症療法」に過ぎない。実はその「対症療法」を支えて、それを生かしも殺しもするさらに基本的な「原因療法」ともいうべき2大条件の検討をこそおろそかにするべきではない。外国語教員とは、本来、そんな異文化接触論のよりよい理解者であり伝道者でなければならないはずであろう。

　本書は、数学教育や英語教育などのいわば本質的には「言語・文化接触論」のあり方を、以上のような視点からあらためて根本的に問い直そうとするものである。

著　者

目次／日本の異言語教育の論点——「ハッピー・スレイヴ症候群」からの覚醒

第3章　異言語教育を支える教育姿勢

［教師と学習者の能力や努力そのものが厳しく問われる問題］

第4章　異言語教育を考えるための視点 (1)

日本の異言語教育の現状をどうみるか

日本の異言語教育の論点
──「ハッピー・スレイヴ症候群」からの覚醒

「歴史は繰り返さない、もし人が歴史に学ぶならば」
──「まえがき」に代えて

1.「好戦国」日本は、なぜ戦う度に「敗戦国」になったのか

　わが国は、幕末とそれに続く近代80年ばかりの間に、組織的な異文化接触の最も悲惨な形態としての対外武力戦争を6度も経験した。薩英戦争、馬関戦争であり、日清戦争、日露戦争であり、ノモンハン戦争（「事件」と呼ばれることも多いが、事実上はまぎれもなく国家間「戦争」）、太平洋戦争である。交戦相手は、薩英戦争はイギリス、馬関戦争はイギリス、アメリカ、フランス、オランダ、日清戦争は当時の清、日露戦争は当時のロシア、ノモンハン戦争は当時のソ連、太平洋戦争はアメリカ、イギリス、フランス、オランダ、中国、その他の連合国であった。このように考えてみると、わが国は近代と呼ばれるわずか80年ばかりの間に、世界のめぼしい大国の実にほぼすべての国々を相手に戦争を繰り返してきたことになる。今日では「世界の好戦国」などと揶揄されることの多いアメリカであるが、中国やフランスやロシアやオランダなどを相手の戦争経験は持たないから、「好戦度」からみれば、そのアメリカでさえもなお日本には遠く及ばないことになる。

　さらに、日本の6度の戦争は、事情は様々であったにせよ、相手国からの武力攻撃を受けて始まったものではなかった。少なくとも軍事的戦端を開いたのはすべての場合日本側からであり（ただし、ノモンハン戦争については、小規模のいくつもの国境紛争が拡大したもので判断は分かれる）、特に日清、日露、太平洋の3つの大規模戦争は、いずれも日本側からの不意討ちによる開戦であった。たしかに、日本の中学・高校の歴史教科書にはこのような記述はみ

られないし、日本人自身の間でも、一般にはわれわれが世界でも類まれな「好戦国民」であるなどという自覚はほとんどない。しかしながら、わが国の近代史を単なる日本史の視点を超えて、広く世界史的な目で眺めれば、近代のわが国は世界の先進国のなかでも際立った「好戦国」と映ることは否めそうもない。少なくとも諸外国がそのように考えることを不当と責めることはできないであろう。

世界の大国を軒並みに相手にして、しかも自分の側から積極的に次々と戦端を開いたほどの「好戦国」ならば、当然、連戦連勝の戦果を挙げても不思議はない。ところが、わが国の場合は、連戦連勝どころか、むしろ連戦連敗に近い無惨な結果に終わってしまった。6度の戦争のうち、明確に勝利と呼べるのはただひとつ日清戦争だけといってもよい。一般には日本の「勝利」といわれている日露戦争でさえ、その実態は、国家予算の5年分という莫大な戦費のために国力が極度に疲弊して戦争の継続が事実上困難になってしまった結果、小村壽太郎外相が日本側から米セオドア・ルーズベルト大統領に講和の仲介を要請したほどであった。この戦争で、日本はたしかに朝鮮半島や満州における権益を確保してロシアの南下をかろうじて食い止めることはできたが、講和条約そのものは「賠償金なし」の条件を呑まされるという厳しい内容であった。日本の財力も戦力もすでに限界であったことを政府も軍部も明らかにしなかったために、条約の内容に対する不平・不満が高まった国内では内務大臣官邸の焼き討ちをはじめ全国の264か所の派出所・交番の襲撃・破壊、そして日比谷焼き討ち事件など、各地で暴動が続発し、戒厳令が敷かれ、結局、戦争を指導した桂太郎内閣はついに退陣に追い込まれてしまった。

国庫歳入2億5,000万円、兵力20万人の日本が、国庫歳入20億円、常備兵力200万人の陸軍王国ロシアを相手に文字通り綱渡りのような戦争を挑み、旅順要塞の攻防だけでもわが方に8万人もの死傷者を出した末の決着であった。ルーズベルトのおかげで、かろうじて敗戦を免れた戦争と言われる所以である。

『孫子』の兵法は「彼を知り己を知れば百戦殆ふからず。彼を知らずして己

を知れば一勝一負す。彼を知らず己を知らざれば戦ふ毎に必ず殆ふし」と教えているが、わが国は文字通り、相手の力も自分の力も十分に把握することもなく無謀な戦争に突入して敗戦を重ねたことになる。しかも1度ならず6度までも戦いを繰り返しながら、大きな犠牲を払ったそれぞれの戦争体験を後の戦争に活かすことも少なかった。いわば歴史の教訓に学ぶ姿勢は実に希薄であったと言わざるを得ない。関東軍が大本営陸軍参謀本部の制止を振り切って暴走し、しかも戦争には惨敗し、そのうえその事実を封印までしようとしたノモンハン戦争では、さすがに戦後に敗戦責任者の処分が行われ、大本営陸軍部が詳細な『ノモンハン事件研究報告』(昭和15年(1940年)1月)をまとめた。しかしこの教訓さえも、そのすぐ翌年に勃発した太平洋戦争に活かされた形跡はほとんどない。

　その太平洋戦争も結果は惨憺たる敗戦に終わった。日本人だけでも310万人(満員の甲子園球場65個分の人数、国の総人口の3%以上)もの犠牲者を出し、国内の200を超える都市が空襲を受けて、特に大都市はほぼ焼け野が原と化し、国家そのものの存立自体が危ぶまれる未曾有の国難に追い込まれた。さらに戦後70年以上たった今日もなお、沖縄はいまだに外国軍の基地そのものの状態であり、北方領土も外国の占領下にある。さらに独立国では考えられないことであるが、首都東京の上空を含む1都8県の広大な空域さえも事実上、外国軍が管制権を握る占領状態にあり、日本の首都の上空を日本の航空機が自由には飛行できない現状が続く。これは、在日外国軍の運用に日本の国内法が適用されないことを意味し、同じ敗戦国のドイツやイタリアでもみられない異常な事態である。わが国を「主権国家」とはとても呼べないこんな状況に堕さしめた太平洋戦争の敗戦であったが、それであればこそなおのこと、その戦争をあらためて振り返り、そんな悲劇的な結末を招いた原因を検証し、その歴史に謙虚に学ぶことが戦争世代の後世に対するせめてもの責任であるはずである。

　ところが戦後の日本では、少なくとも日本人自身の手では、この国を未曾有の悲惨な国難に追い込んでしまった重大な責任の所在すらもあらためて問われることはなかった。一般にわれわれは失敗を犯せば、まずその失敗の原

因を明らかにする。失敗の原因を明らかにしない限り、その責任の所在は明らかにはならない。原因と責任を明らかにしないままでは同じ轍を踏まない教訓をくみ取り、失敗の再発を防ぐことは困難である。こうみれば、わが国が「好戦国」でありながら「敗戦国」であり続けた事実は決して故なしとしない。「歴史は繰り返さない、もし人が歴史に学ぶならば」という先人の教えは、この国ではこれほどまでに軽んぜられてきたと言わざるを得ない。

2. 宿年の「仇敵国」のドイツとフランスは、なぜ最良の「友好国」になったのか

　わが国が世界の諸大国を相手に6度の戦争を繰り返していた近代約80年の間に、ヨーロッパでもまた2つの大国ドイツとフランスが3度にわたる戦争を繰り返していた。普仏戦争、第1次世界大戦、そして第2次世界大戦である。ところが、第2次世界大戦後のドイツとフランスがわが日本と大きく違っていたのは、戦火を交え、憎みあい、殺しあった3度の戦争の悲惨な歴史を教訓として、その悲劇をこれ以上繰り返さないための明確な意志をもった点である。その意志は、早くも戦後6年目に大きく国際的な規模で具体化した。

　1951年（昭和26年）に創設された欧州石炭鉄鋼共同体（ECSC）は、戦争遂行に不可欠な資源の石炭と鉄鋼を国際的に共同管理することによって、ドイツとフランスの4度目の戦争を物理的に不可能にするための「不戦共同体」として構想された。共同体構成国は第2次世界大戦の交戦国ドイツ、フランス、イタリアに、被害をうけた近隣のベルギー、オランダ、ルクセンブルク（ベネルックス3国）の6か国であった。このECSCは、その後EEC、ECを経て今日の加盟28か国（2019年8月現在）の欧州連合（EU）に発展した。EUでは、すでに市場統合を実現して、加盟国間の経済的国境は事実上消滅した。加盟国中19か国間では通貨（ユーロ）の統合まで行った。さらにEUは、憎悪と狂気と破壊の歴史に終止符を打つために、加盟国の司法の統合から、政治的統合までも具体的な議題に上せている。いわば欧州合衆国構想とも言えるものである。すでに、欧州理事会常任議長はEU大統領と呼ばれ、EUの代表

としてサミットなどの国際会議にも参加している。

　第2次世界大戦が戦後のヨーロッパに遺した最大の教訓の1つは、結局は異文化理解の地道な努力を忍耐強く続ける以外には、戦争回避のカギは存在しないという非常に厳しい反省であった。疑いもなく世界大戦そのものの反省のなかから「不戦共同体」の建設が発議され、それをヨーロッパの新たな国際秩序とする機運が高まることになった。かつては憎みても余りある不倶戴天の敵国同士であったドイツとフランスが、いまやともにEUの強力な牽引車として両国史上最良の隣人関係にある。今日EUでは、加盟28か国の「武力」は、ほとんど相互に何の意味ももたない。加盟国間での戦争や領土紛争の可能性は限りなく小さくなった。20世紀半ばまでの戦乱続きのヨーロッパでは、ほとんど考えられもしなかった大変革である。戦後のヨーロッパを大きく変貌させたEUは、人類の歴史でもかつて想像もできなかったいわば革命的一大プロジェクトであると言える。

　そのEUが鮮明に打ち出しているのが、言語に象徴される多様性こそがEUの文化的価値であり、EUのアイデンティティの基本であるとする強い姿勢である。EUのいかなる言語もEUの貴重な財産であり、そのような理解に目覚めることこそが「不戦共同体」として発足したEUの発展のカギであるという認識である。したがって、EUの公用語は、加盟28か国で話される公用語合計24言語である。そこでは、いわゆる「国際語」の英語でさえ、EUの統一公用語にはなり得ない。その多言語状況のために、EUは第5次拡大を成し遂げ、加盟国が25か国に達した2004年段階で、すでに7,000人の翻訳者・通訳者をかかえ、その運営に年間8億8,000万ユーロ（約1,180億円）という莫大な費用をつぎ込んでいた。しかしこれも、再び国家間の戦争を引き起こすことに比べれば、はるかに「安価なコスト」であると考えられていたからである。

　EUの「リングア計画」は、その欧州の「多様の中の統合」を実現するための必要不可欠の言語政策として、1989年、当時のEC加盟12か国によって満場一致で可決された。統合欧州のすべての市民が、母語を犠牲にすることなく、母語に加えてさらに2言語の運用能力を身につけようとするものであ

る。そのために、エラスムス計画やソクラテス計画などの国際交流事業計画
が生まれ、毎年数十万人もの教員、学生、生徒が国境を超えて、相互に相手
の言語・文化を学びあう国際交流が実現するまでになった。歴史に深く学ん
だヨーロッパ人の英知が生み出した文字通り画期的な国際的成果である。

　なお、イギリスでは 2016 年 6 月 23 日に EU 離脱 (Brexit) を問う国民投票が
行われた。その結果、残留支持約 48%、離脱支持約 52% の僅差で離脱が決
定したが、特に高学歴の若年層に限っては圧倒的に残留支持であったという
結果から、これを個別国家中心の考え方よりも広く不戦共同体としての欧州
のあり方を重視する戦後の EU 教育の成果として評価する声は高い。

3. 第2次世界大戦から、ドイツと日本はどんな教訓を引き出したのか

　ドイツと日本は第 2 次世界大戦の同盟国であり、そしてともに敗戦国と
なった。しかし、両国が戦後にたどった道は、むしろ相互に好対照ともいえ
るほど大きく違ったものであった。

　その好例が原子力問題である。ドイツは戦時中、核兵器による攻撃を受け
た経験はなかったが、それにもかかわらず戦後は 1979 年 (昭和 54 年) 3 月の
米スリーマイル島原発、1986 年 (昭和 61 年) 4 月のソ連チェルノブイリ原発の
相次ぐ重大事故をめぐって、原子力発電の賛否についての激しい国内論議が
続いていた。そして、2011 年 (平成 23 年) 3 月の日本の東日本大震災による福
島原発事故が発生すると、間髪をいれずその 4 日後には「原子力モラトリア
ム」を発令し、30 年以上運転を続けていた古い原発 7 基の運転を即座に停止
させた。その 4 か月後の 7 月には、2022 年末までに国内のすべての原発を
廃止するための法律を議会で可決してしまった。特に理論物理学者のメルケ
ル首相が福島原発事故に際して述べた印象的な言葉「あの技術先進国の日本
でこのような事故が起きたのです」はよく知られるが、彼女は日本ほどの高
度のハイテク国家ですら重大な原発事故を防げなかったことに強い衝撃を受
けたといわれる。3 つの戦争体験に厳しく学んだドイツは、同様に 3 つの原
発事故という歴史的体験にも厳しく反応して明確な「脱原発」の決断を下し

た。それが、イタリアやスイスをも「脱原発」に踏み切らせ、最近では韓国や台湾までも「脱原発」に向かわせる流れをつくることになった。

　一方、日本は、世界でも唯一の核被爆国であり、自らが2度の原爆により34万人もの死者（被爆後5年間）を出した悲劇の体験を持つ。しかしながらこの日本はドイツとは全く対照的であった。1953年（昭和28年）12月8日、アイゼンハワー米大統領が国連総会で有名な‘Atoms for Peace’演説を行い、原子力の平和利用を広く国際的に呼びかけた。すると日本の国会では早速それに呼応して、3か月後の1954年（昭和29年）3月4日に唐突にも原子力平和利用のための「原子力予算」を可決してしまった。広島、長崎の原爆被害からわずか8年半、さらに第五福竜丸が被曝して久保山愛吉無線長の命を奪ったアメリカのビキニ環礁水爆実験が行われた3月1日からわずか3日後のことであった。

　このようにして敗戦後の核アレルギーが最も強いはずの日本においても、原子力の平和利用のための新しい動きが始まった。アメリカに次いでソ連でそれぞれに原発の重大事故が続発しても、「日本の原発は世界一安全であり、決して事故が起こるわけがない」と十分な多重防護体制が整っていることが強調された。原発は「安くて安全でクリーン」であるという原発「安全神話」が出来上がり、ついには原子力をエネルギーとして動く手塚治虫のSF漫画『鉄腕アトム』が広く国民の人気を博するまでになり、日本人の原子力アレルギーの沈静化を促したといわれる。原発設置地区の小学校では、原発推進の標語を各児童が3首ずつ作る宿題まで出されて、「原子力明るい未来のエネルギー」のような入選作が、その後長年にわたり地区内各地に看板として掲げられた。かつて戦争中の小学校でも、「日本は神国であり、決して戦争に負けるわけがない」と戦争「必勝神話」を教え込まれ、戦争貫徹の意欲を高めるためにと、戦争の何たるかもわきまえない幼い児童たちにも「鬼畜米英」の撲滅をあおる標語を作らせていたことを思い出させるものであった。

　こんな日本において、平成23年（2011年）3月、東日本大震災による福島原発事故が発生した。膨大な量の放射性物質を大気中へ放出した原子力事故で、国際原子力事象評価尺度（INES）においてチェルノブイリ原発事故と並

ぶ最悪の「レベル7」(「最も深刻な事故」)に分類された。「安全でクリーン」と教え込まれて、それを信じ、それを強調する標語まで作られた児童たちは、自分たちの受けてきた学校教育を、そしてそんな指導を熱心に続けてきた教師たちを、はたしてどんな思いで振り返ったことであろう。

事故以来満8年になる平成31年 (2019年) 3月段階でも、少なくとも約34,000人の住民がいまだに放射性物質の汚染地域を離れた避難生活を余儀なくされていて、自宅への帰還の見込みは全くたっていない。事故原子炉内の爆発の詳細そのものもいまだに十分には把握されていない。したがって当然ながら、その原子炉の廃炉の可能性さえ危ぶまれている。その間にも、タンクに貯蔵される放射性物質トリチウムを含む処理水の量はすでに100万トンを超え、いまも1日150トン以上のペースで増え続けて、1,000基にも迫るタンクの数もまた刻々と増え続けていている。令和元年8月8日の東京電力の発表では、そのうえ令和4年 (2022年) 夏ごろにはそのタンクを増設する敷地の確保も困難になるという。しかも最終的な汚染水の処理方法さえもいまだ決まっていない。原子力緊急事態宣言自体も、今日に至るもなお解除されてはいない。青森、岩手、宮城、福島、茨城、栃木、群馬、千葉8県の水産物の輸入を禁止している韓国をはじめ、いまだに海外の23か国・地域が日本の食品の輸入規制を続けているが、平成31年 (2019年) 4月段階で、それを「不当」とする日本の訴えは世界貿易機関 (WTO、スイス・ジュネーブ) によって退けられている。

このような原発被害の現状は、その終息の方法も時期も全く予測もできない状況である。平成31年 (2019年) 3月には、福島第一原発事故の対応費用は総額35兆円から81兆円にのぼるという民間シンクタンクの試算が発表された。「安いエネルギー」どころか、この国の年間国家予算の三分の一から三分の二にも相当する超巨額の代償を要するとてつもなく高価なエネルギーになった。しかも、この期に及んでもなおこの国では、これほど深刻な事態を招いた事故の責任の所在が問われることはない。裁判に出廷した東京電力の最高幹部であった元会長ら3人の旧経営陣は、いずれも自らの事故責任を否定して、東京電力は誰も安全には責任をもたないまま原発を長年にわたっ

て運転し続けていたという背筋の凍るような事実が明らかになった。

　ところが、こんな現状にもかかわらず、2013 年（平成 25 年）9 月 17 日、ブエノスアイレスの IOC 総会でのオリンピック招致演説で、安倍晋三首相は「フクシマについて、お案じの向きには、私から保証をいたします。状況は、統御されています。（The situation is under control.）」と言い切った。さらに平成 30 年（2018 年）11 月 1 日の国会答弁で安倍首相は、「原発ゼロは責任あるエネルギー政策とは言えない」と述べて国民を驚かせた。平成 31 年 1 月 15 日、中西宏明経団連会長は定例記者会見において、東日本大震災以降停止している原子力発電所の再稼動について「どんどんやるべきだと思う」とさらなる原発依存の姿勢を強く打ち出した。そのうえ近年はわが国政府も、国内の原発問題ではこれほど深刻で未解決の問題を抱えながら、なおも原発を国の基幹電源と位置づけ、原発輸出を国の成長戦略として東南アジアやヨーロッパを始め、世界各地への原発設置の働きかけに積極的である。スリーマイル島、チェルノブイリ、福島の 3 度の外国の原発事故に学んで「脱原発」を決断したドイツと、それに対して、広島、長崎、第五福竜丸、福島と 4 度もの悲惨な核被害の実体験をもつ事故当事国でありながら、なおも国の内外で原発操業を強化・拡張しようとする日本。日・独両国の姿勢はこれほどまでに全く対照的である。

　吉田茂首相の指示で戦後ほどなくまとめられた外務省の「日本外交の過誤」（平成 15 年 4 月までは極秘文書扱い）は、その「結論」で、日本が「必勝神話」を信じて始めた戦争に必勝どころか完全な敗北を喫してしまったのは、われわれの情勢判断の目が「国際的現実を忘れ」「希望的思考でくもらされた」ためであったと断じている。要するに、国際的な実情もわきまえないままに、単なる「必勝神話」の希望的観測に基づいて戦争を開始したことへの厳しい反省であった。同様にわれわれはまた、アメリカやソ連の原発事故に学ぶこともなく、日本の原発だけは特別であるかのような「安全神話」を妄信して、その結果「想定外にも」深刻な福島原発事故を招いてしまった。そんなわれわれがいま本当に学ぶべきは、根拠もない「必勝神話」を信じて戦争を始め、国を存亡の淵にまで追い込んでしまったわれわれ自身の悲惨な歴史の教訓で

ある。そしてその教訓は、単に対米英戦争の「必勝神話」だけでなく、今日の原発の「安全神話」にもまたそのまま立派に相通じるものであると思い知るべきではないのか。

4. 日本人は英語にどのように向き合ってきたのか

　歴史の教訓に学ぶことの少なかったのは、単にこの国の政治家や軍人や企業経営者だけではなかった。幕末以来今日までの異言語教育関係者も、とうていその例外であるとは言えない。

　たとえば、この国では外国との戦争に敗れるたびに、まるで判で押したように「英語国語（第2公用語、教育言語）化論」が浮上してくる。攘夷運動の結果、「夷狄斬るべし」と始めた薩英戦争（文久3年、1863年）、馬関戦争（元治元年、1864年）では、いずれにも賠償金を課せられる敗戦を喫して欧米列強の実力をあらためてまざまざとみせつけられることになった。するとその途端に手のひらを返すように、われわれは欧米に急接近して、たとえば後に文部大臣に就く森有礼は日本語を「貧弱な言語」と考え、こともあろうに夷狄の言語である英語をわれわれの国語にしようという「英語国語化論」を提唱した（明治6年、1873年）。あるいは英米を「鬼畜」と呼んで戦った太平洋戦争（昭和16-20年、1941-45年）に惨敗すると、またもや極端な英語排斥から極端な英語一辺倒に急転し、たとえば「憲政の神様」と呼ばれた尾崎行雄は、日本の民主化のためと称して「英語国語化論」の必要を説いた（昭和25年、1950年）。

　さらに、空前の財政・経常赤字に苦しんでいたアメリカの強引な圧力に屈して、わが国が通貨の切り上げを飲まされたのがプラザ合意（昭和60年、1985年）である。この合意は事実上の「日米経済戦争」の敗戦といわれ、その結果、バブル経済とその崩壊を経て、有史以来例をみない平成大不況がこの国を覆い、銀行、証券会社、生命保険会社が次々と倒産し、国の経済は大打撃を被ることになった。この経済戦争の敗戦の頃からまたもや目立ち始めたのが、英語に対する国の異常なまでの急接近ぶりである。それまでは、政権政党の政務調査会でさえも「わが国では外国語の能力のないことは事実とし

ては全く不便を来さない」（昭和49年、1974年）と主張していたものが、ついに、小渕恵三首相の諮問機関は、英語をわが国の第2公用語にすることを検討しようという衝撃的な報告書を出すまでになった（平成12年、2000年）。「英語第2公用語化論」である。学校教育においても、授業用言語を日本語から英語に切り替える自治体も現れ、これを自らの構造改革特区の成果として、小泉純一郎首相は誇らしげに施政方針演説で取り上げたほどであった（平成17年、2005年）。「英語教育言語化論」である。われわれは、これほどまでに過去の経験に学ぶこともなく「日本語一辺倒」から「英語一辺倒」への急転回をほとんど何の反省もなく繰り返してきた。しかも、とりわけこの国の異言語教育関係者の間には、そのような歴史的自覚さえも極めて希薄である。

　「英語国語（第2公用語、教育言語）化論」に劣らず周期的に繰り返される深刻な問題は日本人の「語学能力欠陥論」である。日本人の外国語能力の「欠陥」については、明治のはじめに学校教育が制度化されて以来今日まで、ほとんど際限なく繰り返されてきた問題である。戦後だけをとっても、このような日本人について、海外からは「手のつけられない外国語下手」（A・ケストラー）や「日本ほど英語の教育と学習に努力し、時間をかけ、カネを使いながら効果をあげていない国は、他にないであろう」（E・O・ライシャワー）などと厳しく批判される。国内でも「その［英語学習の］成果は全くあがっていない」（自民党平泉試案）と日本の英語教育はほぼ全面否定され、あるいは毎年の日本人のTOEFL得点の不振ぶりが繰り返し槍玉に上がる。ついには、日本の英語教育や英語教員は「国賊」（國松善次・元滋賀県知事）や「犯罪的」（藤原正彦・元お茶の水女子大学教授）などの罵声さえも浴びせられるまでになった。国語や、社会や、数学や、理科などの教科では考えられもしないことである。

　ところが、まことに奇異に思えることは、国の内外からのこれほどまでの厳しい批判を浴びながら、英語教育関係者の側からはこれに対する反論はもちろん、ほとんど何の説明も弁明も出てこないことである。TOEFLのアジア最低レベルの得点という「動かぬ証拠」を突きつけられては、日本の英語教育の「欠陥」について、それはそのまま素直に認めざるを得ないということなのか。仮にそうであるとしても、その「欠陥」に至る原因をつきとめて、

それに対する何らかの「療法」を示すことくらいは、専門家集団としての英語教育関係団体のせめてもの責任ではないのか。

5. なぜ日本の英語教育はこれほどまでに不評なのか

　実は、このような状況は決して昨今に始まった問題ではない。そもそも 1 世紀をはるかに超えるこの国の英語教育の歴史のなかで、「日本人はなぜ英語ができないのか」という根強い疑問は、いわば英語教育の基本的な問題として繰り返し問われ続けてきた。しかしこの疑問に対しては、英語学習者や英語教育関係者自身をすら納得させる説得的な理由が示されたためしはほとんどなかったといっても過言でない。

　たとえば、昭和 49 年(1974 年) 4 年 18 日、自由民主党政務調査会に「外国語教育の現状と改革の方向— 一つの試案」と題する試案が、同党の政務調査審議委員平泉渉参議院議員から提出された。この平泉試案に対しては、その後渡部昇一上智大学教授から強い反論が出され、両者の激しい論争は昭和 50 年(1975 年) 10 月まで続き、今日に至るまで「英語教育大論争」として広く知られている。その平泉試案では、日本の英語教育を「その成果は全くあがっていない」と強く断定したうえで、「その理由は何か」と問い、成果のあがっていない理由として次の 3 点を指摘している。

　　理由の第 1：「学習意欲の欠如」
　　理由の第 2：「「受験英語」の程度が高すぎること」
　　理由の第 3：「欧米におけると同様な不効率な教授法が用いられていること」

　以上からも明らかなように、平泉案は、「成果は全くあがっていない」理由の第 1 は学習者の自覚と教師の指導の問題、理由の第 2 は教師の指導法の問題、理由の第 3 も教師の指導法の問題であると考えている。要するに、「成果は全くあがっていない」理由は学習者と教師のあり方にあると結論づけていることになる。言いかえれば、学習者が意欲を高め、教師が指導法の改善

さえすれば、成果は飛躍的にあがり、この国の英語教育の欠陥を解消することができるということになる。これが、すでに1世紀を超える長い英語教育の歴史を重ねたこの国で、特に国の教育政策に責任をもつはずの政党の政務調査会の認識のありようである。

しかし、このような認識がいかに見当はずれなものであるかは、偏った先入観にとらわれず、少し広い視点に立って観察してみれば簡単にわかることである。少なくともこの程度の提言は、この国の長い英語教育の歴史のなかで繰り返し指摘されてきたことのほんの一部にすぎず、決して今に始まった目新しい問題提起ではない。

たとえば、こう考えてみるとどうか。日本の生徒はIEA国際数学テストの度毎に、ほとんど常に世界最高の成績をあげるが、一方、TOEFLの英語テストでは、ほとんど常に世界最低レベルの成績に終わっている。これは、日本の生徒はそろいもそろって、数学の「学習意欲」は世界でも最高であり、英語の「学習意欲」は世界でも最低である結果なのか。政権政党の政務調査会はそう信じていたかもしれないが、しかし実態は、むしろ完全にその逆である。少なくとも、英語が小学校では教えられていなかった戦後の半世紀ばかりの間、中学新入生が中学校に入学して最も学びたいと考える学科目は常に圧倒的に英語であった。これに対して、数学を挙げる新入生はむしろ極めてめずらしかった。あるいは戦後の今日まで70年ばかりの間、日本の生徒が課外に通う塾での学習状況をみれば、数学に比べると英語の学習率は常に非常に高く、彼らの英語学習の熱意の強さをよく示している。社会人も元旦の「今年こそ：一年の計」調査では、新しい年には覚悟も新たに「英語（会話）の学習」を始めたいという願望が多いことがよく話題になるが、「数学の学習」を挙げる社会人は極々めずらしいといってよい。毎年春、新学年をひかえた書店では英語のラジオ・テレビ講座のテキストは山積みであるが、一方、数学のテキストなどはほとんどお目にかかることもない。

また、日本の数学の教授法は世界最高であり、英語の教授法は世界最低であるとも決して言えない。むしろ、明治以来長年にわたり、日本ほど様々な英語教授法が試みられ、英語教授法の研究が進んでいる国もめずらしいとさ

え言える。少なくとも数学の教育法よりも英語の教育法研究ははるかに整備されているとみて間違いない。こう考えてみると、あれだけ世間をにぎわせた平泉試案ではあるが、残念ながら、日本の英語教育の「欠陥」のごく常識的な表層部分に目を奪われて、「日本人はなぜ英語ができないのか」の長年の基本的な疑問にはほとんど何も答えていないに等しい。これは実は、人々の目につきやすい表層部分のさらにその底に、「欠陥」を生み出すはるかに厚い深層が横たわっていることを完全に見落としてしまっていることを意味する。

　これは、平成26年(2014年)9月26日に発表された文部科学省の英語教育のあり方に関する有識者会議の報告「今後の英語教育の改善・充実方策について　報告—グローバル化に対応した英語教育改革の五つの提言」をみればいっそうはっきりする。

　この有識者会議は、現在この国の第一線で活躍する英語教育関係者を中心とする有識者11人で構成されている。平成26年2月から9回の会議を重ねて、新しい時代の小学校から大学までの英語教育のあり方そのものを総合的に再検討して、その結果を今後必要と考えられる5つの「改革」として提言した。「改革」の内容は以下の通りである。

　改革1. 国が示す教育目標・内容の改善
　改革2. 学校における指導と評価の改善
　改革3. 高等学校・大学の英語力の評価及び入学者選抜の改善
　改革4. 教科書・教材の充実
　改革5. 学校における指導体制の充実

　これらを要するに、改革1. は、学習指導要領の教育目標・内容を見直し、それに沿った効果的な指導を行うこと、改革2. は、学校での指導内容・方法を見直し、それに沿った効果的な指導を行うこと、改革3. は、学習者の実態を総合的に把握し直し、それに沿った効果的な指導を行うこと、改革4. は、教科書類の内容を再吟味し、それに沿った効果的な指導を行うこと、そ

して改革5.は、学校の指導体制を見直し、それに沿った指導を行うことを提言したものである。

　これらの「改革」案は、確かにいずれも現状の改善のためには無視できない具体的で重要な提言であり、しかも、これまでこの国で発表された数ある英語教育改善のための提言のなかでは、おそらく最も詳細で説得的なものと言うことができるかもしれない。しかし、それにもかかわらず残念に思わざるを得ないことは、これらの5つの「改革」案は、この国の長年の疑問「日本人はなぜ英語ができないのか」に対する有効な回答とはなっていないことである。少なくとも、これら5つの「改革」案が首尾よく完全に実現されたとしても、日本の英語教育の「欠陥」が除去できるとは思えないからである。英語教育の尺度であるかのように信じられている TOEFL の得点が飛躍的に上昇するとはとても考えられない。その意味では、この提言は「改善」案ではあっても「改革」案とはとうてい呼べそうにない。

　それは、このように考えてみると分かりやすい。今回の有識者会議の5つの「改革」案は、そのほとんどが、教員の指導法の改善など教員のあり方に関する提言であるといってよい。つまり、英語教育の最大の欠陥は教員にあると言っているに等しい。しかしその教員は、その力量や努力がそのまま発揮できる無気圧・無重力の自由な環境に置かれているわけではない。場合によっては、教員をとりまく環境によって教員の力量が抑圧され、努力が阻害されることは十分にあり得る。まことに不思議なことに、今回の5つの「改革」案は、教員のあり方に大きく影響をあたえるこの環境の問題自体にはほとんど全く踏み込んではいない。われわれは、教員の力量次第で学校教育はいかようにも変わり得ると簡単に考えすぎてはいないか。たしかに教育に果たす教員の役割の大きさはいうまでもないが、教員の指導法さえ劇的に改善すれば、この国の特に英語教育もまた劇的に改善されると考えるのは、いささか楽観にすぎるというほかはない。

　この国では一般に、特に英語の教員だけは指導能力も指導熱意も極端に欠けていると考えられているようである。その証拠に、文部科学省は平成15年（2003年）から、「英語教員の指導力向上及び指導体制の充実」をうたい、「中・

高等学校の全ての英語教員に対する集中研修」を課する施策を開始した。また平成27年（2015年）からは「英語教員の英語力・指導力強化のための調査研究事業」にも着手した。しかしその文部科学省が、たとえば中学・高校のすべての数学教員に対して集中研修を課したり、数学教員の数学力・指導力強化のための調査研究事業を始めたという話は聞かない。同じ教育現場の教員でありながら、英語と数学ではなぜこれほどまでに大きな差が出るのか。英語教員は数学教員に比べて、明治以来1世紀以上もの間一貫してそろいもそろって無能者の集団であり続けてきたのか。また、この国の大学の教員養成は、英語の教員養成については数学の教員養成に比べて格段に劣等な教育しか行ってこなかったといえるのか。文部科学省も英語教育関係者も、こんな当然すぎるほど当然の疑問を持つことはないのであろうか。

　有識者会議は提言の冒頭で、日本人の学習者に対して、まるでさも当然のことであるかのように「アジアの中でトップクラスの英語力を目指すべき」であると英語教育の目標を明確に掲げている。しかし、これは、本当に有識者会議として真剣な教育学的討議を重ねた末にまとめられた提言なのであろうか。まず何よりも、このような目標が文部科学省のいやしくも「有識者」を名乗る会議から提言されること自体にも驚かされるが、それ以上に、このような目標を果たすことを求められた現場の英語教師からも、さらには英語教育専門学会からも何の疑義も異論も出てこない事実にはよりいっそう驚かされる。

　今日、「アジアの中でトップクラスの英語力」をもつと考えられているのは疑いもなくシンガポール人である。近年のTOEFLの結果では、シンガポールの得点は常にアジアでは最高であり、全世界でも上位3指にも入る高得点である。その結果、シンガポールは「アジアの英語教育の優等生」などといわれ、同じアジアの日本人が学ぶべき理想のお手本のように考えられがちである。現に、平成11年（1999年）、小渕恵三首相の私的諮問機関「21世紀日本の構想」懇談会の河合隼雄座長は、新しい時代の日本の異言語教育のあり方を考えるためにわざわざシンガポールまで足を運び、「建国の父」リー・クアンユー（Lee Kuan Yew）に面会して教えを乞うた。彼はその結果、英語を

事実上の第1公用語とする「シンガポールの実情」に触発されて（『朝日新聞』平成12年4月4日）、翌年1月、英語をわが国の第2公用語にすることを検討しようという衝撃的な報告書を出した。

　言うまでもなく日本人にとっては、英語は単に中学や高校で週3〜4時間学ぶ外国語教科（English as a foreign language: EFL）にすぎない。英語は日常の生活言語（English as a second language: ESL）でもなければ、公用語でもなく、学校の教育言語でもない。ところがシンガポールは、独立までの130年以上もの間英語国の植民地であった経験をもち、いまも英語が公用語であり、日常の生活言語である。その上、英語は学校教育の教育言語であり、シンガポール国立大学の教育・研究もほとんど完全に英語のみで行われているといってよい。オーチャード・ロードにあるシンガポール最大の書店紀伊国屋書店の書棚は、その9割以上が英語の書籍であり、彼らの民族語の書籍コーナーは容易には見つからないほどの片隅に押しやられている。ところが東京・新宿の紀伊国屋書店では、外国語の書籍の多い書店として知られてはいるが、それでも、おそらく書棚の9割以上は日本語の書籍で占められているといってよいであろう。日本の中学・高校で日本語以外の言語を教育言語としている学校は非常にめずらしいし、東京大学の教育・研究も、そのほとんどは日本語で行われている。英語の占める位置はこれほどまでに日本とは対照的なシンガポールである。そんなシンガポールでは今日、シンガポール人の本来の民族語の華語、マレー語、タミル語が使えない若者が増えていることが国の大きな社会問題になっているほどである。しかも、忘れてならないことは、天然資源の乏しいシンガポールでは人こそが貴重な資源と考えられ、教育に対する熱意の高さが目立つことである。日本の教育費は国家予算のわずか5%程度に過ぎないが、「教育立国」シンガポールでは実に国家予算の20%にも及ぶほどの潤沢さである。

　わが国の有識者会議は、われわれもまたそのシンガポール人と同等の、もしくはそれ以上の英語能力を身につけることを当然のことと考えている。つまりわれわれは、両国の言語・文化的環境の違いを完全に無視したこんな目標が、少なくともわが国の学校普通教育としてはいかに乱暴な目標であるか

に気づくべきではないのか。これは中学・高校の週3時間の体育の授業時間に、たとえば野球を選択して訓練をうけたからといって、ただちに野球を専門の職業として、連日その練習や試合に明け暮れるプロ野球選手と同等の、もしくはそれ以上の野球の技能を身につけることを目標にすることにも似た乱暴さである。この期待に沿えないことをもって、わが国の英語教育や体育教育を欠陥教育呼ばわりしたり、英語教員や体育教員の力量や熱意の不足と責めたてることはできない。日本人は一般に韓国語(朝鮮語)能力試験(TOPIK)には世界最高の得点を挙げるが、それならば同じ外国語である英語のTOEFLでも世界最高の得点がとれないはずはないと考えるのと同断である。いやしくも責任あるプロの異言語教育関係者なら、心して陥ってはならない危険なアナロジーである。

実はこれは、教員・学習者の能力や努力を超えた「言語・文化的環境」に関わる問題であって、この環境は学習者の外国語学習の成否に最も大きく関わる条件であるとさえ言える(第1章、第2章参照)。そして、このような言語・文化的事実に目覚めること自体が、実は学校外国語教育における異文化理解そのものではないのか。有識者会議は、専ら教員の指導法など教員のあり方には厳しくこだわりながら、外国語学習の成果を大きく左右するこの重要な条件には全く無関心であるようにみえる。

いまひとつ、外国語学習の成果に大きく影響を与える条件でありながら有識者会議が無関心であるのは「国の教育政策」である。この「国の教育政策」によって、日本の小・中学校教員はOECD諸国のなかでは他に例を見ないほどの「過労死ライン」を超える過酷な教育環境に置かれている。しかも、教育効果に大きく関わる担当クラスの規模(クラス・サイズ)は、これまたOECD諸国中、韓国と並んで最大である。そして何よりも、わが国の国家予算に占める教育関係費の割合は、OECD諸国中でも長年にわたり最低であり続け、しかも年とともにさらに漸減傾向を続けている。このOECD諸国のなかでも最も劣悪な教育環境の改善もまた、教員の能力や努力を超えた問題である(第3章参照)。日本の外国語教育の改革を本気で考えるのであれば、「教員のあり方」以外に、さらに少なくともこれら「言語・文化的環境」

と「国の教育政策」の２つの重要な条件を同時に論じることは必要にして不可欠である。これらの３条件を総合的に検討することによって、はじめて「日本人はなぜ英語ができないのか」の長年の疑問に的確に答えることが可能になる。

　つまり、われわれは、「日本人はなぜ英語ができないのか」という根源的な問題に真剣に向き合い、その原因を究明する努力を過去１世紀以上もの間怠ったまま今日に至っていると言わざるを得ない。いたずらに新しい教授法という絆創膏ばかりを追い求めて、それらを手当たり次第に貼りまくり、効き目が少ないとか、貼り方が悪いとか、明治の文法訳読法から最近のCLILにいたるまで実に延々と論じてきた。言いかえれば、目先の対症療法こそが療法のすべてであると信じ込み、より根源的な原因療法にはほとんど関心を払っては来なかったと言えるのではないか。

6.　太平洋戦争の体験から、日本の英語教育が学ぶべき教訓とは何か

　前大戦が終わってから数年の間、街のあちこちでよく見かけたのが白衣の旧傷痍軍人の姿である。戦場で負傷した旧日本兵たちは、さいわいに生きて故国に復員したものの、出征前とは打って変わって不自由な体になってしまい、働くに働けず、やむなく道路わきに跪き、平身低頭して路行く人々に恵みを乞う姿であった。

　その彼らも、ついその数年前の戦時中には隣組（今日の町内会）主催の歓送会で熱烈な激励を受け、歓呼の声と「勝ってくるぞと　勇ましく　誓って故郷を　出たからは　手柄立てずに　死なりょうか・・・」（「露営の歌」作詞：藪内喜一郎　作曲：古関裕而）の軍歌に送られて、勇躍出征して戦地に赴いた。ところが、こと志と異なって敗戦、そしていまや変わり果てた姿となって路傍であわれな物乞いをする毎日となってしまった。街の子どもたちも、進駐してきた陽気で気前のよいアメリカ兵を見かけるとジープの周りに群がってチョコレートやチュウインガムをねだったが、一方、戦場で国のために、そして銃後の父母や妻子のためにと戦い、不運にも「名誉の負傷」を負い、いまや道端で

物乞いする身となり果てた旧日本兵にはほとんど見向きもしなかった。

　もちろん、自分たちの息子を戦争で失った親の世代は、ついつい立ち止まってなけなしの小銭を恵む姿もみかけられた。しかし、敗戦後の日本人は一般に、銃後の自分たちのために最前線で戦って傷ついた旧日本兵に対して意外なほどに冷淡であった。たしかに、敗戦後の日本人の多くは、空襲によって家や家財は焼かれ、その日暮らしの食うや食わずの生活に追われて、自分の命をつなぐことに精一杯であったと言うべきかもしれない。東京・上野駅の地下道に放置されたたくさんの餓死者の死体を見て、園田天光光が「餓死防衛同盟」を設立して国会に出る決意を固めたほどの文字通り国の「どん底の時代」であった。しかし、それにしても、健気にも国民のために戦い、武運つたなく戦傷を負った旧帝国陸海軍軍人に対する国民の視線は冷たかった。兵隊がしっかりしなかったから「神国日本」は戦争に敗れ、こんな悲惨な敗戦国民になり下がってしまった、などという心ない陰口や恨み言はよく聞かれた。実際に、物乞いする傷痍軍人たちを露骨に揶揄して「敗残兵」や「死に損ない」などと呼ぶこともめずらしくはなかった。

　考えてみれば、戦時中には「兵隊さんよありがた［と］う」（作詞：橋本善三郎　作曲：佐々木すぐる）という皇軍将兵に感謝を捧げる歌が国民の愛唱歌として広く歌われていた。

　　肩をならべて兄さんと
　　今日も学校へ行けるのは
　　兵隊さんのおかげです
　　お国のために
　　お国のために戦った（傷ついた、戦死した）
　　兵隊さんのおかげです
　　兵隊さんよ　ありがとう
　　兵隊さんよ　ありがとう

　そして国民は一般に、自分たちを守ってくれているのは戦地で戦っている

兵隊たちであって、その兵隊が強ければ、それだけで戦争には勝てるはずと素朴に思い込んでいたふしがある。国家間の組織的な近代戦を、まるで昔の武士の一騎討ち同然に考えていた。兵隊が精鋭ぞろいであれば戦争には負けるはずはないという大いなる誤解があったればこそ、戦争に敗れ、国民が敗戦国民の憂き目を見る羽目になったのは、ひとえに兵隊がしっかりしなかったからだなどという短絡した声にもなる。そして、このような兵隊に対する過大な期待は兵隊の側でもしっかりと自覚されていた。

　たとえば、今日ではとても信じがたいことであるが、海軍から生きて復員した若き日の阿川弘之青年は、直ちに谷川徹三のもとに赴き、国を敗戦に導いた海軍軍人としての自らの非力を土下座して詫びたことを、その場に居合わせた徹三の長男俊太郎が後年、弘之の長女佐和子に語っている（「阿川佐和子」NHKテレビ「ファミリーヒストリー」令和元年12月23日）。

　敗戦直後に出た竹山道雄『ビルマの竪琴』（昭和23年、1948年）は、戦中から敗戦に至るビルマ（今日のミャンマー）の日本軍を描いた作品であるが、日本人の間では今日もなお読み継がれ、2度も映画化され、さらにいくつもの言語に翻訳されて諸外国でも多くの読者を得た。その主人公水島上等兵は、敗戦後は夢にまで見た父母の待つ懐かしい故郷へは帰還せず、戦場で倒れた無数の日本兵の英霊を弔うためにと仏教僧として現地にとどまる決意をする。しかし、そこには戦争に敗れ、国民の期待を裏切った兵隊としては、『戦陣訓』に従えば、おめおめ祖国の土は踏めないという後ろめたい思いがうかがい知れる。実際に戦後、水島上等兵同様に帰国をあきらめてビルマに残留した日本兵は1,000人を超えるといわれる。大阪経済法科大学の林英一准教授の調査によれば、同様に、ベトナムで800人、マレーシアで400人、インドネシアで900人など、アジア各地に戦後も残留した日本兵の総数は合計で1万人にものぼるという（林英一『残留日本兵』中央公論新社、平成24年）。本来ならば、戦争が終われば矢も盾もたまらず父母や妻子が待つ懐かしの故郷へと心急くはずである。現に、戦時中、日本兵の捕虜や戦死者の日記を調査する任務についたドナルド・キーン（Donald Keene）は、あれほど命知らずとみえるほど勇敢に戦った日本兵たちが、ひそかに日記に書き記した望郷の念の強

さに心をうたれ、日本文学に対する関心をかきたてられる一因になったことを繰り返し述懐している。それだけになおのこと、敗残の兵がどの面さげて帰国などできようかという、当時の日本兵の銃後の同胞に対する負い目の深さは、平成の日本人には容易には理解できないかもしれない。諸外国の軍隊ではとうてい考えられもしない現象である。したがって、戦後27年間もグアム島に潜伏して孤独な戦いを続けた横井庄一旧陸軍軍曹の場合も、発見されて羽田に帰り着いた折の帰国第一声は「恥ずかしながら横井庄一帰って参りました」でなければならなかった。武人としては、敗残の身を銃後の同胞の前にさらす文字通り恥ずべき帰国であり、胸を張っての凱旋では決してなかった。

　戦地の兵隊の力量不足が敗戦を招いたとみる見方が強かった戦後の日本であったが、しかし、言うまでもなく、組織的な戦争の勝敗は決して単に兵隊の質の優劣によって決まるほど単純なものではない。それは、太平洋戦争のミッドウエー海戦やインパール作戦を考えれば一目瞭然である。おそらく戦争の帰趨を決する最大の要因は、個々の兵隊の質よりも明らかに「軍事的環境」の問題である。これは戦争を遂行するための主として地勢的・物質的諸条件である。その国の資源や経済力の実態である。太平洋戦争で言えば、物量にものを言わせて日本本土爆撃のための大型爆撃機を大量に造り続けることが可能であったアメリカと、本来、資源も乏しく、結局は特攻用の戦闘機にさえもこと欠いて、竹やりと大和魂だけで対抗することを余儀なくされた日本との差である。これは、明らかに兵隊の質をはるかに超えた、いわば組織的な戦争のための基本的な国力の問題である。この「軍事的環境」については当然、開戦前から十分に予見のできた問題であった。現に、日独伊三国同盟締結に反対した海軍の米内光政、山本五十六、井上成美らは、具体的なデータを示して対米戦に勝利することがいかに困難であるかを進言していたが、当時の政府によって完全に無視されてしまった。戦場にかり出される兵隊の質とは全く無関係の問題である。

　さらに戦争の結果を左右するいま1つの重要な条件は「軍事的政策」の問題である。言いかえれば軍事的指導者の戦略・戦術の立案能力、あるいは広く

軍事的な洞察力の問題である。太平洋戦争について言えば、ミッドウエー海戦（昭和 17 年（1942 年）6 月）の日本側の作戦ミスは、日本の保有する主力空母6 隻のうちの 4 隻をはじめ、その搭載機約 300 機、そして多くの熟練パイロットを含む 3,000 人以上の精鋭を一挙に失うという大損害を喫した。この敗戦は事実上、太平洋戦争全体の帰趨を決する文字通り決定的な転換点になった。またインパール作戦（昭和 19 年（1944 年）3 月－ 7 月）は、太平洋戦争中でも最も無謀な作戦といわれ、主として食料や装備の不足のために、参加兵力約 10 万人のうち約 3 万人の戦死者と約 4 万人の傷病者（主としてて餓死とマラリアによるもの）を出す歴史的な大敗を被った。退却路は日本兵の累々たる遺体で埋まった「白骨街道」と化し、あたら多くの有能な兵隊がむざむざ命を落とす結果となった。太平洋戦争の日本人の戦没者数約 310 万人のうち、軍人・軍属の戦没者数は約 230 万人であったが、そのうち実に半数以上が実際の戦闘による「名誉の戦死」というよりも、むしろ食料の欠乏による「無残な餓死」であったといわれている。とりわけ日本軍の補給作戦のずさんさが際立っていた戦争であった。これらもまた、兵隊の能力や戦意をはるかに超えた「軍事的政策」の問題である。

　以上のように考えてくると、太平洋戦争の敗戦は、前線で実際の戦闘に従事した兵隊の非力のためと言うよりも、明らかに「軍事的環境」という国力そのものについての希望的観測に基づく過信と、加えて「軍事的政策」という作戦能力全般の稚拙さに由来するものと言わざるを得ない。もちろん、兵隊の質を軽視することはできないが、まるで敗戦の主たる原因であるかのように言われがちな兵隊の力量や戦意は、それを生かすも殺すも、実はその背後にある「軍事的環境」と「軍事的政策」次第であるという事実を見落としてはならない。太平洋戦争に関する責任ある組織的な検証が不十分のままであるために、そんな事実がいまだに明らかにされているとは言いがたい。

　このような太平洋戦争という莫大な犠牲を払った悲劇的体験から、あらためて今日のわれわれの異言語教育が汲み取るべき歴史的教訓は少なくない。なかでも、太平洋戦争の敗戦の原因が専ら兵隊の非力さにあったかのように語られ、そんな兵隊が特に敗戦直後には「敗残兵」や「死に損ない」などと揶

揄された。それとそっくりそのままに、戦後のこの国の英語教育の「非能率さ」が専ら教師の指導力の非力さの結果であるかのように考えられて、英語教師が公然と「国賊」や「犯罪的」などと非難されたりする。そして、英語教師たちは、戦後の旧日本兵と同様に、そんな非難や屈辱にひたすら黙って耐え続けている。その背景には、ちょうど太平洋戦争の検証が不十分であったと同様に、この国の英語教育の長年のあり方に対する検証の不十分さがあることは認めざるを得ないであろう。「日本人はなぜ英語ができないのか」という疑問は、いわばこの国の英語教育の根本的な問題として長年にわたり繰り返し問われ続けてきて、いまだに明快な回答は与えられてはいない。

　組織的な異文化接触の最も破壊的な形態としての戦争である太平洋戦争の敗因を考える場合には、単に「兵隊の力量」だけでなく、さらに視点をぐんと引いて、国としての「軍事的環境」や「軍事的政策」までも視野に収めた総合的な判断が不可欠である。とりわけ、戦争に及ぼす「軍事的環境」の役割はほとんど決定的ともいえることを忘れてはならない。

　同様に、組織的な異文化接触の最も建設的な形態としての異言語教育、特にこの国の英語教育についてもまた、その「非能率」の問題を考える場合には、単に「教師の力量」だけでなく、少なくともその教師が置かれた「言語・文化的環境」と「国の教育政策」の2つの条件を併せ考える視点は不可欠であろう。とりわけ、異言語（英語）教育に及ぼす「言語・文化的環境」の役割の大きさは、これまたほとんど決定的とも言えることに気づく必要がある。もちろん、教師の力量を軽視することはできないが、まるでこの国の英語教育の「非能率」の元凶であるかのように言われがちな「教師の力量」は、それを生かすも殺すも、実はその背後にある「言語・文化的環境」と「国の教育政策」にかかっているという事実を見落としてはならない。これらの3条件を総合的に検討することによって、はじめて「日本人はなぜ英語ができないのか」の長年にわたり幾度となく繰り返されてきた疑問に的確に答えることが可能になる。「歴史は繰り返さない、もし人が歴史に学ぶならば」の先人の教えは、決して軽んじられてはなるまい。

　本書は、以上のような問題意識から、この国の異言語教育のありようを、

従来の専ら対症療法に偏った偏狭な視点を超えて、より根源的で普遍的な原因療法の問題として、いささかの危機意識をもって、あらためて問い直そうとするものである。様々な機会に発表してきた拙論を、そのために今回全面的に整理し直し、さらに大きく加筆して一本にまとめることにした。

教師と学習者の能力や努力を超えた問題

第1章
異言語教育論に不可欠な基本認識（1）
―― 数学の学習と学習者の言語：数学は超民族的な普遍性をもつ教科なのか

　紅毛碧眼の西洋人を実際に目にする機会などほとんどなかった明治の日本人と、欧米人が同じ町内に親しく住むこともめずらしくはなくなった平成の日本人。横文字を解さず、海外旅行など思いもよらなかった明治人と、すべての子どもが英語を学び、毎年一千数百万人もの国民が大挙して海外旅行に出かけるようになった平成人。

　そんな明治人と平成人を比べれば、1世紀をはるかに超える外つ国との異文化接触の歴史を重ねた平成人は、当然、異文化理解のレベルでも格段に深化しているはずと考えられやすい。ところが、実態は決してそうではない。たしかに、われわれ平成人は、明治人のように外つ国人を称して夷人や毛唐などと呼ぶことは、さすがにもはやなくなったかもしれない。しかし、平成人は明治人には考えられなかった異文化に対する偏見、とりわけ、異文化に対するいわれのない優越感と、併せて、いわれのない劣等感を身につけてしまったとさえ言えそうである。

1. 国際数学テストと日本人の過信

　日本人の普通の大学生なら、ほぼ100％が掛算の九九は言える。しかし、こんな話をしても、アメリカの大学では容易に信じてはくれない。まず日本人のホラ話と思われるのが関の山である。事実、アメリカの大学生を調べてみると、実に彼らの4割近くが掛算の九九は言えない。そのことを今度は日本の大学で話すと、これまたアメリカ帰りのホラ話と思われてしまう。

　日本人とアメリカ人のそんな算数能力の違いを、おそらく史上はじめて組織的な調査結果として明瞭に示したのが第 1 回 IEA 国際数学教育到達度テストの結果である。1964 年 (昭和 39 年)、国際教育到達度評価計画審議会 (Council of the International Project for the Evaluation of Educational Achievement: IEA/ 現在は国際教育到達度評価学会　International Association for the Evaluation of Educational Achievement: IEA) がユネスコの援助のもとに、世界で最初に行った大規模な先進国の数学教育調査である。その際、国際教育到達度調査の対象教科として特に数学が選ばれたのも、この教科が言語の相違を超えて世界各国・地域に斉一的であり、客観的な評価の尺度として十分に耐え得るとみなされたからに他ならない。[1]

　この調査は、各国・地域の教育諸条件の実態と、その教育諸条件が生み出す教育到達度の関係を明らかにすることを目的として、世界 12 か国・地域 132,775 人の生徒を被験者として行われ、わが国からも国立教育研究所が代表機関となって 10,257 人の生徒が参加した。各国・地域の多くの専門家が動員され、調査は精細を極めた。その結果は IEA 報告書として 1967 年 (昭和 42 年) に発表された。[2]

　世界のマスコミは、この報告書のなかでも、国・地域別の数学学力の実態をよく示すものとして、特に 13 歳生徒 (中学 2 年生) の平均得点 (**表 1-1**。この 13 歳生徒については、参加 12 か国・地域中、比較可能な 10 か国・地域の結果が発表された) の部分に注目して、それを大きく取り上げた。このテストは、日本でいえば主として小学校レベルの算数の四則計算テストといってよい。その結果は、「敗戦国」日本が「戦勝国」アメリカをはるかに凌ぎ、さらに他の参加国をも寄せつけない世界最高の成績を挙げた。この結果は世界を大いに驚かせ、内外のマスコミはいっせいに日本の「数学学力 世界一」と派手に喧伝した。

　単に得点の単純な比較だけでなく、その背景をなす教育条件として無視できない公教育費やクラス・サイズなどのデータを考え併せてみても、13 歳生徒については、たしかに日本は参加国・地域中最少の教育費と最大のクラス・サイズという、いわば最劣悪の教育条件のもとで、見事に最高の得点を挙げたことになる。世界が仰天したのも無理はない。

表 1-1　第 1 回 IEA 国際数学教育到達度テスト国・地域別得点 (13 歳生徒)

（調査・作成：大谷泰照）

項目 ＼ 国名	オーストラリア	ベルギー	イギリス(イングランド)	フィンランド	フランス	日本	オランダ	イギリス(スコットランド)	スウェーデン	アメリカ	平均
平均点 (70 点満点)	20.2	27.7	19.3	15.4	18.3	31.2	23.9	19.1	15.7	16.2	19.8
標準偏差	14.0	15.0	17.0	9.9	12.4	16.9	15.9	14.6	10.8	13.3	14.9
数学週時間数	5.1	4.6	4.0	3.0	4.4	4.5	4.0	4.6	3.8	4.6	
クラス・サイズ (人)	36	24	30	36	29	41	25	30	26	29	
生徒 1 人当たりの公教育費 ($)	240	288	348	130	-	81	191	361	483	545	

　これに比べると、他の欧米諸国・地域はいずれも不成績というほかはない。特にアメリカは日本とはまるで対照的で、国家防衛教育法 (NDEA, 1958 年) などに支えられたほぼ最高の教育条件に恵まれながら、得点はわが国の約半分で、順位もむしろ最下位に近い (10 か国中 8 位)。この成績は、科学超大国を自認する当時のアメリカにとっては、その 10 年前のスプートニク・ショック (1957 年) に次ぐ深刻な衝撃であったと言われる。雑誌 *Time* (1967 年 3 月 17 日) も、

The tests undermined the conviction of American education that better teaching lies in smaller classes.

と述べて、その狼狽ぶりを伝えている。

　このような 13 歳生徒の国・地域別得点の結果は、はたして何を物語っているのか。日本が異常とも思える高い得点を挙げ、一方、欧米先進諸国、特にオーストラリア、イギリス、アメリカなどの英語国が、そろって低い得点しか挙げることができなかったのはなぜか。

　IEA 報告書は、その要因と考えられるものとして、各国・地域の社会的背景、教育環境、学校制度、カリキュラム、教員構成などの諸条件を挙げて分析を

こころみた。また日本人生徒については、わが国立教育研究所の報告書『国際数学教育調査』(昭和42年)が、生徒の学習意欲と家庭環境を、成績に影響を及ぼす最大の因子であるとする見方を示した。

第2回目のIEA国際数学教育到達度テストは1981年(昭和56年)に行われた。その結果もまた、大勢としては第1回テストと変わることはなかった。13歳生徒のテストの結果では、参加20か国・地域中、日本は前回同様に他の参加国・地域を大きく引き離して第1位の成績をおさめたのに対して、アメリカは実に14位の低さにとどまった。

あらためて参加国・地域を増やして行った第2回目のテストであったが、結果は第1回目とほぼ変わるところがないことが明確になると、それ以後、海外では、日本人の「高い数学学力」の秘密を様々な角度から探ろうとする動きが目立つようになった。イギリスの科学誌 *Nature* (1982年5月20日)は、特に日本人とアメリカ人を被験者とした実地調査をあらためて行った結果、日本人の数学学力の高さは日本人の知能指数(IQ)の高さによるものであるとする調査結果を報告した。日本人1,100人とアメリカ人2,200人を比較した結果、IQの差は歴然で、日本人の77％が平均的アメリカ人よりもIQは高かったという。もっとも、特にアメリカ人の名誉に関わるこの調査結果を、当時の超大国アメリカがそのまま認めるはずもなかった。ただちに、アメリカを代表する大新聞 *New York Times* (1982年5月25日)が、特に「日本とアメリカのIQ」と題する社説を掲げて、「2つの異なる文化をもつ国民相互のIQの比較は意味をもたない」との反論を展開した。しかしこの社説は、当時の専門家たちの間では、いわば反論のための反論で、必ずしも説得力をもつ反論とはみられなかった。また、アメリカの心理学専門誌 *Psychology Today* (1983年9月)は、日本の教育ママを'the best Jewish Mother in the world'と評して、特に彼女らの強い教育的熱意が日本人生徒の高い数学学力を生む原動力であるとみる考え方を示した。'Jewish Mother'とは「教育熱心な親」を意味する。さらに、同じ時期に来日したIEAのトーステン・フセーン(Torsten Husén)名誉会長は、この国際数学教育到達度テストの実施責任者の立場から、日本の数学教師の資質の高さが生徒の学力に反映した結果であると指摘した

（『毎日新聞』昭和58年（1983年）9月10日夕刊）。日本人生徒の数学学力テスト
の結果については、それ以後海外では、以上のような説が支配的な考え方と
なり、そんな日本人生徒を 'computer-brained superhumans'（*Time*誌, 1990年6月
4日）などと呼ぶことさえもめずらしくはなくなった。

　このような海外の動きに力を得て、国内でも日本人の「優秀さ」をことさ
らに強調したり、当時話題になっていた「教育の荒廃」どころか、逆に日本
の教育の現状を大成功とみる論説さえも目立つようになった。たとえば、後
に文化庁長官に就く三浦朱門は、IEA国際数学教育到達度テストの結果を
もって日本の学校教育レベルの高さの表れであると考えて「大成功の日本の
教育」（『中央公論』昭和57年4月）を書いた。文部省初等中等教育局が出した『我
が国の初等中等教育』（昭和60年1月）や、国立教育研究所長として数学教育
の国際共同調査を行った木田宏の論説「日本の教育の特質」（『季刊・海外日系
人』23号　昭和63年10月）などのように、日本の教育をほとんど手放しに自賛
する報告書や論文が出まわるようになった。敗戦によって大きく自信を失っ
ていた戦後の日本人が、再び国民的自信を取り戻すきっかけになったともい
える IEA国際数学教育到達度テスト13歳生徒の結果であった。

　ところが、13歳生徒の成績に目を奪われて十分に報道されなかったが、
実は IEA国際数学教育到達度テストでは毎回、同時に17歳生徒（高校3年生）
の数学到達度についても調査が行われている。**表1-2**は第1回 IEA国際数
学教育到達度テストの17歳生徒の調査結果である。

　すでに13歳（中学2年生）段階で世界最高の成績をおさめた日本の生徒は、
一般に高校に進めば、大学の入試準備のための学習がいっそう強化されて、
17歳生徒（高校3年生）段階の国際数学教育到達度テストの成績は、他国にさ
らに大きな差をつけて断然第1位であろうと思われるかもしれない。ところ
が意外にも、この17歳段階では、日本はイスラエルに首位を奪われて、12
か国・地域中、なんと6位にまで大きく後退してしまっている。日本の理科
系17歳生徒の同一年齢層に占める比率が、上位5か国・地域に比べていく
ぶん高いことを考慮にいれても、13歳生徒の高い成績からは予想もしない
結果である。

表1-2　第1回 IEA 国際数学教育到達度テスト国・地域別得点（理科系17歳生徒）

（調査・作成：大谷泰照）

項目＼国名	オーストラリア	ベルギー	イギリス(イングランド)	フィンランド	フランス	西ドイツ	イスラエル	日本	オランダ	イギリス(スコットランド)	スウェーデン	アメリカ	平均
平均点(69点満点)	21.6	34.6	35.2	25.3	33.4	28.8	36.4	31.4	31.9	25.5	27.3	13.8	26.1
標準偏差	10.5	12.6	12.6	9.6	10.8	9.8	8.6	14.4	8.1	10.4	11.9	12.6	13.8
数学週時間数	6.9	7.4	4.4	4.0	8.9	4.2	5.0	5.4	5.1	6.2	4.6	5.5	5.5
クラス・サイズ(人)	22	19	12	23	26	14	20	41	19	21	21	21	
同一年齢層に占める比率(%)	14	4	5	7	5	5	-	8	5	5	16	18	

表1-3　各国・地域の共通テストに対する標準化成績（基準は文科系の17歳生徒）

（調査・作成：大谷泰照）

項目＼国名	オーストラリア	ベルギー	イギリス(イングランド)	フィンランド	フランス	日本	オランダ	イギリス(スコットランド)	スウェーデン	アメリカ	平均
13歳生徒得点	-1.52	-1.22	-1.47	-1.33	-1.53	-0.90	-1.33	-1.53	-1.64	-1.69	-1.49
理科系の17歳生徒得点	0.86	1.66	1.61	1.28	1.63	1.55	1.53	1.18	1.18	0.14	1.11
得点の伸び	2.38	2.88	3.08	2.61	3.16	2.45	2.86	2.71	2.82	1.83	2.60

　さらに、**表1-3**にみられる13歳から17歳までの成績の伸び率では、日本は実に10か国・地域中8位にまで落ちこみ、他の多くの国々に比べて、高学年になるにつれて進歩の度合いが著しく鈍化していることを明瞭に示している。

　13歳では、他国・地域を全く寄せつけない世界最高の成績を挙げた日本人生徒が、17歳になると、なぜこれほどまでに成績が大きく低下するのか。その間に、いったい何が起きているのか。こんな疑問に対して、IEA 報告書もわが国立教育研究所報告書も、何ら満足な解答をあたえることはできなかった。そして、この17歳生徒の結果は、言うまでもなく、*Nature* 誌の日本人の IQ 説、*Psychology Today* 誌の日本の教育ママ説、フセーン名誉会長の日

本の数学教師説のいずれの説をも完全に根底から覆すものである。同時に、三浦朱門や文部省初等中等教育局や木田宏らの分析もまた、とうてい説得的であるとはいえないことが分かる。

2. 国際数学教育到達度テストの結果が顕すもの

　この問題の解明を阻んでいるものは何か。それはおそらく、数や数式を個別言語には依存しない超民族的な普遍性をもった万国共通語と考えて疑わないわれわれの姿勢そのものにあるのではないか。言いかえれば、数学の学習自体も、すぐれて文化型 (Kulturtypus) の問題であるという事実を見落としてしまった学力観、いわばわれわれの素朴な「数学信仰」にあると考えられないであろうか。しょせん数学は、現代科学が追い求める理想の普遍的な媒体というよりも、依然として自然言語の引力圏から離脱できないでいる不完全な人工言語と考える方が正しいのではないか。IEA 国際数学教育到達度テストの結果は、調査そのものの正確な理解のために、そしてわが国の教育到達度を実態に即して把握するためにも、単に狭い意味での数学教育・学習の成果とみるよりも、むしろ、もっと根の深い、いわば学習者自身の個別言語・文化そのものに関わる問題としてとらえ直す必要がありそうに思われる。[3]

　たとえば、テスト初級問題に出題された 2 × 3 (初級問題 I の 6) という簡単な数式1つをとってみても、これは、たしかに国際的に共通であって、疑いもなく全被験者に対して完全に同一の意味をもつことを自明の前提として出題されている。この国際数学教育到達度テストに関わった各国の数学関係者たちは、2 × 3 が参加国間で異なる意味をもつなどとは夢想もしていなかったはずである。したがって、もしも近代数学の数式 2 × 3 の意味が、実は国や地域によって必ずしも同一ではないなどと言い出そうものなら、おそらくそれは、とても正気の沙汰とは認められないし、世間を惑わせる世迷い言として非難されかねない。

　現に、こんな意見を筆者が昭和 49 年 (1974 年) 10 月、月刊誌『英語教育』(大修館書店) に発表したところ、英語教員をはじめ、大学の数学教室を含む数

学の専門教員の方々からも厳しい反応があった。それらの反応の大部分は、自然言語の呪縛から脱して、より高度の純粋思考の媒体として発展した近代数学の記号体系は、まぎれもなく民族を超えて 'universal'（普遍的）な存在であることを強調するものであり、それを認めない拙論は明らかに数学界の共通認識に背く「数学音痴の妄論」であるというご叱正であった。

　そんな日本人の認識を最も端的に示すのが、たとえばこの国の辞典・事典類に見られる「乗数」の記述である。こころみに、この「乗数」をわが国では最も信頼ある国語辞典とみなされている『広辞苑』(岩波書店) や『日本国語大辞典』(小学館) で引いてみると、「掛算の掛ける方の数。A × B の B」と定義されている。実はこれは、決してこの 2 つの国語辞典に限ったことではない。少なくとも筆者が調査した限りでは、この国の市販の日本語辞典・事典類のすべてが、ほぼ 1 つの例外もなく、まるで判で押したようにこの B 定義を採っている。さらに驚くべきことには、わが国の『数学用語辞典』『数学事典』などの数ある数学専門の辞典・事典類でさえも、筆者の調査の限りでは、ただの 1 つの例外もなく、すべてがやはり B 定義に従っている。そして、それらの辞典・事典類で、世界には B 定義以外の定義が存在することに言及しているものは全くない。

　これを要するに、わが国の辞典・事典類は、「乗数」とは B であると言い切り、それ以外のものではあり得ないと堅く信じて疑わない。そして、実は「乗数」とは B ではなく、逆に A であると考える文化圏がこの地球上には立派に存在するという事実が、わが国では完全に見落とされてしまっている。われわれは、すでに 1 世紀をはるかに超える長い英語学習の歴史をもちながら、われわれの英語理解は、実はこの程度にとどまっている。これでは、われわれが数式 2 × 3 を、そのまま普遍的な万国共通語であるかのように誤解するのも無理はない。

　欧米をはじめ世界の広い地域では、数式の「乗数」と「被乗数」の位置はたしかに日本とは逆転して、「A × B の B」ではなく、まぎれもなく「A × B の A」こそが「乗数」であると定義されている。実際には、日本人と欧米人では、この数式の意味するところが正反対になる。

　この重要な事実に、国際数学教育到達度テストの出題者たちは、欧米側も日本側も、ともに気づいていないことになる。それぞれの個別言語の構造によって、乗数と被乗数の位置は逆転するのである。数式 2 × 3 は、日本語（そして漢字文化圏諸言語も）ではいうまでもなく「2 の 3 倍」、すなわち 2 + 2 + 2 を意味し $\begin{smallmatrix} 2 \\ \times 3 \end{smallmatrix}$ と書く。これに対して、たとえば英語では、「2 倍の 3」(two times three) と読み、3 + 3 と解され $\begin{smallmatrix} 3 \\ \times 2 \end{smallmatrix}$ と書くのが一般である。言うまでもなく、英米の小学校の算数教科書には、どんな種類のものにも、一様に

　　2 threes (*or* three's) are 6. We write: 2 × 3 = 6. We say: Two times three is 6.

のような説明が必ず出てくる。まぎれもなく乗数は A (2) であり、被乗数は B (3) である。

　教師用の数学書には、さらに丁寧な解説がついている。IEA 国際数学教育到達度テストの結果に世間の注目が集まっていた当時の英・米の代表的な数学書からもそれぞれ 1 例を挙げておこう。

　　2 × 4 means 4 + 4, and 4 × 2 means 2 + 2 + 2 + 2. —Elizabeth Williams & Hilary Shuard, *Primary Mathematics Today* (London: Longman, 1970), p.150.

　　We define 3 × 2 as 2 + 2 + 2, the sum of three two's .... According to the definition, 3 × 2 = 2 + 2 + 2, while 2 × 3 = 3 + 3. —Robert L. Swain, *Understanding Arithmetic* (New York: Holt, Rinehart & Winston, 1962), p.53.

以上からも明らかなように、日本では 3 × 2 = 6 は $\begin{smallmatrix} 3 \\ \times 2 \\ \hline 6 \end{smallmatrix}$ と書き表されるところ、英語国では、当然、次のように上下の位置が逆転することになる。

　　3 times 2 is 6. Horizontal and vertical forms of this statement are 3 × 2 = 6 and $\begin{smallmatrix} 2 \\ \times 3 \\ \hline 6 \end{smallmatrix}$. (The first number (lower number) is a multiplier, and the second number (upper number) is a multiplicand — Clifford Bell *et al.*, *Fundamentals of Arithmetic for Teachers* (New York: John Wiley, 1970), p.63.

　なお、英米では、2 × 3 の代わりに 2・3 や (2) (3) の形もごく普通に用い
られるが、乗数・被乗数の関係には変わりはない。そして、一般の英米人も
また、数式 2 × 3 を 'universal' なものと信じて疑おうともしない。彼らにとっ
ては、2 × 3 の意味するものは 3 + 3 以外の何ものでもなく、世界には自分
たちとは異なる 2 + 2 + 2 という解釈があろうなどとは思ってもみない。

　2 × 3 のような簡単な数式 1 つをとっても、日本語圏と英語圏では明らか
にその意味内容は異なる。一見、普遍的にみえる数式についても、日・英語
間に以上のような意味の違いが生ずるのは、明らかに各自然言語に固有の構
造が、普遍的であるはずの数式を個別的に拘束した結果にほかならない。日
本語では「2 の 3 倍」とは言えても、「2 倍の 3」という言い方を許さない。こ
のようにみると、IEA 国際数学教育到達度テストの結果そのものも、単なる
数学教育の問題としてよりも、むしろその背後にある被験者の個別言語・文
化に関わるより広い問題として、あらためて考え直してみる必要がありそう
に思われる。こんな観点から、IEA 国際数学教育到達度テストの日本人の成
績に影響を及ぼしたと思われる要因を、主として英語国民のそれと対比しな
がら考えてみよう。

1) 日本語の数詞体系

　まず、日本語の数詞体系に着目しなければならない。数は言語を超越した
普遍的な概念とされてはいるが、世界で最も簡明な数詞と最も完全な 10 進
法の数詞組織をもつのは、中国語と、それをとり入れた日本語などいくつか
の漢字文化圏の言語である。[4] これが日本人や他の漢字文化圏の人々の数観
念の素直な発展と、数の容易な取扱いに果たした役割ははかり知れない。そ
れに比べると、ヨーロッパ語の数詞の体系は、単純性と合理性に欠ける点で、
はるかに不完全で不便であると言わざるを得ない。

　ヨーロッパの特に西部や北西部の諸言語に表れる 10 進法、12 進法、20
進法の混数法はその 1 つである。 たとえば、数詞 91 をフランス語では 4
× 20 + 11（quatre-vingt-onze）、デンマーク語に至っては 1 + 4½ × 20（en og
halvfemsindstyve）と表すが、世界にはこんな複雑な数詞をもつ国が実際に存在

することが、はたして日本人には信じられるであろうか。実はこれらの数詞が、本国人にとってさえいかに煩わしいものであるかは、戦後の一時期フランスで、80（quatre-vingts: 4 × 20）、90（quatre-vingt-dix: 4 × 20 + 10）をそれぞれ簡明な数詞 octante（8 × 10）、nonante（9 × 10）に改めようとする運動が起こった一事からも明らかである。日本の小学生なら、2 年生段階で簡単にできる「91 - 15」程度の引き算に、フランスやデンマークの小学生がひどく難渋するのは、このような複雑な数詞をもっているためである。2 年生段階では未習の掛算や、さらには 20 進法、その上分数まで出てくれば、日本人児童といえども手には負えないはずである。

　英語にも 40 を two score、人生 70 年を three score and ten などと表現する 20 進法の習慣はいまだに失われていない。また、dozen、gross、inch、foot など 12 進法の名残りも根強く、[5] イギリスやアメリカでは、掛算の九九表も 9 × 9 まででは追いつかず、12 × 12 まで、あるいはそれ以上を必要とするほどである。

　こんな混数法が、10 進法を基本とする近代数学との間に不適合を起こさないはずがない。

　ドイツやフランスなどに比べても、特にイギリスやアメリカなどの英語国では度量衡の単位に 10 進構造をとっていないものが多い。イギリスでは、長年にわたって使われてきた 1 ペニー × 12 = 1 シリング、1 シリング × 20 = 1 ポンド という混数法の複雑な通貨単位を、戦後も 1971 年になってやっと 1 ペニー × 100 = 1 ポンド という 10 進法に改めたばかりである。アメリカでも、メートル法採用の動きが出てきたのはつい近年になってのことである。これらは、いずれも従来の混数法の不合理と不利とを悟ったためにほかならない。しかし、スポーツ界をみれば明らかなように、競馬や自動車競技ではマイル、ゴルフやサッカーではヤード、野球やテニスではフィートなどと、10 進法以外の度量衡がいまだに主流であることは揺るぎそうもない。

　ヨーロッパ語の数詞のうちでは最も出来がよいといわれる英語ではあるが、その最大の泣きどころは 11 〜 19 の数詞の不規則さである。11、12 は、日本語では 10 進法に基づく算用数字の記数法そのままに、整然と「ジュウ・イ

チ」(10 + 1)、「ジュウ・ニ」(10 + 2) と表す。これに対して、英語では ten‑one、ten‑two とはならず、eleven、twelve という特別の形をとらなければならない。もっとも、eleven、twelve も、原義はそれぞれ「10」について「1 余り」(one left behind)、「2 余り」(two left behind) を意味したが、現代人には、一般にこの理解はない。

　そのために、英語国の児童には、日本の児童とは違って、「10」を位取り (place-value) を表す特別の数とみる意識は乏しい。[6]「10」は単に「9 の次の数」であり、「11 の手前の数」であるにすぎず、それ以上の意味をもちにくい。したがって、イギリスやアメリカの小学校では、初歩の算数クラスは、特別の数である「10」の数観念を植え付けることに終始しているといってもよいほどである。'What is ten more than 2 ?'‘What is ten less than 22 ?’などという「10 進位取りのドリル」(make‑ten drills) を延々と繰り返す光景は、日本人にはまことに滑稽にさえみえる。英語国の児童にとっては、なぜ eleven、twelve ... は one、two ... などの数とは違って 2 桁の数なのか、なぜ twenty は ten が 2 つなのかを理解させることは、日本では考えられもしないほどの難作業なのである。

　さらに 13 から 19 までの数も、たとえば 13 (thirteen) を 10 + 3 とは表さず、ドイツ語流の 3 + 10 の形をとる。そのため、往々にして小学校低学年の児童には 13 (thirteen) と 30 (thirty) との区別がつきにくく、その混同を防ぐための指導に時間をとられることになる。[7] 特に 10 代の数の理解について、英語国の幼い児童が日本の児童には考えられないつまずき方をしやすいといわれるのも、実は英語のこのような数詞のなせるわざなのである。

　そのため、日本ではとても考えられないことであるが、英語国の小学校では足し算九九表 (addition tables: 普通は 0 + 0 から 9 + 9 や 10 + 10 や 12 + 12 まで。20 + 20 や 25 + 25 まで教える学校もある) や引き算九九表 (subtraction tables: 足し算九九の逆) を教えて、それを覚えこませようとする。特にアメリカでは、1960 年代の new math の導入にともなって、「記憶する数学」より「理解する数学」が強調され始めて以後もなお、addition tables song (たとえば、one plus four is 5, one plus five is 6 ....) や subtraction tables song (たとえば、nine minus one is 8, nine minus two is 7 ....) などと、曲をつけて覚えさせようという涙ぐましい工夫までも

必要となる。

　なお、年数やページ数を (1914-8) や pp. 112-5 と表すことができるのは、当然、日本語を母語とする日本人なればこそであって、英語を母語とする英米人には (1924-8) や pp. 132-5 とは書けても、10 代については上のような表記ができないのは英語数詞の性格に由来するものである。

　数は本来、度量衡よりもさらに一段と抽象度の高いものであって、それだけに思考の基本を規定する力が強い。したがって、簡明な数詞と徹底した 10 進法をとる日本語と比較した場合、数の単位観念の明確度という点からみれば、英語の数詞とその体系が、とりわけ初等段階の数学学習者にあたえる心理的障害は、決して過小に評価することはできない。[8] 演算については、これが、四則計算のうち、特に加算・減算の習熟に及ぼす影響は無視することができない。

2）日本語の乗法九九

　さらに、日本人と英語国人の数学学習にあたって、それぞれの母語の性格が大きな影響をもつと考えられるものに、掛算九九の学習法がある。九九は、いうまでもなく同数の累加を一度に行う計算であって、この学習が数学の正確で迅速な運用能力を身につけるための基礎になるものである。

　ここで見落としてならないことは、英語には、one、two、three . . . という一種類の基数詞しかないのに対して、日本語には、イチ、ニ、サン・・・という漢語系統のもののほかに、ヒトツ、フタツ、ミッツ・・・、さらにはその変形としての ヒイ、フウ、ミイ・・・という和語系統の基数詞があるという事実である。しかも、それらが自由に転訛したり、短縮されたり、混用されたりして、ヨーロッパ語には例をみないほど多様な数詞を形作ることができる。さらに、単純な音節構造のために同音異義語の豊富な日本語の特質とあいまって、それらの数詞も有意味な一種の語呂合わせによる読み方すら可能である。

　電話番号にまで意味をもたせて、

878-4187　花はよい花──花屋

298-5454　服はゴシゴシ──クリーニング屋

181-8604　一杯やろうよ──飲み屋

648-2108　虫歯に入れ歯──歯科医

などと読むことさえできる。

　歴史の年号も、

710　なんと (710) 立派な**平城京**

794　鳴くよ (794) うぐいす**平安京**

1192　いい国 (1192) つくろう**鎌倉幕府**

1549　以後よく (1549) 広まる**キリスト教**

などと覚え込む。国家予算のような膨大な数字でさえも、この調子でいとも簡単に読みこなしてしまう。

1973 年度　14 兆 2840 億 7300 万円　いい世に走れ 73 年

1985 年度　52 兆 4996 億 4300 万円　52 兆良くする苦労の予算

　こんな芸当は、中国語や朝鮮語でもある程度は可能であるが、ヨーロッパ語ではとても想像もできないことである。

　日本語のこの特徴は数学の学習にもとり入れられている。たとえば、

$\sqrt{2} = 1.41421356\ldots$　　ひと夜ひと夜に人見ごろ・・・

$\sqrt{3} = 1.7320508\ldots$　　人並みにおごれや・・・

$\pi = 3.14159265\ldots$　　産医師異国に向こう・・・

　などと、小数点以下 7、8 桁までも苦もなく記憶できるのは、まさに日本人生徒の独壇場であって、欧米人がしばしば驚異の目をみはるところである。

英語国では、たとえば円周率はかろうじて、

Now, I, even I, would celebrate

　3　1　4　1　5　　　9

In rhymes inapt, the great

2　6　　　5　3　5

Immortal Syracusan, rivaled nevermore . . . .

　　　8　　　9　　　7　　　9

などという「詩」を作り、用いられた各単語の letter の数が 3.1415 . . . となる
ように工夫するのが関の山である。しかし、これさえも「詩」を覚えること
自体が容易でない上に、うっかり綴りを間違えば数値は途方もなく狂ってし
まう危険がある。とうてい日本語の比ではない。

　日本語の掛算九九は、決して語呂合わせではないが、上記のような数詞を
はじめ日本語の特徴を巧みに生かして、英語の九九とは比較にならないほど
簡潔で、唱えやすく、記憶しやすい形式を整えている。 わが国最初の完全
な九九表は、すでに 970 年 の『口遊（くちずさみ）』の中にみえるが、題名が示
す通り、当初から目で見るものというよりも口で唱え、そらんじるためのも
のであった。

　たとえば 3 × 3 = 9 は、日本語では「三かける三は九」、英語では Three
times three is（or equals）nine. と読む。しかし、九九表の場合には、英語では一
般にそのための特別の省略・簡略化を行わず（もっとも、times を省略するもの
もある）、このままの文章式を暗記するのが一般であるのに対して、日本語
では必ず「三三（さざん）が九」という特殊な形を用いる。まず、数詞は記憶
に便利な形に転訛・簡略化されたものを使う。文章としても「かける」は省
略され、さらに積が 10 以上になると助詞「が」も脱落する。「三五十五（さん
ごじゅうご）」のような数字の連記も、日本語では「七五三」（英語なら、seven,
five and three）や「三々五々」（by twos and threes）などの例からも知られるように、
決して特異なものではない。その結果、日本の九九は、日本人の心に訴え

るといわれる例の四拍子のリズムをおびて、子守り唄のように覚えこまれる。このような口誦の容易さは、ヨーロッパ語では考えられもしないことで、中国語およびその影響をうけた朝鮮語や日本語の九九の大きな特色である。[9] もっとも、英語国の掛算九九表にも、足し算、引き算の場合と同様に曲をつけた multiplication tables songs（たとえば Three times three equals nine, three times four equals twelve .... のように）などの工夫はなされている。

　さらにその九九も、10進法の徹底した日本では、1×1 から 9×9 まででこと足りる。ところが、英語国ではこうはいかない。アメリカのカリフォルニア大学ロサンゼルス校 (UCLA) とフロリダ州のエカード大学 (Eckerd College) で、英語を母語とするアメリカ生まれのアメリカ人大学生・大学院生 732 名に対して行った筆者の調査によれば、彼らの 94% が日本とは違って、なんらの簡略化もほどこさない長い英語の文章式の九九を覚えているが、1×1 にはじまり、9×9 で終わる九九を習ったものは全体のわずか 21% にすぎない。55% の学生が 12×12 まで、3% が 13×13 まで、さらに 3% が 15×15 まで、18% が 25×25 までという気の遠くなるような掛算九九表 (multiplication tables) を教わったという。10進法、12進法、20進法の混数法をとる文化圏の特徴である。イギリスやカナダにおいても事情は大差がない。

　わが国では、掛算九九は小学校 2 年生の後半のわずか 1 ～ 2 か月、[10] 文部科学省の学習指導要領によれば約 20 時間で教わり、ほとんどすべての子どもが反射的に口をついて出るまでに習熟する。ところが、イギリスの小学校では、一般にこれを 2、3 年生、アメリカ、カナダでは 3、4 年生の 2 年間をかけて学習し、なお完全に記憶できない児童が多いのが実状である。たとえば、アメリカのカリフォルニア州 UCLA 附属小学校やニューヨーク州 Tappan 小学校などの平均的と思われる小学校 5 校から筆者が得た報告では、それぞれの小学校卒業時に掛算九九を身につけている児童の割合は 40 ～ 50% というほぼ一致した結果が出ているから、このあたりがアメリカの 13 歳生徒を考える場合の一応の目安とみることができるかもしれない。このように考えると、日本の子どもがアメリカの小学校に転校すると、算数だけはほぼ例外なくクラスのトップの成績をあげるのも不思議はない。

　また、先の筆者の調査でも、アメリカの大学生・大学院生の実に 38% が
掛算九九をほとんど、もしくは不完全にしか覚えていないと答えている。こ
れらの数字は、われわれ日本人からすれば、たしかに容易には信じがたいも
のかもしれない。しかし一方、日本人の 100 % 近くが自由に掛算九九をあや
つれるという事実は、アメリカ人からみると、それ以上に信じがたい話であ
ることも、また同時に忘れてはならない。

　一般に、アメリカ人にとっては、掛算九九表はあたまから記憶するという
より、他の数表と同様に、必要に応じて参照するという意識が強いようで
ある。今日のように広く電卓にはじまる高度の電子機器が普及する以前に
は、家庭で使われていた家計簿にも、その見返しには、成人の利用者のため
にわざわざ掛算九九表が印刷されていることが多かった。また彼らは、手許
に九九表のないとっさの場合には、加算の繰り返しを筆算で行うことが多
い。これは、欧米諸国では多かれ少なかれ共通した現象であるが、表意文字
の伝統をもつ、いわば視覚的文化の日本で、古来、九九が聴覚的であり、他
方、表音文字をもつ、いわば聴覚的文化の欧米で、九九が「ピタゴラスの表」
として、逆に視覚的傾向をもつのは興味深いことと言わねばならない。

　近年、日本の政界や実業界からは、日本の学校の英語も「数学の掛算九九
のように」教えれば、九九同様にほとんどすべての日本人の英語能力も飛躍
的に向上するかのような発言が聞かれる。英語教育も「数学教育の成功」に
倣えといわれる。現に、そんな教育方針を実際に掲げる英語学校も現れはじ
めた。しかし、日本の数学教育がいかに日本語の特質に大きく依存している
かに目覚め、したがって、それがそのまま異質の言語・文化の学習には適用
できないという事実を知れば、この国の学校教育がそれらの根拠のない言説
に惑わされることはないはずである。

　なお英語圏では、addition tables, subtraction tables, multiplication tables だけで
なく、さらに division tables（割算九九表：掛算九九の逆）を教えることもめずら
しくはない。Division tables song では一般に zero divided by one is zero のように
読んで、$0 \div 1 = 0$、$1 \div 1 = 1$、$2 \div 1 = 2$ に始まり、$120 \div 12 = 10$、$132 \div
12 = 11$、$144 \div 12 = 12$ にまで及ぶものが多い。複雑な数詞体系をもつ国・

地域がかかえる宿命である。このようにみると、英語話者の算数学習は、英語に比べてはるかに簡潔・明瞭な数詞をもつ日本語話者には想像もできないほどの困難を伴う学習であることが理解できよう。

　たとえばアメリカでは、現在準備中のメートル法が完全実施になれば、この児童の学習負担は大幅に軽減されることは目に見えている。しかしその反面、近年の携帯可能な手軽な電子機器の急速な普及によって、各種の九九類の学習の必要性は、子どもたちに対して、徐々にその説得力を失いつつあることもまた否めない事実である。

　もちろん、数学などの演算型の教科に習熟するためには、単に「記憶」に頼るだけでなく、これを「理解」することが重要なことは言うまでもない。しかし一方、基本となる計算の結果を記憶して、それを複雑な演算に応用することが不可欠なのは、乗法・除法が加法・減法と明確に異なる点でもある。特にこの掛算九九の成否が、乗算・除算の習熟に及ぼす影響は少なかろうはずがない。

　以上のように考えてくると、数学学習の基礎的段階、特に有理数の四則計算に及ぼす個別言語の影響の意外な大きさに気づかざるを得ない。日本人の子どもたちが欧米の小学校へ転校すると、ほとんどの場合、算数だけはクラスの最上位の成績をおさめる。あるいは、アメリカの成人の暗算能力が日本の中学生にも劣ると報告されたりする。

　会田雄次は『アーロン収容所』(昭和37年)で、敗戦直後のビルマでの捕虜生活の体験を書いている。そのなかで、チーズ1,000個の伝票を持ってきたイギリス兵に、48個入り木箱を20箱($48 \times 20 = 960$)と、あと40個をばらで渡すと、「ここには48あるのに、こっちには40しかないのはなぜだ」と、彼らにはばらの40個の意味が理解できない。その計算に20分もかかるイギリス兵もいたという。日本人には信じられないことかもしれないが、こんな英米人の成人は、今日でもなお、決してめずらしいことではない。

　しかし、これらも単に日本人の数学的能力の問題や、あるいは数学を白眼視したジョン・デューイ(John Dewey)の教育学に多くを負うアメリカ教育制度の問題や、あるいは中等・高等教育への進学率が低かった当時のイギリス

の教育制度の問題としてよりも、むしろ基本的には、それぞれの母語がもつ言語・文化的性格の問題として、より深く考え直す必要がありそうである。

　それを、一層はっきりと裏付けるデータがある。たとえば、日本人の小学生であっても、幼い頃からアメリカに住んで、暗算にもっぱら英語を使う子どもたちの場合には、やや事情が違ってくる。カリフォルニアのそんな子どもたちについて行った筆者の調査によれば、彼らは暗算に日本語を使う子どもたちに比べて、四則計算の正確さと迅速さに関するかぎり、たしかに不利な結果が認められる。特に掛算九九のあやふやな子どもも目につく。英語を母語とするカリフォルニアの日系米人の場合にも、ほぼ類似の傾向が観察されている。

　ところが、アメリカ人やカナダ人の小学生でも、日本に住んで、暗算にもっぱら日本語を使う子どもたちの場合は、日本人に比べても少しも遜色はない。京都在住のそんなアメリカ人とカナダ人の子どもたちに対する筆者の調査によると、彼らは暗算に英語を使う子どもたちに比べて、四則計算の正確さと迅速さについては、明らかに有利な結果が認められる。

　これはいうまでもなく、個別言語に依存しない超民族的な普遍性をもつと思われている数学の学習にも、実は、学習者の個別言語・文化が決して無関係ではあり得ないことを明瞭に示すものである。知的能力が何よりも大きく関わりをもつと考えられている数学の学習でさえも、それを国や言語や文化のレベルで比較してみると、より大きく学習者自身の個別言語・文化が関わりをもっていることが分かる。

　このように考えてくると、IEA 国際数学教育到達度テストにおいて、表 1-1 の日本の 13 歳生徒が、欧米に比べて巨大なクラス・サイズや乏しい公教育費など、明らかに劣悪な教育条件にもかかわらず、異常なまでに高い成績をおさめたことも合点がいこう。簡明な数詞、完全な 10 進法の数詞組織、それに記憶に便利な掛算九九をもつ日本人生徒が、加減乗除の四則計算に圧倒的な強みをもつことは、彼らが問題別にみても、基礎的算数と上級算数という算数技法的な問題にずばぬけて高い得点をあげたことによく表れている。

　また、こんな文化型としての日本人の「数学強さ」は、当然、わが国の学

校数学教育が整備される以前からのものである。明治期に来日した外国人が、そんな日本人について書き残した記録は少なくない。たとえば、すでに明治16 年 (1883 年) に大阪で開かれた在日外国人宣教師会議で、日本人の九九の記憶力と数学学力の高さに驚いた立教女学校のアメリカ人宣教師は、わざわざ、'They [the Japanese] have a good memory and are good mathematicians.'[11] と報告しているほどである。これは、東南アジアなどの当時の欧米諸国の植民地を知る欧米人にはとても想像もできないことであった。

　このようにみると、国際数学教育到達度テストで日本が高得点をあげたことをもって、直ちに日本の中学生の数学能力や数学教師の指導能力の高さの結果と即断することには、もう少し慎重でなければならないであろう。それは、アメリカが国際的に低い得点しかあげられなかったことをもって、直ちにアメリカの中学生の数学能力や数学教師の指導能力の低さの結果とは必ずしもいえないのと同断である。

　なお、これまでみてきたことから、先の IEA 国際数学教育到達度テストに、もしも日本と類似の文化的環境をもつ中国や韓国が参加したとすれば、それぞれの国の数学教育の現状は一先ず切り離しても、かなりの高い得点をあげたであろうことは、決して想像に難くない。現に、アメリカの *Psychology Today* 誌 (1983 年 9 月) や *Science* 誌 (1986 年 2 月 14 日) は、それぞれ日本、台湾、アメリカ 3 か国・地域の小学生について行った別個の数学学力調査の結果を報告しているが、それによれば、そのどちらの調査の場合にも、台湾の子どもたちの成績は日本と十分に拮抗していて、アメリカよりもはるかに高い成績をおさめている。

　さらに、算数の学習については漢字文化圏の児童・生徒が、個々の学校の数学教育の現状とはほぼ無関係に、圧倒的に有利であることは、IEA 国際数学教育到達度テストのその後 6 回、合計 8 回の結果 (**表 1-4**) からも明白である。[12]
20 か国 (1981 年) から 50 か国・地域 (2007 年) が参加したこれらのテストにおいて、他の国々を大きく引き離して高い得点を独占したのは、常に日本、韓国、台湾、香港、それに人口の 77% を中国系が占めるシンガポールの 5 か国・地域であった。得点順位の最上位は、1 つの例外もなく毎回漢字文化圏に属する国・

表1-4　IEA 国際数学テスト国・地域別得点（13歳生徒）

（調査・作成：大谷泰照）

第1回 1964年　10か国・地域		第2回 1981年　20か国・地域		第3回 1995年　41か国・地域		第4回 1999年　38か国・地域	
①日本	31.2	①日本	62.3	①シンガポール	643	①シンガポール	604
②ベルギー	27.7	②オランダ	57.4	②韓国	607	②韓国	587
③オランダ	23.9	③ハンガリー	56.3	③日本	605	③台湾	585
④オーストラリア	20.2	④フランス	52.6	④香港	588	④香港	582
⑤イングランド	19.3	⑤ベルギー	52.4	⑤ベルギー	565	⑤日本	579
⑥スコットランド	19.1	⑥カナダ	51.8	…		⑥ベルギー	558
⑦フランス	18.3	⑦スコットランド	50.8	⑨フランス	538	⑦オランダ	540
⑧アメリカ	16.2	…		⑭スウェーデン	519	…	
⑨スウェーデン	15.7	⑪イングランド	47.4	⑯イングランド	506	⑬オーストラリア	525
⑩フィンランド	15.4	⑫フィンランド	46.9	⑱アメリカ	500	⑭フィンランド	520
		⑭アメリカ	45.5	…		⑲アメリカ	502
		⑰スウェーデン	41.6	…		⑳イングランド	496
平均 19.8（点）		平均 47.5（%）		平均 513（点）		平均 487（点）	

第5回 2003年　45か国・地域		第6回 2007年　50か国・地域		第7回 2011年　42か国・地域		第8回 2015年　39か国・地域	
①シンガポール	605	①台湾	598	①韓国	613	①シンガポール	621
②韓国	589	②韓国	597	②シンガポール	611	②韓国	606
③香港	586	③シンガポール	593	③台湾	609	③台湾	599
④台湾	585	④香港	572	④香港	586	④香港	594
⑤日本	570	⑤日本	570	⑤日本	570	⑤日本	586
⑥ベルギー	537	⑥ハンガリー	517	⑥ロシア	539	⑥ロシア	538
⑦オランダ	536	⑦イングランド	513	⑦イスラエル	516	⑧カナダ	527
…		⑧ロシア	512	⑧フィンランド	514	⑩アメリカ	518
⑭オーストラリア	505	⑨アメリカ	508	⑨アメリカ	509	⑩イングランド	518
⑮アメリカ	504	⑩リトアニア	506	⑩イングランド	507	⑯イスラエル	511
⑰スウェーデン	499	…		⑪ハンガリー	505	⑰オーストラリア	505
⑱スコットランド	498	⑭オーストラリア	496	⑪オーストラリア	505	⑱スウェーデン	501
平均 467（点）		平均 500（点）		平均 500（点）		平均 500（点）	

地域のいわば「指定席」になっている。ついに、これに我慢ならない欧米諸国は、この不利を克服しようと、判定基準の全く異なる PISA（OECD による生徒の国際学習到達度調査。2000 年より開始）を新たに開発したとさえいわれるほどである。

3) 日本語と数式

　これまで述べてきた日本語の数詞や 10 進法、さらには乗法九九は、英語と比較した場合に、数計算において日本語が格段に有利であると考えられる条件であった。これは、先にあげた表 1-1（13 歳生徒）の成績とたしかに符合するものである。

　しかし、これとは反対に、日本語が英語に比べて不利な立場に立たされる場合もある。数学記号を使った数式がそれである。

　日本では数式は一般に、交通標識などと同様に、口に出して読むためのものではなく、単に見たり書いたりするものと考えられるほど、われわれには読みづらいものが多い。たとえ読めても、数式とその日本語の読み方とは全く別物という印象すらあたえる。しかし、ヨーロッパ語では、これがそのまま立派に読めることを忘れてはならない。

　簡単な例として 1 + 2 = 3 をあげてみよう。英語では、One and two makes (*or* are *or* is) three. と式の順序に従って自然な英語で読みくだすことができる。日本語の場合には、一般にこれを「1 たす 2 は 3」と読ませている。しかし、このような読み方が、自然な日本語でないことは言うまでもない。日本語本来の読み方からすれば、動詞が後置されて「1 に 2 をたすと 3 になる」でなければならない。すなわち、日本語に忠実な数式に示せば 1, 2 + 3 = である。「1 たす 2 は 3」は、日本語の語順を破って、数式に合わせるためにあとから無理矢理にこじつけた、いわば一種の「あてレコ」にすぎない。

　以下の数式を、日・英語で読み比べてみると、それは一層はっきりする。

2/3

two over three *or* two-thirds

三分の二

$$a - b \div c \geqq d$$

a minus b divided by c is greater than or equal to d.

a から、b を c で割ったものを引くと、d より大きいか等しい

$$\int_a^b f(x)dx$$

integral from a to b of f of x

f(x) を a から b まで積分する

これらを日本語で読もうとすれば、漢文の場合と同様に、返り点をうって逆戻りしなければ読めないことが理解できよう。[13] しかし、これはいわば当然のことであって、元来、近代数学の数式はたまたま16世紀から18世紀にかけてヨーロッパにおいて、ヨーロッパの言語を象って作り出されたという歴史的事情を反映したものであるにすぎない。[14] いかなる自然言語に対しても等距離・中立であるはずの数式は、実はこのようなまことに恣意的な産物にすぎない。

ヨーロッパ語の構造に準じた数式が、演算される量の間に演算記号を置いた形 1 + 2 = 3 であるとすれば、日本語に準じた数式は、1, 2 + 3 = のように演算記号を後置したものでなければならない。現に、1951年に、ポーランドの数学者J・ウカセヴィチ (J. Łukasiewicz) はこのような数式を提唱して、それは彼にちなんで逆ポーランド記法 (reverse Polish notation) と呼ばれている。この記法は、単に日本語の構造に合致するというだけでなく、一切のかっこを用いずに計算の方法を明示できるという利点をもつために、コンピュータでは実際にこの数式が利用されているほどである 。

したがって、

$$\sum_{i=1}^{m} ai \sum_{j=1}^{ni} xij$$

のような記法も、逆ポーランド記法にならって

$$ijx\sum_{j=1}^{in} ia\sum_{i=1}^{m}$$

のように逆転させてみると、はじめて「第 $i - j - x\ in$ 個の和に第 ia をかけ
たものを m 個たせ」と、日本語で全く自然に読みくだすことができる。

　要するに、現行の数式は、ヨーロッパ語にとっては自然言語の延長である
にすぎないのに対して、日本語からみれば、生活言語とは全く異質の構造を
もつものと言わなければならない。そして、日本人生徒にとっては、この数
式と日本語との間の齟齬は、数式が複雑化するにつれて顕在化し、以後、そ
の矛盾は次第に拡大して、数学への不適合の大きな原因となっていることは
否めない。

　それは、IEA 国際数学教育到達度テスト理科系 17 歳生徒の部の日本の成績
を問題別にみると、解析幾何、解析、代数、論理、微分、積分の順に低くな
り、特に微分、積分では、国際的にも最下位に近い成績しか挙げられなかっ
たことにもはっきりと裏書きされている。表 1-1 の 13 歳生徒の成績からは
想像もできないことである。この数式の複雑化は、日本の多くの生徒の数学
アレルギーが急速に増大する 13 〜 15 歳の時期とほぼ符合していて、彼らの
算数 (初等数学) と数学の学力の間に、欧米人にはみられない大きなギャップ
を生じる結果になっている。先にあげた 表 1-2 (17 歳生徒) および 表 1-3 (標準
化成績) は、このような事情を端的に示したものとみることができる。

　当然、この結果をもって、日本の高校生の数学能力が中学生の数学能力に
劣るためと考えることはできないし、日本の高校数学教師の指導能力が中学
校数学教師の指導能力に比べて格段に劣るためと考えることもできないはず
である。

3.「日本人の知識水準」

　以上のように考えてくると、IEA 国際数学教育到達度テストにおける日本
のいわゆる「数学学力世界一」といわれる成績も、実は、それがそのまま一

般に信じられているほど、日本人の数学的素質そのものの高さを示す指標とは言いにくいことが理解されよう。

1986 年（昭和 61 年）1 月、学校教育のレベル低下に悩むアメリカ教育省は、*What Works: Research about Teaching and Learning* と題する 65 ページの異例の全国民向けパンフレットを作った。そのなかで、明らかに日本を強く意識して、日本が最高点をあげ、片やアメリカは最下位に近い「屈辱的な」成績しか挙げられなかった IEA 国際数学教育到達度テストの結果を、全国民にわかりやすく具体的に棒グラフで示している。その上、特に教育省長官に代わってレーガン大統領自身がその序文の筆をとり、強い危機感をもって全アメリカ国民の奮起を促した。

わが中曽根康弘首相が「アメリカには黒人、プエルトリコ人、メキシコ人が相当多くて、知識水準は日本より非常に低い」と述べた例の「アメリカ人の知識水準」発言がとび出すのは、それから半年後のことであるが、その背景には、明らかにこのようなアメリカの動きがあった。IEA 国際数学教育到達度テストに「世界最高」の得点を挙げた日本国の首相の目には、「世界最低」に近い得点しか挙げられなかったアメリカ人は、「知識水準」の低い哀れむべき国民と映ったようである。しかし、国際的に大きな波紋を投げたこの日本国首相の歴史的謬言は、実はアメリカ人の「知識水準」そのものよりも、むしろ数学学習に及ぼす個別言語の役割の大きさに思い至らず、いかにも尊大に振舞う当時の日本人自身の「知識水準」、言いかえれば日本人の異文化理解のありようを見事に顕したものと言うべきかもしれない。考えてみれば、われわれは、いわばいわれのない優越感にひたって、あまりにも有頂天になりすぎていたようである。

それにつけても、以上のような理解は、一国内的な調査だけでなく、広く国際的な対比研究をまってはじめて明確に得られるものであるだけに、IEA 調査のような大規模な国際的調査が、言語の果たす重大な役割に最後まで注意を払わず、単に表層的な教育条件の分析に終始したことは惜しまれる。もちろん、このテストに表れた各国・地域の教育到達度には、それぞれの社会的背景、教育環境、学校制度、カリキュラム、教員構成、学習者の学習意欲

など、諸々の要因が複合的に働いていることは言うまでもない。しかしながら、さらにその根底には、一国・地域の教育政策や教育環境や指導法をはるかに超えた個別の言語・文化の厚い層が、IEAが予想もできなかったほどの強い拘束力をもって横たわっている現実を見落としてはならないであろう。

　「異文化間コミュニケーション」や「グローバル教育」が、文字通りこともなく言われることの多い昨今であるが、現代科学・技術の担い手として最高度の普遍性をほこる数学をもってしても、なお個別の自然言語に対して完全な治外法権を主張することができないという事実を、この際、われわれはしっかりと認めておく必要がありそうである。言いかえれば、いまわれわれに必要なのは、数学の学習にとって、学習者の母語の違いは何らの障害にもならず、何らの差異も生じないという根強い俗信からの覚醒である。すべての学習者にとって等距離・中立であると考えられやすい数学の学習も、実は、学習者の母語が異なれば、その学習の難易度そのものも大きく異なってくるという事実に気づくことである。そして、このような理解に目覚めることは、当の数学関係者よりも、むしろ、まずは何よりも「異文化理解」のプロであるはずの異言語教育関係者の責任と考えるべきではないのか。

4.「平成の廃仏毀釈」の推進者

　わが国では、20世紀末に英語の「第2公用語化論」が論議されるようになった頃から、特に日本人の英語に対する傾倒ぶりは過熱し、そんな時代に乗り遅れまいとするかのように、日本語を使わないで英語だけで教える小学校や中学校が現れはじめた。わが言語教育界でも、児童・生徒の異言語学習の意欲を高める指導法として、ヨーロッパ発祥のCLIL（内容言語統合型学習）が大きな関心を集めるようになった。教科内容と異言語の学習を統合して質の高い異言語教育の実現を目指す先進的な指導法という触れ込みである。Sheelagh Deller & Christine Price, *Teaching Other Subjects through English* (OUP, 2007) などが広く評判を呼んでいる。

　そんな教科の候補として、いつも真っ先にあがるのが算数・数学である。

数や数式は、それ自体がすでに一種の国際共通語であり、必ずしも日本語で教える必要はないと考えられやすいためである。「算数を英語でやることで、英語も覚えられて一石二鳥」などのうたい文句で、「算数・数学を英語で学ぶ新しいスタイルのクラス」が各地に誕生した。すでに『算数を英語で』(平成 17 年)、『英語で算数』(平成 21 年) などという小学校低学年用の算数教科書も出ている。

　かつて明治の文明開化の時代にも、新政府の性急な欧化政策によって、西洋の文物・風俗の模倣が熱病のように広まったことがある。後に文部大臣になる森有禮は、日本語を「貧弱な言語」(our meagre language)[15] と考え、その日本語に代えて英語を国語にしようという「英語国語化論」を提唱した。しかし、日本語を母語とする日本人にとって、日本語がもつ他の言語に代えがたい固有の価値を説いてそれを思いとどまらせたのはイェール大学のウィリアム・D・ホイットニー (William D. Whitney) であった。また当時の欧化主義の風潮は、日本の伝統的な文化を否定する動きに拍車をかけ、廃仏毀釈は狂気の様相を呈した。全国の多くの寺院が取り壊され、おびただしい貴重な文化財が、その価値もわきまえないままに惜しげもなく破壊され散逸するという取り返しのつかない悲劇を引き起こした。明治政府を主導した薩摩藩などでは、鹿児島にあった 1,616 の寺院のすべてが破壊され全滅したといわれている。今日では国宝に指定され、世界文化遺産にも登録される奈良の興福寺や法隆寺も荒れ果てて廃寺の危機に直面した。各地の寺院の仏像や美術品など大量の文化財が二束三文で海外へ流出する当時の状況を目の当たりにして、大森貝塚の発見者として知られるエドワード・S・モース (Edward S. Morse) は、「日本人は自分たちの美しい宝が、日本人たちの国を去って行くことがいかに悲しいことであるかに気づいていない」[16] と深く憂えた。当時の日本人が、自分たちの「美しい宝」の価値に気づいていれば、特に明治のあの野蛮な廃仏毀釈がなければ、日本の国宝級の文化財は、優に現在 (1,116 件) の 3 倍にはなっていたとみる梅原猛のような見方さえもある。

　それから 1 世紀以上もたった平成の今日、われわれはまたしても「自分たちの美しい宝」を、その自覚もなくいとも簡単に手放そうとしてはいないか。

文部科学省主導の「英語が使える日本人」の育成に血道をあげるあまり、海外からは 'computer-brained superhumans' と羨まれるほどの日本人生徒の高い数学 (算数) 学力を支える日本語固有の役割には気づかず、またしても日本語を惜しげもなく捨てて CLIL という名の英語による数学教育に走ろうとしている。日本人の「数学学力世界一」は、日本人が本来もつ数学的能力の高さや日本の数学教育の優秀さの成果というよりも、多分に日本語そのものの力に負うところが大きい。その事実に気づくならば、そんな日本語を惜しげもなく捨てて、代わりに、とりわけ初等数学の学習に不便と考えられる英語をあえて使って数学を教えようとすることが、いかに無自覚な試みであるかを、われわれは冷静に考えてみる必要がある。

そして、いわばこの「平成の廃仏毀釈」の推進者こそが誰あろう、本来は「異文化理解」の知見に立ってそのような動向を諫め、警鐘を打ち鳴らすべきはずの英語教師たち自身ではないのか。しかも、今日のわが教育界には、このような状況を憂え、無自覚な英語教師たちを諫める平成のウィリアム・D・ホイットニーもエドワード・S・モースも持たないという現状を、国家百年の大計である学校教育の将来のために、あらためて深く憂える。

※ 本章の考え方を最初に発表したのは、国内では、
　　大谷泰照「言語の役割と '数学世界一' ─日英語の対比を中心に」『英語教育』大修館書店、昭和 49 年 10 月、
　　国外では、
　　Yasuteru Otani, 'The Influence of the Mother Tongue on Achievement in Mathematics,' *Workpapers in TESL* (University of California, Los Angeles) No.9, June 1975 (米国保健・教育・厚生省 (HEW) の ERIC document に収録)
であった。本章は、それ以後 40 数年間に折にふれて発表した関連する拙稿を統合・整理し、さらに大幅に加筆したものである。

第 2 章
異言語教育論に不可欠な基本認識 (2)
――異言語の学習と学習者の言語：英語の学習に学習者の母語はどう関わるのか

---

1. 日本の英語教育は、本当に「世界最低」なのか

　日本人の「数学学力」の高さに最初に気づいたのは、おそらく日本をソト
の目でみることができた明治初期の来日欧米人宣教師たちであった。彼らは、
ごく普通の日本人が高度の教育を受けた欧米人宣教師たちよりもすぐれた数
計算能力をもっていることに驚き、そんな様子を具体的に手紙や報告書など
に書き残している。先に挙げた明治 16 年 (1883 年) の在日外国人宣教師会議
での立教女学校アメリカ人宣教師の報告などはその 1 例である。しかし、日
本人自身が、自分たちのそんな能力を国際的な目で自覚するようになるのは、
さらにそれから 1 世紀も後の戦後になって、IEA の大規模な国際数学教育到
達度テストの結果が出てからであった。前節で述べた通り、日本人の「世界
最高の数学学力」が世界を驚かせたことに、日本人自身もまた驚いた。

　日本人が、自分たちの「英語能力」の実態を知ることになるのもまた、日
本人が英語を学び始めた英学元年 (イギリス軍艦フェートン (Phaeton) 号が長崎港
に侵入し、それにあわてた幕府が長崎のオランダ通詞に英語の研修を命じた年、文化
6 年 (1809 年)) から数えて 1 世紀半も後の昭和も戦後になってのことである。

　明治 5 年 (1872 年) にわが国の学制が整って以後も、学校教育における英語
教育の効率や成果があらためて厳しく問われることは、つい近年まで、ほと
んどなかったと言ってよい。当時はむしろ、主として英語教育強化論か国語
教育強化論か、あるいは英語国語化論か英語教育廃止論か、という制度論が
対立的に問われ、その 2 極間の往復運動を周期的に繰り返してきた時代が長

く続いた。

　日本人の「英語能力」そのものが広く問題になるのは、戦後になって多くの外国人がこの国を訪れるようになってからである。まず、日本各地に進駐したアメリカ占領軍の兵士たちと実際に接触してみると、旧制中学・高校で時間をかけて習ってきたはずの英語が思いのほか役立たないことが分かってきた。戦後の日本の英語教育を指導した C・C・フリーズ (C.C. Fries) が京都の旅館俵屋に泊まった際、「俵」の意味を問われた案内役の英文学者の東大教授が 'lice bug' と答えてフリーズを驚かせたことが話題になったりした。

　日本人の「英語能力の低さ」を最も早い時期に、しかも最も厳しく指摘したのは、昭和 34 年 (1959 年) に来日したアーサー・ケストラーであろう。彼は英語があまりにも通じない日本人を「手のつけられない外国語下手」 ('hopeless linguists') と呼んで、その原因は日本の英語教育の「非能率さ」にあると考えた。また昭和 37 年 (1962 年) には、当代きっての知日家として知られたエドウィン・O・ライシャワーも、

　　　日本ほど英語の教育と学習に努力し、時間をかけ、カネを使いながら、
　　　効果をあげていない国は他にないであろう。(The amount of effort, time and
　　　money put into English language teaching and learning probably produces smaller results in
　　　Japan than anywhere else.)[1]

と述べて、日本人の「世界最低の英語能力」を国の内外に強く印象づけた。

2.　UCLAの留学生英語能力試験の結果

　しかし、日本人の英語能力について、個々人の限られた体験のワクを超えた、多少なりとも広範で組織的な実態の調査結果が出てくるのは、戦後も日本人の海外留学が増え始めた 1970 年代に入ってからである。まだ TOEFL などの国際比較のための資料が十分でなかった当時、カリフォルニア大学ロサンゼルス校 (UCLA) の留学生英語学力試験の結果はその最も早期の資料の

1つである。

　これは、UCLA へ留学してくる外国（非英語国）人学生の英語熟達度を測定するために、同大学英語学部が、1969 年（昭和 44 年）以来、J. W. Oller, Jr.、C. H. Prator、L. McIntosh、E. J. Rand、M. Celce-Murcia、A. D. Cohen らのテスティングの研究者たちを動員して開発した「第 2 言語としての英語のクラス分け試験」（English as a Second Language Placement Examination: ESLPE）の資料である。

　この試験は、受験者がアメリカの大学、特に UCLA で学習・研究生活を送るに足る十分な英語能力をそなえているかどうかを判定して、不十分な学生については、不十分な箇所を診断し、そのための処方を考えることを目的として、学部・大学院を問わず、英語を母語としない全留学生に課せられるものである。試験時間には 3 時間をかけ、試験内容は文法・読解・聴解・クローズ・書き取りの 5 つの項目にわたる。またこれと同時に、各受験者の言語・文化的背景に関しても、15 項目からなる詳細なアンケート調査が行われる。そして、UCLA スタッフの調査によれば、この試験の規準相関妥当性（criterion-related validity）は 0.85 という非常に高い数値を示していることが報告されている。[2]

　UCLA は、1975 年（昭和 50 年）当時、学生数約 32,000 人、うち大学院学生約 12,000 人というアメリカでも大規模な州立総合大学であるが、毎年この大学へ留学してくる英語を母語としない学生は 1,000 人を超え、当時は外国人学生数やその国籍の多様さからいっても、英語能力のミニ国際調査を行うにはうってつけの舞台であった。事実、1972 年、1973 年、1974 年の 3 年間だけをとってみても、ESLPE を受験した学生は合計 3,823 人、国籍もアフガニスタンからザンビアまで、その数 80 か国・地域にのぼった。最多は日本人の 504 人で、全体の 13.2% を占めているが、これも日本人の英語能力の国際調査のためには好都合であった。以下、イラン 382 人、中国（単に China、Free China などとだけ答えた不分明なものもあって、無理に中華人民共和国と中華民国の区別をたてることはしなかったが、数のうえでは後者が圧倒的に多い）364 人、韓国 325 人、香港 177 人、イスラエル 161 人、フランス 159 人、メキシコ 137 人、ブラジル 101 人と続く。アメリカも 71 人が受験しているが、これは言うま

でもなく、ネイティヴ・アメリカンやチカノ (Chicano メキシコ系アメリカ人)
などの英語を母語としないいわゆるマイノリティー・グループである。

　ESLPE は、いわば UCLA コミュニティーの構成メンバーとなるための一
種の英語実用 (生活) 能力調査にすぎない。したがって、この種の能力の養成
が、そのままそっくり日本の学校英語教育に対しても期待されると考えるの
は、必ずしも妥当ではない。しかし、日本をふくめ、世界各国の学生たちの
うえにこの同じ ESLPE 式ものさしをあてがってみることによって、日本の
外国語教育を考えるための新しいいくつかのヒントも得られそうに思われる。
ここでは、上記 3 か年の UCLA 留学生のうち、すでにそれぞれの国におい
て大学教育を終えている 2,583 人 (70 か国・地域。他の 10 か国・地域は高校卒業
者のみ) について、その ESLPE の結果を調べてみた。表 2-1 は、これを国・
地域別 (受験者 30 人以上) にまとめたもので、便宜上、末尾に日本の高校卒業
者の結果 (表 2-2) も付加した。

　もとより、受験者数も限られ、国・地域別受験者数のバラツキも大きいこ
の ESLPE の結果をもって、ただちに各国・地域の大学卒業生英語熟達度の
一般的指標と考えることには慎重でなければならない。しかし同時に、この
3 か年のデータを、その前の 3 か年、その後の 2 か年の計 5 か年間の結果と
比較してみると、どの 1 年をとっても得点の傾向にはほとんど異同が認めら
れない。つまり、このデータは 1969 年から 1976 年までの計 8 年間の傾向を
示すものとみることができよう。

　さらに、このデータを、1975 年に発表された IEA の「外国語としての英語
教育」国際調査 (被験国は 10 か国と限られたものではあったが) の結果[3] とつきあ
わせてみても、被験各国・地域に関するかぎり、両方のデータの主要な特徴
点はほとんど一貫して相似の傾向を示している事実は注目する必要がある。
このような符合ぶりは、ESLPE が、単に留学生の個人別調査資料にとどま
らず、各国・地域別の英語教育の事情をも、かなり特徴的に映し出した結果
と考えても間違いはなさそうである。

表 2-1　大学卒業者国・地域別 ESLPE 成績（受験者 30 人以上）

（調査・作成：大谷泰照）

国・地域名	受験者数	文法テスト 15点	読解テスト 20点	聴解テスト 25点	クローズ・テスト 25点	書き取りテスト 15点	総点 100点	標準偏差
アルゼンチン	41	8.6	11.9	9.1	14.2	5.3	49.0	26.2
ブラジル	54	11.8	18.4	17.3	19.7	11.7	78.9	12.4
チリ	45	12.4	13.4	12.3	12.9	8.6	59.6	30.0
中国	259	11.9	16.9	14.2	17.4	9.0	69.5	15.8
コロンビア	33	10.0	8.3	11.3	14.0	5.7	49.3	29.2
キューバ	46	11.8	17.2	12.6	18.6	10.3	70.5	26.6
エジプト	36	9.0	12.6	10.2	12.4	8.7	52.9	26.6
エルサルバドル	37	10.4	12.8	10.2	15.9	8.6	57.8	17.3
フランス	94	12.3	18.7	15.7	18.6	12.3	77.6	13.6
西ドイツ	30	11.1	17.8	14.8	20.0	13.4	77.1	5.3
香港	75	12.4	17.1	15.7	20.1	11.9	77.1	8.9
ハンガリー	43	10.0	12.2	12.5	15.4	8.6	58.6	21.9
インド	71	12.8	18.0	15.2	19.1	12.4	77.5	13.2
イラン	248	11.5	13.3	11.8	16.1	8.9	61.7	18.6
イスラエル	80	12.4	19.4	17.0	19.6	13.3	81.7	7.5
日本	334	11.7	13.1	12.1	14.0	6.0	56.9	19.1
韓国	199	10.4	12.6	11.9	13.1	6.3	54.3	22.7
レバノン	44	12.2	16.7	14.3	18.3	11.7	73.3	13.0
メキシコ	69	11.5	15.1	12.9	16.7	10.2	66.3	16.4
ペルー	40	11.0	16.2	15.9	16.3	8.2	67.5	19.5
フィリピン	63	13.0	17.2	16.7	19.8	14.0	80.8	10.3
ポーランド	42	9.2	9.0	12.4	15.2	5.8	51.6	22.5
スペイン	41	12.0	16.0	13.9	15.9	8.7	66.5	18.3
スウェーデン	31	12.8	19.5	17.3	21.8	12.9	84.1	5.9
タイ	60	11.3	14.0	12.3	14.3	6.8	58.7	23.5
アメリカ	30	12.2	15.7	13.0	18.4	10.6	69.9	26.6
ソ連	45	11.8	16.3	13.9	17.9	10.0	69.9	13.3
計（27 か国・地域）	2,190							
その他とも計（70 か国・地域）	2,583							
日本を除く 69 か国・地域の平均		11.7	15.8	14.0	17.0	10.0	68.4	15.6

表2-2　高校卒業者国・地域別ESLPE成績（日本以外は略）

（調査・作成：大谷泰照）

国名	受験者数	文法テスト 15点	読解テスト 20点	聴解テスト 25点	クローズ・テスト 25点	書き取りテスト 15点	総点 100点	標準偏差
日本	170	10.5	9.4	9.6	11.6	4.4	45.4	21.0
日本を除く66か国・地域の平均		10.7	12.9	12.1	15.3	8.9	60.0	18.1

3. 外国語教育の俗説は、はたして正しいのか

　UCLAの外国人留学生は、ESLPEの結果によって、大まかにいって5種類のクラスに分けられ、語学力の不十分な学生には、それに応じた特別の英語補習クラスへの出席が義務づけられる。日本人留学生は、はたしてどのようなクラスに割り当てられているのか。**表2-3**は、これを大学・高校卒業者の別に示したものである。

　この結果からみるかぎり、満足できる英語能力をそなえていると認められるもの（クラス①）は、全日本人留学生のうちで10%強である。1学期間の補習クラス出席義務を課せられるものの、かろうじてついていけると判断されるもの（クラス②）をふくめると、大学卒47.9%、高校卒は23.5%となる。さらに、かなりの困難をともないながらも、最低2学期間の補習クラスへの出席を義務づけられ、しかし他学科目の受講制限はうけないもの（クラス③）を加える

表2-3　日本人留学生の所属クラス

（調査・作成：大谷泰照）

総点 100点満点	クラス① 100〜80	クラス② 80未満〜60	クラス③ 60未満〜40	クラス④ 40未満〜20	クラス⑤ 20未満〜0	最高点	最低点	受験時までの平均渡米期間
大学卒業者 334人	42人 (12.6%)	118人 (35.3%)	102人 (30.5%)	64人 (19.2%)	8人 (2.4%)	90点	19点	3.6月
高校卒業者 170人	17人 (10.0%)	23人 (13.5%)	60人 (35.3%)	56人 (32.9%)	14人 (8.3%)	92点	5点	9.8月

と、大学卒 78.4%、高校卒は 58.8% という結果である。

　日本人学生の英語学力は高校卒業時が最高で、大学入学とともに下降傾向をたどる、といわれ始めたのは 1960 年代に入るころからである。英語教師の間でも、はじめは自嘲的に、のちには確信ありげに語られることが多くなり、いまでは世間もそう信じ込んでしまったようである。

　しかし、大学と高校の卒業生が同一問題でテストされた上記の結果をみる限り、この説は明らかに事実に相違している。しかも、ESPLE 受験時までの平均滞米期間が、大学卒 3.6 か月に対して、高校卒は 9.8 か月とかなり長期であることを考慮に入れると、それぞれの卒業時の両者の学力差はいっそう大きかったとみてもよかろう。1969 年 (昭和 44 年) の ESLPE 発足以来、この傾向は、毎年一貫して変わっていないという事実を考えると、これは決して単なる偶然ではあるまい。出所不明の「英語学力漸減説」も、1 つの世間話としてなら面白いが、どうやらあの老人福祉国スウェーデンの「老人自殺率世界一説」と同様に、案外どこかでつくられた神話であったのかもしれない。当然のことが当然のこととして通用しにくい現状を考えるために、これは 1 つの具体的な反証の資料となろう。

　「英語は読めるが、話せない」は、いまでは日本人の口ぐせになってしまったが、これもまた、国際的にみると、われわれの勝手な迷信の 1 つであるらしい。ESLPE の 5 項目にわたる調査のうちで、日本が世界の平均値にかろうじて達したのは、大学卒業者の「文法テスト」ただ 1 つにすぎない。自信のあるはずの日本人の読解力は、聴解力を下回らないまでも、大学・高校卒ともに、世界の平均的レベルにすら手が届きそうもない。オラー (Oller) は、読解力とクローズ・テスト、さらに書取りテストの相関の高さを指摘しているが、[4] それにしたがえば、日本のクローズ・テストと書取りテストの不成績も、基本的には基礎的読解力の不足に起因するものと考えざるを得ない。これは、決して上記の 3 か年に限った特殊な傾向ではないが、読解力に「自信過剰」の日本人留学生には、当初はなかなか合点のいかないことであるらしい。

　UCLA の英語補習クラスが、リーディングとライティングの指導に最重点をおき、特にクラス②、③では、その目標をもっぱらリーディングとライティ

ングの集中訓練にしぼっているのも当然のことと首肯できる。アメリカ最大の英語教育学会 TESOL（Teachers of English to Speakers of Other Languages）の サヴィル・トロイケ（M. Saville-Troike）会長が、1975 年（昭和 50 年）の全米大会において特にメッセージを発表して、外国人留学生の英語教育のためにはとりわけ読解指導を強化する必要があることを強調して注目されたが、これはスピーキングを重視するあまり、リーディング、ライティングを軽んじがちな当時の一般的風潮に対する大きな警鐘となった。わが国内の英語教育ではしきりに読解偏重がいわれながら、その実、海外では日本人留学生の読解力不足が嘆かれているのは皮肉である。

4.　日本人は、実際に外国語習得能力を欠いているのか

　かつて、スウェーデンでノーベル物理学賞を受賞して帰国した江崎玲於奈が、スウェーデン人たちが見事に英語を話すのに驚いて、「（スウェーデンの）大半の国民が巧みに英語をしゃべるのに接してみると、日本の英語教育は根本的に解決しなければならぬ何かの問題を抱えている」[5] と日本の英語教育の非能率を叱ったことがあった。これはノーベル賞受賞者のことばとして広く国民の共感を得た模様で、英語教師の側からも一言の反論もなかったと記憶する。しかし、この種の批判の荒っぽさは、いうまでもなく、両国の教育的条件や言語・文化的条件の違いを全く無視してしまった点にある。

　教育的条件でいえば、公教育費やクラス・サイズが違いすぎる。前章に示した表 1-1、表 1-2 のように、当時、すでに IEA は主要国・地域の教育的条件については詳細な調査を行っていた。それによれば、日本の中学生 1 人当たりの公教育費は IEA 被験国中最低で、しかも、アメリカやスウェーデンの 6 分の 1 以下というケタはずれな少額であることがよくわかる。そのうえ、一般科目のクラス・サイズでも、日本は中学・高校ともに被験国・地域中最大という劣悪な条件におかれている。外国語クラスには、これをさらに細分した特別の少人数制をとっている国・地域が多く、たとえばイスラエルの一部にみられる 25 人を超える英語クラスを、IEA は大クラスの例として槍玉

にあげているほどであるが、[6]　当時、日本の英語クラスの平均サイズは、中学・高校ともに実に 41 人という他の被験国では考えられもしない大クラスである。

　その頃、英語教育開始年齢が、スウェーデンの 9 歳に対して、日本は 12 歳であることも、年齢による言語習得の適応性を考えるならば、その差はとうてい 3 年などというなまやさしいものではあるまい。

　教育的条件と同様に、あるいはそれ以上に無視できないのは、おそらく言語・文化的条件であろう。スウェーデン語と日本語が、英語に対してまるで等距離関係にあるかのような江崎の認識に、当時の日本人はまだ何の疑問も抱かなかった。しかし実は、日本語とスウェーデン語は、英語に対して決して等距離関係にはない。表 2-1 の ESLPE の結果は、それを如実に物語っている。まず、① スウェーデン・フランス・西ドイツなど、英語国と類似の言語・文化圏に属する国々の高い成績が目立つ。反面、② アジアの異言語・文化圏にあって、しかも欧米の植民地支配の経験をもたないタイ・日本・韓国の得点は申し合わせたように低い。③ 同じアジアでも、異常に高い得点を挙げたのは、フィリピン・インド・香港など、そろって英・米の植民地を経験している国・地域であることも見落としてはならない。さらに、④ 独自の広大な文化圏を形成するスペイン語諸国が、判で押したように不振であるのも、単なる偶然と思い誤ってはならないであろう。

　最近の日本では、学校教育に見切りをつけて、企業自体が英語教育を行うところがふえてきた。これについて、すでに 1975 年当時、東京のソニーとパリの IBM の社員英語教育を比較した興味深い調査がある。[7] それによれば、世界のこの 2 大企業が、自社開発の最高の視聴覚機器を駆使して取り組んだ社員英語教育においても、日本はフランスには遠く及ばなかったという。企業内英語教育が、たとえ学校英語教育にとって代わったとしても、われわれのおかれた言語・文化的環境そのものは変わることはないのである。

　ケストラーは、日本人の外国語能力を評して 'hopeless' と述べたが、表 2-1 でみるかぎり、アルゼンチンやエジプトがこう呼ばれなくて、なぜ日本人だけが 'hopeless' なのか。ESLPE のアンケートをみると、これがわかるような

気がする。受験者各自の英語 4 技能について、excellent、good、fair、poor と
4 段階の自己評価をさせてみると、クラス①のレベルの日本人でも excellent
と答えるものはまずない。自信のあるはずのリーディングでさえも、good、
多くは fair という控え目な評価である。これに対して、中南米・アフリカの
学生は、クラス③、④のレベルでも臆面もなく excellent にマークをつけるお
おらかさである。この心的態度の差は、英語補習クラスでもはっきりとうか
がえる。にぎやかなスペイン語なまりの英語が教室を支配して、一方、多数
派の日本人学生はもっぱらおし黙って聴き入るという状況である。外国人の
ための日本語クラスでも、一般に日本語の流暢な日系人学生より、たどたど
しい日本語の白人学生の方が口数ははるかに多い。

　UCLA で留学生を教える英語学部スタッフによれば、際立って控え目で、
はにかみ屋で、　口数の少ないのは、日本人・韓国人など一部のアジア人と、
ナバホをはじめとするネイティヴ・アメリカン（前述の通り、彼らも英語を母
語としないため、ESLPE を受けて入学する）であるというのが定評になっている。
体面を重んじすぎ、ことばに必ずしも高い信頼をおかないこの独特の心的態
度が、間違いを恐れず試行錯誤の反復が不可欠な異言語の訓練になじみにく
いのは当然で、特に「無口な人は危険な人」（'A silent man is a dangerous man.'）「話
題はなくてもしゃべること」（'Even if there is nothing to say, one must talk.'）とさえ
信ずる欧米人にとって、これが「絶望的」と映らないはずはない。[8]　その意味
では、当時、ホワイト・ハウスでのフォード大統領との会談に際して、「は
にかみを捨てて」と通訳官にはげまされた三木武夫首相も、「あ、そう」を貫
いて大統領を困らせた昭和天皇も、まさに日本国の首相であり、日本国民の
象徴であった。

　日本人学生を、ESLPE というものさしに照らして外国人学生と比較して
みると、このような特徴が浮かびあがってくる。しかも、それらは、単なる
教育法や指導技術上の問題を超えた、日本独特の文化や国民性により深く根
ざしたものであることが多い。それだけに、その対応もまた、同じ土壌に根
ざしたものでなければなるまい。

5. TOEFL の結果をどう考えるか

　日本人の英語運用能力の「非力さ」を、事実上、はじめて国際的な尺度で「客観的に」示したと考えられるのが、1964 年（昭和 39 年）から始まった ETS（Educational Testing Service）の TOEFL（Test of English as a Foreign Language）の結果であった。TOEFL は、いうまでもなく、北アメリカの大学へ留学しようとする非英語母語話者のための英語運用能力を診断するテストである。それを行う ETS は、アメリカの非営利テスト開発機関で、アメリカの大学院進学適性を測る GRE や、近年は国際コミュニケーションのための英語運用能力を測る TOEIC の開発も手がけている。

　1964 年（昭和 39 年）に始まった TOEFL 最初のテストの国別得点では、日本は参加 41 か国・地域中 29 位、アジアでは 17 か国・地域中 11 位という結果であった。その後も、昭和 40 年代、50 年代と、時代の国際化の進展にもかかわらず、TOEFL の結果に表れた日本人の英語能力は一向に上向くことはなかった。たまたま、TOEFL 開始の年（1964 年）に、数学については IEA の大規模な国際数学教育到達度の第 1 回調査も行われたが、その結果では、日本の中学 2 年生（13 歳生徒）は、参加の先進 10 か国中で、他のすべての国々を大きく引き離して最高の得点を挙げ、国際的にも日本の「数学学力世界一」と派手に喧伝される結果を出していた。それだけに、数学の成績とはまるで対照的な TOEFL に表れた英語の成績の不振ぶりは、「教育先進国」などとうぬぼれていた当時のわが国では、少なからず意外の感をもって受け取られた。

　TOEFL にコンピュータが導入されるまでの筆記テスト、いわゆる PBT は、その後平成 10 年（1998 年）まで 35 年間続いたが、日本の成績は、最後まで一貫して低位にとどまっていてほとんど上向くことはなかった。受験者のコンピュータ操作の慣れ具合に影響されることのない PBT についてみると、その最後の年になる平成 9-10 年（1997-98 年）の日本の成績は、世界 169 か国・地域中 155 位、アジア 25 か国・地域中では最下位であった。これを、主要な諸外国・地域と比較して示せば**図 2-1** の通りである。また、特徴的な 11 か国・地域について、PBT 35 年間の得点の推移を示せば**図 2-2** の通りである。

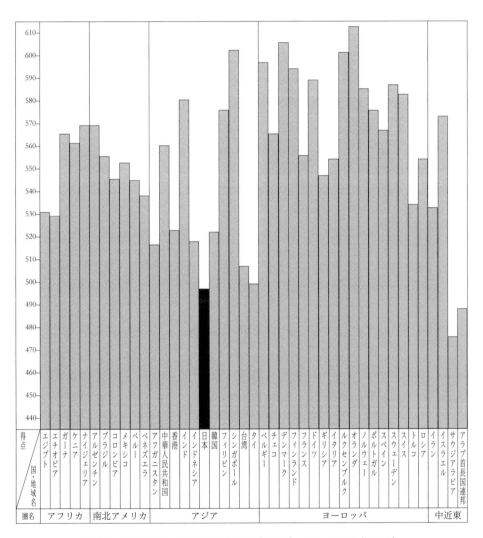

図 2-1　TOEFL 国・地域別得点状況 (1997 年 7 月〜 1998 年 6 月)

（調査・作成：大谷泰照）

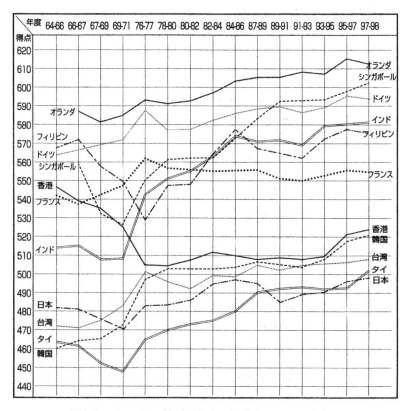

図 2-2　TOEFL 国・地域別得点の推移（1964 ～ 98 年）

（調査・作成：大谷泰照）

　なお、TOEFL の国・地域別成績がまとまった形で公表されるようになった
のは 1976 年以後のことであるが、それ以前の 1964 年から 1971 年までの初
期のデータの詳細については筆者調査の ETS の内部資料によった。

　このような TOEFL の結果は、それ以後、日本の英語教育の「非能率さ」
を、事実上、はじめて国際的な尺度で「客観的に」明らかにした「動かぬ証拠」
とみなされるようになった。数学教育が「世界最高」のこの国で、英語教育
だけは文字通り「世界最低」といわれ、「欠陥教育」と呼ばれるようになった。
国民の期待を裏切り続ける日本のこのような英語教育を「犯罪的」（藤原正彦：

当時、お茶の水女子大学教授)、「国賊」(國松善次：当時、滋賀県知事)などと指弾する人々も現れた。

　その結果、文部(科学)省内でも、数学教育の改善があらためて問われることは少ないが、特に英語教育については、その改善のための各種の対策会議が次々と生まれ、その席では必ずといってよいほど TOEFL (今日では TOEIC も)のこんな「屈辱的な」成績が議題にのぼるようになった。TOEFL の得点を引き上げることこそ、この国の英語教育の改善の具体的目安であるかのような議論まで行われる。以後、「世界最高の数学学力」の子どもたちには、「世界最高の外国語教育」もできないはずはないという世論が強まり、数学教師と英語教師の指導力の差を問う声まで出てきた。

　教育現場には、文法指導よりもコミュニケーション指導の強化が求められ、平成 15 年(2003 年)には、文部科学省は「英語が使える日本人」の育成のための行動計画を発表した。その説明会の席上でも、文部科学省の担当官は、従来の英語教育に問題があったとすれば、それは input 中心の指導法がとられてきたためであって、これを新しく output 中心の指導法に切り替えなければならないと、英語教育担当者の奮起を強く促した。

6. TOEFL の結果が顕すもの

　しかし、TOEFL の結果に表れたこの国の英語教育の「不振」ぶりは、はたして、単なる指導法の問題なのか。指導法を改めれば、TOEFL の成績が飛躍的に上向くと考えられるのか。その程度の認識で、はたしてこの国の英語教育は大きく変わり得るのであろうか。

　およそ TOEFL のように、特定言語の運用能力を、多様な母語話者を対象として測ろうとするテストについては、母語が異なる英語学習者のそれぞれの言語・文化的状況という、いわば英語学習の基本的条件について、もう少し周到な目配りが必要ではないのか。TOEFL の得点の改善が、単なる指導法の転換によって達せられると考える、いわば教育技法的なレベルの発想にとどまっている限りは、事柄のより深い本質を見失ってしまいそうに思われ

る。それは、このように考えてみるとよく分かる。

　実は、TOEFL の結果は、先の UCLA の ESLPE のデータから得た知見 ①、②、③、④を、さらに明確に追認することになった。国・地域別得点の推移図（図2-2）を見て、常に高得点をあげるのはどのような国・地域なのかを考えてみるとよい。それは、先ず、オランダやドイツなど、イギリスと類似の言語・文化圏の国々であることが分かる。これは、言語的にはインド・ヨーロッパ語族のなかでも英語と同族のゲルマン語派に属する言語を母語とする国々である。言いかえれば、英語との言語的距離の最も近い国々である。

　同様に高得点をあげるいまひとつのグループは、フィリピン、シンガポールなどの、英語国の旧植民地経験国である。彼らの母語はインド・ヨーロッパ語とは無関係ではあるが、英語国の植民地を経て、現在では英語を第2言語や学校教育の教育言語とする国々である。

　それに次いで高い得点をあげるのがフランスなどである。フランス語は、インド・ヨーロッパ語族のなかでも、ゲルマン語派に隣接するイタリック語派に属し、英語との言語的距離はゲルマン語派に次いで近いと考えられる。

　香港とインドは、いずれもイギリスの旧植民地であったが（加えて、インドで最多の話者をもつ公用語のヒンディー語はインド・ヨーロッパ語族のインド・アーリア語派に属する）、香港では中国返還が近づくにつれて中国語への回帰が進み、逆にインドでは国内の多民族間の共通語としての英語のウェイトが増大して今日に至っている。TOEFL の得点の推移図は、そんなそれぞれの国・地域の言語・文化的状況と歴史的変遷を見事に映し出している。

　日本、台湾、タイ、韓国は、いずれも言語的には英語とは無縁の言語・文化圏であり、その上、アジアではめずらしく欧米列強の植民地経験ももたなかった国・地域である。言いかえれば、英語との言語的距離は遠く、しかも政治的にも欧米語の支配を受けることの少なかった言語環境におかれてきた。

　TOEFL の結果を、以上の得点推移図の 11 か国・地域に限らず、さらに広く TOEFL 参加国全体について調べてみると、このことは一層はっきりする。まず、TOEFL の結果で得点の最も高いのは、インド・ヨーロッパ語族のなかの英語と同族のゲルマン語派の国々（オランダ、デンマーク、ベルギー、ドイ

ツ、ルクセンブルク、スウェーデン、ノルウェー、スイスなど) であることが分かる。これは、イギリスへ侵入してきたアングロ、サクサン、ジュートやバイキングたちの祖国、言いかえればイギリス人の先祖にあたる国々である。それに次いで、同じ語族のイタリック語派 (ポルトガル、イタリア、フランス、スペインなど)、スラヴ語派 (ロシア、ただしチェコはイタリック語派に迫る)、ギリシャ語派 (ギリシャ)、イラン語派 (イラン、アフガニスタン) と、英語との言語的距離が遠ざかるにつれて、ほぼその順に TOEFL の得点も低くなる。ただし、広大なスペイン語世界をなしていて、異言語学習の意欲の乏しいといわれる北中南米のイタリック語派の諸国 (アルゼンチン、メキシコ、コロンビア、ペルー、ベネズエラなど) の得点は、一般にヨーロッパのイタリック語派の国々に比べて低い。

　さらに、インド・ヨーロッパ語圏以外でも、欧米諸国、なかでも英語国の植民地経験国・地域 (アジアではシンガポール、フィリピン、アフリカではナイジェリア、ケニア、ガーナなど) の得点の高さが目立つ。とりわけ、今日も英語を第2言語や教育言語としている国・地域の得点が高い。

　反対に、TOEFL の得点が一貫して低いのはどのような国々か。それは、インド・ヨーロッパ語圏外で、その上、欧米諸国の植民地とならなかった国・地域 (韓国、台湾、タイなど) である。英語が第2言語でも教育言語でもなく、単に学校教育の外国語という一教科に過ぎない国・地域である。日本は、そんな国々の1つであることを忘れてはならない。

　なお、セム・ハム語族に属するエジプト、エチオピア、アラブ首長国連邦、サウジアラビア、とりわけ最後の2国の得点の極端な低さが目を引く。かつて、イギリスの歴史家エドワード・ギボン (Edward Gibbon) が、その名著 *The History of the Decline and Fall of the Roman Empire* (1776-1788) で、

　　アラブ人は、自らの民族語を過信して、外国語を学ぶことを潔しとしなかった。(Confident in the riches of their native tongue, the Arabians disdained the study of any foreign idiom.)

と述べた有名なことばが思い出される。

　以上のように考えてくると、TOEFL の得点には、それぞれの国・地域における英語の指導法などよりも、実は、英語と学習者の母語との言語・文化的距離、加えて英語国による植民地経験の有無がはるかに大きく反映していることがはっきりとする。

　すでにわれわれは前章で、個別言語には依存しない高度の普遍性をもつと信じて疑わなかった数学の学習でさえも、実は学習者の母語が決して無関係ではないことを知った。とすれば、高度の個別性をもつ言語そのものである英語の学習にあたって、学習者の母語が無関係であるなどと考えること自体が、とても尋常な感覚とは言えそうもない。韓国、台湾、タイ、日本のTOEFL 得点は、ESLPE で述べた②群に属する言語・文化環境を、実に見事に映し出したものとみるべきであろう。近年の日本の TOEFL 得点の低さについては、文部（科学）省をはじめ専門の研究者間でも、日本の受験者が他国に比べて大幅に増え、大衆化したためであると説明されることが多い。しかし実は、TOEFL 開始当初、日本の受験者がまだ選ばれたほんの少数であった頃（1964-66 年はわずか 1,710 人、ちなみに 1997-98 年は 14 万 6,439 人）から、すでに日本の得点は一貫して低位にあったという事実を見落としてはならない。

　たしかに、TOEFL の得点推移図の最底部に淀み続ける②群は、当該国・地域の目には「屈辱的」と映るかもしれない。そんな体たらくを「犯罪的」や「国賊」と非難したくもなろう。しかし、そこには、漢字文化圏以外の国々の IEA 数学テストの得点を「犯罪的」「国賊」と非難し、漢字文化圏のテストの得点は「模範的」「愛国」と自賛するのにも似た滑稽さが感じられないであろうか。かりにも本気で異文化理解を説こうとするならば、この程度の言語認識は最低限度欠くことはできないはずである。

　なお、UCLA のデータについての拙論を日本で発表した（大谷泰照「国際的にみた日本人学生の英語学力―教育法の新しい考え方のために」『英語教育』大修館書店　昭和 51 年 6 月）その 4 年後に、TOEFL 開発機関の ETS 自身も同趣旨の論文を発表した。Donald L. Alderman & Paul W. Holland, *Item Performance across Native Language Groups on the Test of English as a Foreign Language* (Princeton: Educational Testing

Service, 1980) である。この研究は、TOEFL 項目の実に 88% 近くが受験者の母語によって影響を受けるという事実を明らかにした。これは、すべての学習者が英語を同じ条件で学ぶことができるというそれまでの俗信を糺し、学習者の母語次第で、英語学習の難易度に大きな差が出るという重要な事実を示すものである。

　ここで、昭和 59 年 (1984 年) 以来、世界各地で行われてきた日本語能力試験 (JLPT: 国際交流基金と日本国際教育支援協会が運営。日本語を母語としない受験者を対象に日本語の能力を測定し認定する試験) の結果を調べてみると興味深いことが分かる。日本語能力試験では、TOEFL の得点の低い漢字文化圏の国・地域ほど高い得点を挙げ、逆に TOEFL 得点の高いインド・ヨーロッパ語圏の国ほど日本語の得点は低くなり、ほぼ完全に TOEFL の裏返しの結果になっている。TOEFL では、日本人と同様に、相対的に得点の低い韓国の受験者が、彼らの言語と高い類似性をもつといわれるこの日本語の能力試験では、常に世界最高の得点をあげている。しかも、韓国の学校における英語指導法と日本語指導法には、技法的にはほとんど差異は認められない。日本語の指導法が、特に output 中心の指導法であるわけではないし、英語の指導法が input 中心であるわけでも決してない。この結果もまた、学習者の母語と学習言語との言語的距離の関係をはっきりと裏付けているといえよう。

7. 新しい「異文化理解」への覚醒

　「手のつけられない外国語下手」と評された日本人であるが、たとえば、天理大学外国語学科韓国・朝鮮語教室からの報告によれば、同大学の日本人学生は、入学後、1 〜 2 か月もすれば、朝鮮語 (韓国では「韓国語」と呼ぶが、本書では、言語を政治的国境を超えた存在として「朝鮮語」を使用) の文法体系はほぼ完全に身につけてしまうという。日本では一般に、中学以来 6 年以上も学んできた英語の文法については、いまだに自信がもてない大学生が少なくないのとは好対照である。また、ソウル大学の韓国語教育科からの報告によれば、近年は朝鮮語のほんの初心者程度のレベルでソウル大学へ留学する日本人学

生が増えたが、彼らは、同大学の語学研修を受けながら6か月もすれば、朝鮮語での日常生活がほぼ不自由なくできるようになり、1年もすれば、朝鮮語による大学の講義の大部分が理解できるようになるという。これは、欧米の留学生はもちろん、他の漢字文化圏からの留学生に比べても、格段に早い進歩ぶりであるという。JLPTの韓国版である韓国語能力試験(TOPIK)をみると、その最上級の6級合格者は圧倒的に日本人で占められている。日本人の朝鮮語習得能力が「世界一」とさえいわれる所以である。

　同様のことは、韓国人の側からもいえることである。韓国では1970年代に観光立国のための政策を強化して、当時の国の特殊法人国際観光公社が慶州普門湖にホテル学校を設けた。高校卒業生を入学させて、ホテル運営の専門家を育成する1年課程の専門学校である。この学校では、特に異言語教育に力を入れて英語を週9時間、日本語を週7時間教えたが、1年後のそのホテル学校修了時には毎年、中学校以来計7年間学んだ英語よりも、ホテル学校で1年間しか学んでいない日本語の運用能力の方が一般には高いという結果が出た。指導法や指導担当者の能力が日本語と英語の指導の場合で特に差があるという事実もない。日・英語でこれほど大きな違いが出ることは、そのプログラムの計画責任者の徐泰洪教授も予想しなかったことで、いまさらながら日本語と朝鮮語の言語的距離の近さを思い知らされたと語っている。

　このような結果は、大阪大学の韓国人留学生349人に対する筆者の調査とも符合する。彼らが学習した日本語についての印象を問うと、「非常に易しい」28.0%、「易しい」37.0%、「どちらとも言えない」32.7%、「難しい」1.7%、「非常に難しい」0.6%と答えている。われわれは、とかく日本語の学習は外国人には困難であると考えがちであるが、韓国からの留学生で日本語の学習を難しいと考えるものは、わずか2.3%にすぎない。少なくとも、日本の大学に在籍する外国人留学生の日本語習得能力は、一般にどこの大学でもほぼ例外なく韓国人(とモンゴル人)がずば抜けているといってよいと思われる。韓国の中学・高校では、外国語は必修の英語以外にいま1つ第2外国語を選択必修科目としているが、最も人気のある外国語はドイツ語でもフランス語でも中国語でもなく、世論調査の度毎に彼らが「最も嫌いな国」と答える日本の

日本語である。最も習得が容易で「省エネ学習」が可能で、上級学校進学の
ためには断然有利であると考えられるためである。

　ソウル大学に留学する日本人学生の朝鮮語熟達の異常な速さに驚く韓国人
は多い。大阪大学に留学する韓国人学生の日本語熟達の異常な速さに注目す
る日本人も多い。しかしながら、そんな実情を目の当たりにすると、彼らの
多くは、日本人も韓国人も同様の方法で学べば、英語もまた同様に熟達しな
いはずはないととかく簡単に考えがちである。しかしたとえば、かつてソウ
ル大学の前身の京城帝国大学で教えて、朝鮮語学の最先端の研究者として知
られた河野六郎などは、すでに昭和 30 年 (1955 年) 当時に朝鮮語を「日本語に
最もよく似た言語」であると両言語の類似性の高さを言語文化的見地から的
確に指摘している (市河三喜・服部四郎主幹『世界言語概説 下巻』研究社、昭和 30
年)。それからすでに 60 年以上を経た今日も、このような先人の教えの意味
が日本や韓国の異言語教育界ではいまだに理解されていない現状は、いかに
も異常と呼ぶほかはない。

　朝鮮語と同様に日本語との言語的距離が最も近いと考えられる言語にモン
ゴル語がある。そのモンゴル語を母語とする朝青龍や白鵬は、来日 3 年で日
本人と見紛うほどの自然な日本語を話した。ところが、同じ大相撲の力士で
も、来日 50 年以上の高見山も、30 年以上の小錦も、いまだに朝青龍や白鵬
ほどの見事な日本語は話せない。しかし、これはひとえに彼らの母語 (モン
ゴル語と英語) と日本語との言語的距離の差によるものと考えるべきであろう。
朝青龍と白鵬を育てた若松部屋と宮城野部屋の日本語指導法が特にすぐれて
いて、高見山と小錦を育てた高砂部屋の日本語指導法は「犯罪的」「国賊」的
に拙劣であったと指弾することはできない。

　なお、外国人力士の日本語習得については、宮崎里司『外国人力士はなぜ
日本語がうまいのか』(明治書院：平成 13 年) という評判の出版物がある。外
国人力士当人や相撲関係者を広く取材して、外国人力士の日本語習得の苦労
を丁寧にたどった著作で、異言語教育関係者の間でも広く読まれてきた。し
かし、本書の「英語できない病に効くクスリ!!」の宣伝文句を鵜呑みにした一
般の読者は、相撲の指導が目的の相撲部屋でさえこれほど効果的な日本語教

育ができるにもかかわらず、本来、教育そのものを専門とするはずのわが国の学校では、なぜ英語を話す程度の教育もまともにできないのかという疑念を増幅させてしまったようである。

　しかし、本書をよく読めば、その回答は同書「あとがき」のなかに、次のようにはっきりと書かれている。

　　彼［外国人力士］らの日本語習得が、なぜそれほど早いのか。効果的な学習方法の秘密を探るため、調査を続けていくうちに、彼らが、理想的な言語習得の環境に置かれていたことが分かった。二十四時間体制で、つきっきり面倒を見てくれる、おかみさん、親方、兄弟子、床山の面々・・・そうしたネットワークの中で、日本語漬けになりながら、知らないうちにどんどん上達していく。・・・まさに、語学学習のお手本ともいえるようなものだった。

　実は、異言語教育の専門家たちの間には、長らく語り伝えられてきた先人のことばがある。「外国語教育の要諦は神と戦争」である。異言語教育は本来、決して一般に考えられるほど生易しい作業ではないが、いったん神と戦争がからめばそれが達成可能であるというのである。「神」の教えを伝道したり、「戦争」に打ち勝つという絶対・至上の目的のためならば、宣教師も軍人も、一身を賭して、あるいは国運をかけて相手の言葉を身につけ、相手の本当の姿を知ろうとつとめる。キリスト教の宣教師やアメリカ軍の語学将校の日本語の堪能さに、戦後の日本人は一様に強い印象を受けたものである。

　知日派アメリカ人ジャック・スアード (Jack Seward) は前大戦中、米軍の軍専門教育計画 (ASTP) の日本語学校で、2 年半にわたって、毎日 10 時間もの厳しい日本語の集中訓練を受けた。そしてその期間中に、彼の 10 人にも満たない小さなクラスのなかから、「日本語漬け」の訓練の厳しさに耐えかねたと思われる 2 人の自殺者と 1 人の自殺未遂者を出したという。[9] 有能で意欲的な軍人ばかりを選りすぐって訓練生として、ドナルド・キーン (Donald Keene) やエドワード・サイデンスティッカー (Edward Seidensticker) などのすぐ

れた日本語将校を生み出して立派に成果をあげたはずの ASTP であったが、その背後には、これほどまでにすさまじい現実がひそんでいたことを見落としてはならない。

　わが国の相撲部屋に入門した外国人力士たちもまた、軍隊同様の厳しい生活のなかで、逃亡を防ぐためにパスポートは取り上げられ、彼らの口にはとても合わないチャンコを有無を言わせず食べさせられ、来る日も来る日も 10 時間どころか、24 時間の「日本語漬け」の生活を強いられる。「無理へんにゲンコツ」がまかりとおる相撲社会で、時には親方や兄弟子たちによる殺人や傷害事件をも引き起こすほどの暴力的な「指導」が行われることさえあった。現に、たとえば琴欧州などは引退後の記者会見で、相撲部屋では、来る日も来る日も「人間扱いはされなかった」とその過酷な力士生活の体験を告白している (平成 26 年 (2014 年) 9 月 30 日のテレビ・インタビュー)。このようにみると、そんな彼らの体験は、たとえいかに日本語の上達には効果があろうとも、それをそのまま一般に見習うべきお手本として、日本の学校の英語教育改善のために「効くクスリ」と考える訳にはいかないであろう。同様に、たしかに戦後、日本の学校外国語教育も、当時評判になった ASTP 方式に倣おうとした一時期もあった。しかし、それが実現しなかったのは、教育目的も教育環境も、ASTP と学校普通教育ではあまりにも大きな隔たりがありすぎることに気づいたためであった。

　『外国人力士はなぜ日本語がうまいのか』は、われわれに「外国語教育の要諦は神と戦争」であるという古い教えをあらためて思い出させてくれた。言いかえれば、理想的な言語習得環境とは何かを具体的に分かりやすく教えてくれた。しかし、寝ても覚めても日本語漬けという、これ以上ないと思われるほどの理想的な言語習得環境である相撲部屋に入った外国人力士は、誰でも一様に日本語が流暢に話せるようになったわけではなかったという事実も、同時にまた忘れてはならない。よく観察してみれば外国人力士にも、日本語習得には大きなばらつきがあることが分かる。残念ながら本書では、その肝心な事実についてはほとんど触れられることはなかった。

　戦後の大相撲に外国人力士が増え始めるのが昭和 40 年代からで、以後昭

和 60 年代まではハワイ時代と呼ばれて、高見山、小錦、曙、武蔵丸などハワイ出身力士が活躍した。しかし平成に入るとそれが一変して、旭鷲山、朝青龍、白鵬、鶴竜らモンゴル出身力士が続々と現れて、そのモンゴル時代が今日まで続いている。彼らは、もちろん、各所属の相撲部屋で厳しく日本語をたたきこまれて、まず日本の日常生活には不自由のない程度の日本語は身につけた。

ところが、アメリカ力士とモンゴル力士の日本語には明らかにそれぞれのはっきりした特徴が認められるようになった。日常の話し言葉でみるかぎり、モンゴル力士は来日 3 年から 5 年もたてば、まるで日本人かと思わせる自然で流暢な日本語を身につける。モンゴル力士第 1 号の旭鷲山などは、最初はそのあまりにも流暢な日本語のために、てっきり日本人力士と思われていたほどであったし、朝青龍のぽんぽんと口をついて出るあの日本語の啖呵の見事さなどは、おそらく普通の日本人以上かもしれない。ところがアメリカ力士の日本語は、明らかにそれとすぐに分かる文字通りの外国人の日本語である。たとえ無難な日本語であっても、何年たってもどこかたどたどしさがつきまとい、日本人の日本語と間違われる恐れはまずない。小学生でもやらないような日本語のミスもめずらしくはない。上記のアメリカ力士 4 人は、全員がいまや来日 30 年から 50 年にもなり、その上、それぞれの夫人も全員が日本語の母語話者であるが、そんな現在の彼らでも、その日本語には明らかにモンゴル力士ほどの自然さはない。

実は、これは力士に限らない。ドナルド・キーンは、戦時中、米軍のASTP で厳しい日本語教育を受け、戦後は日本文学研究者として長年コロンビア大学で教え、古今の日本語作品については最も通じたアメリカ人の 1 人と目されている。彼はコロンビア大学時代には毎年来日して、数か月は彼自身の持ち家に住むことを常としていた。さらに退職後は日本人の浄瑠璃三味線奏者の上原誠己を養子として、平成 24 年 (2012 年) 3 月に日本国籍をとり、平成 31 年 (2019 年) 2 月に亡くなるまで東京・北区に定住した。その彼の書く日本語は、もちろん日本文学の専門家に恥じない日本語であったが、彼が自ら口に出して話す日本語に限ってみると、日本語を学び始めて 70 年を超

える晩年まで、日本人の日本語かと間違われることはまずなかった。明らか
に外国人の日本語であって、旭鷲山や朝青龍の日本語の自然な流暢さはない。
このような現象は、結局は、本人の能力や努力、あるいは親方や ASTP の指
導法などをはるかに超えた、日本語と学習者の母語との言語・文化的距離の
問題と考えるほかはないであろう。

　なお、日本語を含めて複数の外国語学習経験をもつ大阪大学の英語母語話
者の留学生 106 人に対する筆者の調査がある。それによれば、英語母語話者
からみた外国語学習の難易度は、10 段階評価（1：最も容易、10：最も困難）に
して、フランス語 1 〜 2、ロシア語 2 〜 4、中国語 5 〜 7、朝鮮語・モンゴ
ル語 9 〜 10、そして日本語は 10 というほぼ一致した結果が出ている。韓国
人留学生で日本語の習得を困難と考えているものはわずか 2 〜 3% に過ぎな
いが、これとは対照的に、英語を母語とする留学生は、ほぼ一致して日本語
の習得を最も困難であると考えている。これは、大阪大学の韓国人留学生に
比べて、英語母語話者の留学生の言語学習の能力や努力が劣っている訳では
決してない。

8.　異言語学習と言語的距離

　TOEFL は世界の諸言語からみた英語との言語的距離を、その得点の差に
よって示していると考えられるが、逆に英語からみた世界の諸言語との言語
的距離を明らかにしたのがアメリカ連邦政府の外務職員養成機関である外務
研究所（Foreign Service Institute: FSI）の調査である。FSI はその長年の異言語教育
の体験から、英語の母語話者からみて、世界の主要言語の習得には難易度別
に 5 つのカテゴリーがあることを認めている。そして、それぞれの言語圏で
職務達成可能な程度の語学力（General professional proficiency）、具体的には話し
言葉 S 3（中程度）と書き言葉 R 3（中程度）を習得するために要する訓練期間・
所要時間を以下のように見積もっている。

表2-4　英語母語話者からみた諸言語の習得難易度

カテゴリーⅠ	英語に非常に近い言語 （〜24週　600時間）	デンマーク語、オランダ語、フランス語、イタリア語、ノルウェー語、スペイン語、スウェーデン語　など
カテゴリーⅡ	英語に類似した言語 （〜30週　750時間）	ドイツ語
カテゴリーⅢ	英語とは言語的もしくは文化的に異質な言語 （〜36週　900時間）	インドネシア語、マレー語、スワヒリ語
カテゴリーⅣ	英語とは言語的もしくは文化的に非常に異質な言語 （〜44週 1,100時間 or それ以上）	チェコ語、フィンランド語、ギリシア語、アイスランド語、ポーランド語、ロシア語、トルコ語　など
カテゴリーⅤ	英語の母語話者には極端に困難な言語 （〜88週　2,200時間 or それ以上）	アラビア語、中国語、日本語 *、朝鮮語 ＊日本語は、中でもとりわけ困難な言語

—Foreign Service Institute 'Foreign Service Institute Language Difficulty Rankings.' (2018).

　これはFSIが、自らの70言語を超える異言語教育の体験から導き出した英語母語話者の異言語習得の難易度表で、いわばアメリカ政府の異言語教育の考え方を示すものである。このFSIの異言語学習者は、すでに別の異言語の習得経験をもつ語学的才能があると認められる外務関係職員で、年齢は一般に40歳未満である。一週間の教室での学習時間は25時間、それに加えて毎日さらに3時間の個人学習があり、クラス規模は6人以下というほぼ理想的な教育環境である。この習得難易度表はまず1973年（昭和48年）に発表されたが、その後も多様な職員に多様な言語の教育を重ねた実体験に基づき、幾度か細目の手直しが行われて今日に及んでいる。現在も部分的には、たとえばロシア語やポーランド語や中国語などの位置づけのように、いくらか再考の余地があると考えられるものも残っている。しかし、日本語については特にアスタリスク(*)を付して、一貫して英語母語話者にとって「極端に困難な言語(languages which are exceptionally difficult for native English speakers)」のなかでも「とりわけ困難な言語(more difficult than other languages in the same category)」と特

記していることを見落としてはならない。これは大阪大学の留学生の反応とも符合するもので、またモンゴル力士とアメリカ力士の日本語習得の特徴からも納得のゆく判断であるといえよう。英語母語話者にとっては、少なくとも FSI の考え方によれば、日本語は世界の数ある言語のなかでも「極端に困難な言語」のなかの「とりわけ困難な言語」、言いかえれば世界では最も習得の困難な言語であることを意味する。そしてそのことは、逆にこの大きな言語的距離は、日本人が英語習得の際にも当面する避けて通れない厳しい障壁であることをも意味するはずである。TOEFL と FSI 調査は、日本語と英語の双方向の立場からこんな日本語話者の置かれた言語環境をあらためて具体的に示したものとみることができそうである。

　わが国の異言語教育を論ずるにあたっては、先ず何よりも、以上のような異言語学習に及ぼす対象言語と学習者の母語との言語的距離の問題という、いわば最も基本的で動かしがたい言語環境のあり方をしっかりと直視する必要があろう。このような偏りのない言語・文化的認識をもつことこそが、実は、国際数学テストの結果を考える場合と同様に、いまやわが国の学校外国語教育が掲げる大看板の「異文化理解」や「グローバル教育」そのものの具体的な実践の第一歩と考えるべきではないのか。言いかえれば、異言語学習の難易度は、すべての学習者にとって決して均一的ではなく、学習者の母語の多様さによって、それぞれ多様に異なるという基本的な認識である。超民族的な普遍性をもつと信じて疑われない数学の学習でさえも、実は母語の異なる学習者間では決して等距離・中立的ではあり得ない。ましてや、異言語学習の難易度については、母語の異なる学習者間で等距離・中立的であるはずはない。

　以上のように考えてくると、わが国の生徒・学生のいわゆる「学力」や「能力」の実態も、世間で一般に信じ込まれているものとはずいぶんと違って見えてくるはずである。そんな従来の「学力」観や「能力」観が、今日までこの国の教育行政や教育現場のあり方をいかに大きく歪めてきたことか。

　わが経済企画庁は、その『国民生活白書 昭和 63 年版』の巻頭で、日本人生徒の IEA 数学テストの異常に高い得点と、それとは対照的な TOEFL の非常

に低い得点とを対比して大きく取り上げたが、いわばわが国政府のこの公式
の見解は、日本人の「世界最高の数学学力」と「世界最低の外国語能力」とい
う誤信を広くこの国に定着させてしまったと考えられる。以後、「世界最高
の数学学力」の子どもたちには、「世界最高の外国語教育」もできないはずは
ないという世論が強まり、数学教師と英語教師の指導力や熱意の差を問う声
まで出てきた。

　たとえば、わが国の教育雑誌を編集する著名な教育学者は、その雑誌の巻
頭論文で、国際数学学力テストと TOEFL の結果について、平然と次のよう
に断言してはばからない。しかも、このような見方は何の疑いももたれず、
いまもなお教育界をはじめ、世間一般に広く受け入れられているといってよ
い。

　　　アメリカに留学を希望する学生に実施する英語のテストで、日本は
　　アジア地区の最下位である。世界 130 か国で、110 番あたりに位置する。
　　つまり、日本の英語教育は、世界で最も駄目だということだ。
　　　日本の子どもの能力が低いわけではない。小・中学校の算数、理科の
　　国際比較ではトップクラスだからである。
　　　このような、世界最低の英語教育をしてきた責任は、第一に「英語教師」
　　にあり、続いて「英語教育」に携わってきた関係者にある。[10]

　これは、言いかえれば、朝青龍や白鵬を育ててきた若松部屋と宮城野部屋
の親方の日本語指導と比べれば、高見山や小錦を育ててきた高砂部屋の親方
の日本語指導は「世界で最も駄目だ」ということになり、ドナルド・キーン
が旭鷲山のように日本人と見紛うほどの流暢な日本語を身につけられなかっ
た責任は、「第一に ASTP にある」と言っているに等しい。そして、この国の
英語教師たちもまた、TOEFL の日本の成績が世界でも最低のレベルである
という「動かぬ証拠」を突きつけられると、それを文字通り英語教師自身の
能力や熱意の不足の結果であると思い込み、アジアで最高のシンガポール並
みの成績をとらせることが「英語教師の責任」であると考えさせられてしまっ

ている。平成 26 年の文部科学省の「英語教育の在り方に関する有識者会議報告書」も、日本の英語教育は「アジアの中でトップクラスの英語力を目指すべき」であると、はっきりと謳いあげている。

　しかし、これまですでにみてきた通り、われわれが、日本人の IEA 国際数学テスト (13 歳生徒) や TOEFL の得点をもって、そのまま「世界最高の数学学力」や「世界最低の英語能力」と思い込んでしまったのは、われわれの実際の個人的な「学力」や「能力」を超えて、学習者自身が生まれながらに背負う個別の言語・文化環境が、数学や英語の学習にいかに大きな関わりをもつかという重要な事実を、すっぽり見落としてしまっていたためである。そして、このような「いわれのない思い込み」が、われわれを尊大に思い上がらせる「いわれのない優越感」と、あわせてわれわれを卑屈に振舞わせる「いわれのない劣等感」とを生み出してきた。

　少し考えてみれば簡単に分かることであるが、IEA 調査や TOEFL のような教育・研究のための国際調査と、オリンピックのように純粋にスポーツの技能の優劣を競い合う国際競技とは、本来、その性格を全く異にしている。ところが、まことに不思議なことに、教育の専門家たちでさえも、これらを混同して何の疑いも持たない。それは、このように考えてみればはっきりする。たとえばオリンピックの陸上競技の 100 メートル短距離走では、各国の選手は、厳密に言えば身長や歩幅に違いはあるものの、まず健常者と身障者は完全に分け、性別も明確に分け、そして完全に同一のゴールと同一のスタートラインを設定して、完全に同一の 100 メートルの距離を一斉にスタートして走力を競う。つまり、すべての競技参加者は、不公平のない完全に同一の条件のもとで走力そのものを競う。

　ところが、たとえば TOEFL の国際テストは、この陸上競技とは全く異質であることに気づく必要がある。たしかに TOEFL も、すべての受験者が英語という同一のゴールを目指すという点では変わりはないが、肝心の競走距離そのものがすべての参加者に同一の「100 メートル」であるとは限らない。たとえば英語の母語話者が受験すれば、彼らはほぼ最初からすでにゴールのレベルに到着していて、スタート地点からの競走距離は事実上 0 メートルで

ある。シンガポール人のように旧英語国の植民地経験があり、教育言語を含む日常の生活言語がすでに英語そのものである第2言語（second language）話者ならば、ゴールのほとんど直前の位置がスタート地点であり、実際の競走距離は100メートルよりもはるかに短距離になる。その他の受験者も、それぞれの母語と英語との言語的距離の差に応じてスタート地点も競走距離もまた多様に異なる。そして、特にアメリカ連邦政府のFSI基準に従えば、英語母語話者からみて「極端に困難な言語の中でも、とりわけ困難な言語」、言いかえれば言語的距離の最も遠い日本語を母語にもつ日本人の場合には、英語のゴールからは最も距離の遠い「100メートル」をスタート地点として、そこからゴールまでの「100メートル」の全距離を走ることになる。

　TOEFLとは、このように受験者の母語次第でスタート地点も競走距離も多様に異なる「100メートル」短距離走であって、言うまでもなく、最初から「競走」の意味を全くもたない調査である。それにもかかわらず、このような国際調査の本来の性格にはほとんど無頓着のままで、ゴールから最も遠い100メートルの距離からスタートする英語の外国語（foreign language）話者の日本人は、ゴール直前の位置からスタートする英語の第2言語（second language）話者のシンガポール人に追いつき、さらに追い越して「アジアの中でトップクラスの英語力を目指すべき」であると、文部科学省の有識者会議は大真面目に考えている。そんな考え方にたてば、当然「日本の英語教育は、世界で最も駄目だ」「世界最低の英語教育をしてきた責任は、第一に「英語教師」にある」などという教育学者の非難の声にもなる。そんな英語教育や英語教師を公然と「国賊」や「犯罪的」と論難する県知事や大学教授も現れよう。本来、受験者が置かれた教育的諸条件を診断するための教育・研究目的の国際調査を、オリンピックのような文字通り無条件で純粋に技能の優劣を競い合い序列をつける国際競技と取り違えてしまえば、このような見当違いの批判が出てくるのも無理はない。

　われわれは、不公平のない完全に同一の条件のもとで競い合う国際競技とは全く性格の異なるTOEFLを、まるで単純に成績や順位を競い合う国際競技と思い誤ってしまっている。したがって、本来は、高得点を挙げたシンガ

ポールが特に誇るべき話でもなければ、得点の低い日本が特に恥じ入るべき
話でもないことには思い及ばない。それは、立場が変われば、朝鮮語の国際
能力試験の TOPIK で常に高得点を挙げる日本が、その結果をもって特に誇
るべき理由にはならないし、朝鮮語の得点の低い英語国民が特に恥じるべき
理由にもならないのと同断である。多様な言語・文化間では、相互の言語・
文化の相対的な距離次第で、相互の言語学習や文化順応の難易度は目まぐる
しく変化する。つまり、学習者の母語が異なれば、異言語の学習や異文化へ
の順応の難易度そのものも当然大きく異なってくる。異文化接触の実際の場
面では、至極当然過ぎるほど当然の現象である。いやしくも外国語教育の専
門家 (プロ) であれば、心して惑わされてはならない事柄であろう。

　要するに TOEFL の結果は、受験者の母語次第で受験者の走行距離は違っ
てくるし、走行距離が違えばゴール到着の時間も順位も違ってくるという至
極当然のことを明示しているに過ぎない。これをナイーヴにも国家の名誉を
かけた国際競技などと思い誤れば、わが国の場合のように、いわれのない劣
等感や屈辱感にとらわれて、そのはけ口として教師や学習者の責任を問う声
になり、果ては政治的あるいは教育的指導者たちの口から「国賊」や「犯罪的」
などの罵声まで出てくる。

　しかし、TOEFL を本来の目的に立ち返って教育・研究のための国際調査
と考えれば、TOEFL の結果は、あらためて異言語学習と言語的距離の関わ
りの大きさにわれわれを目覚めさせ、そんな言語的距離に応じて、それぞれ
の言語話者に即した異言語教育のあり方を考えるための貴重な資料を提供す
るはずである。わが国の学校では、日本語からは最も言語的距離の遠いとみ
られる英語の教育には、それ相応の教育時間が確保されなければならない。
ところが実は、逆に OECD 加盟国のなかでも最少の教育時間しか与えられ
ず、その上、英語運用力だけはアジアで最高レベルの達成を期待されている。
少なくとも、このような現在のわが学校英語教育のあり方が、いかに異言語
教育の基本的な認識を欠いたものであるかという事実を、TOEFL の結果は
われわれにはっきりと教えてくれる。

　このように考えてくると、従来、ほとんど省みられることのなかったそん

な新しい認識が、今後はこの国の異言語教育のあり方を考え直すための不可欠の前提条件でなければならない。さらにそんなわれわれの「言語・文化環境」に加えて、次章に述べる国の教育関係予算、教員の労働時間をはじめ、教員養成、授業時間数、授業集中度、クラス・サイズなどの「教育環境」が、とりわけ外国語の授業効果を左右する大きな要因と考えられるが、このような基本的な教育条件の改善に対するわが国の熱意の希薄さも、これまた広く国際的な視点から眺めることによって、はじめて鮮明にみえてくる。[11]

　われわれはわれわれの置かれたこのような「言語・文化環境」と「教育環境」のありようには無関心のままで、言いかえれば、教師や学習者の能力や熱意を超えた根本的な問題には無関心のままで、ただひたすら教育現場における教師の指導法の転換という、いわば小手先の「指導技法」の手直しだけで、TOEFL の得点が突然に上向き、異言語教育そのものの飛躍的な向上が図れるかのように思い込んできたこの国の長年の異言語教育政策には、この際、謙虚な猛省が必要であると考えざるを得ない。

日本の異言語教育の論点——その1：言語・文化的環境

　日本語の母語話者が、国際数学テストの度毎に、算数の四則計算には世界最高の成績を挙げながら、逆に微分・積分の問題には世界最低に近い成績しか挙げられない。あるいは日本語の母語話者はほぼ常に、韓国語能力試験（TOPIK）では諸外国をはるかに凌ぐ高い成績を挙げるが、一方、外国語としての英語テスト（TOEFL）になると、世界でも最下位に近い成績しか挙げられない。

　こんな結果を、この国では、小学校の算数指導者と高校の数学指導者の能力や指導法の差と考えがちである。あるいは朝鮮語教師と英語教師の能力や熱意の差であるとみて、現に英語教師再教育論が声高に叫ばれる。

　しかし、この問題は、教師や学習者の能力や熱意のありようをはるかに超えて、日本語の母語話者が生まれながらにして置かれた「言語・文化的環境」

というより基本的で根本的な問題として、全く新しい視点から、あらためて
とらえ直す必要のある課題と考えるべきではないのか。

※本章の考え方を最初に発表したのは、国内では、

　大谷泰照「国際的にみた日本人学生の英語学力―教育法の新しい考え方のため
に」『英語教育』(大修館書店　昭和 51 年 6 月)

　国外では

　Yasuteru Otani 'Foreign Language Education in Japan and Korea—from a cross-cultural
perspective' Conference of the Korea Association of Foreign Language Education (Invited
Lecture) Sookmyung Women's University, Seoul July 18, 1997.

　Yasuteru Otani 'Foreign Language Education in A New Era' Conference of ELT
Curriculum in East Asia (Invited Lecture)　National Taiwan Normal University, Taipei
August 31, 2000.

　であった。

　本章は、それ以後今日まで折にふれて発表した関連する拙稿を統合・整理した
ものである。

第 3 章

異言語教育を支える教育姿勢

——日本の異言語教育政策

　テストの度毎に国際的な注目を浴び、他国の追随を許さない IEA 国際数学テスト (13 歳生徒) や韓国語能力試験 (TOPIK) の日本人の成績。他方、とりわけ日本国内では顰蹙を買い、厳しい非難の声まで出る IEA 国際数学テスト (17 歳生徒) や外国語としての英語テスト (TOEFL) の日本人の成績。

　このような結果を、そのまま日本人の学力や能力の表れとみる従来の考え方を疑い、視点を大きく引いて、むしろ学習者の個別の言語・文化そのものが数学や異言語の学習に深く関わりをもつという新しい観点から考え直そうとしたのが第 1 章と第 2 章の拙論であった。近年この国で、何かにつけてお題目のように言われることの多い「異文化理解」や「グローバル教育」とは、まさにこのような新しい視界を開く発想を必要としているのではないのか。そしてこれこそが、近年の日本人が陥りがちな「いわれのない優越感」と、併せて「いわれのない劣等感」を克服するために不可欠な発想と考えるべきではないか。

　学習者の個別言語・文化の問題は、IEA や TOEFL の結果を国際的に仔細に検討してみれば明らかな通り、教師と学習者の能力や努力だけによって解決できる問題ではない。むしろ、彼らの能力や努力を超えた問題であると考えるほかはないであろう。

　ところが、実はこれ以外にもさらに、同様に教師と学習者の能力や努力を超えた問題でありながら、IEA や TOEFL の結果に微妙に影響をあたえるいま 1 つの問題がある。国や地方自治体の教育政策のあり方そのものである。

1. 日本の外国語関係者の国際的関心

　外国語の教師は一般に、「異文化理解のプロ」や「グローバル教育の専門家」などと呼ばれることが多い。少なくとも、外国語の学習者からはそのような目で見られやすい。ところが不思議なことに、この国の外国語教育関係者は肝心の諸外国の実情、特に海外の教育事情や教育動向については驚くほどに無関心である。

　たとえば、戦前のハロルド・E・パーマー（Harold E. Palmer）の時代からの長い歴史と実績をもち、わが国を代表する外国語教育研究機関の 1 つである語学教育研究所（IRLT）では、昭和 56 年（1981 年）以来今日まで 27 の研究グループが活動してきたが、海外の外国語教育の動向を研究テーマにするグループはただの 1 つもない。大学の英語教員・研究者などを主な会員とするわが国最大の外国語教育学会である大学英語教育学会（JACET、会員数約 2,700 人）でも、現在全国で 46 の研究会が活動を続けている。しかし、そのなかで広く海外の教育動向を研究テーマにしているのは、かろうじてただ 1 つ、関西支部の「海外の外国語教育」研究会（会員数約 30 人）があるのみという国際的関心の低さである。

　外国語教育関係者や外国語教育研究機関だけではない。実は、この国の教育政策そのものがあまりにも海外の動向に無関心である。第 2 次世界大戦が戦後の世界に遺した最大の教訓の 1 つは、結局は異文化理解の地道な努力を重ねる以外には、戦争回避のカギは存在しないとみる非常に厳しい反省であった。そんな反省から、戦前には想像もできなかった EU（欧州連合）のような事実上の「不戦共同体」がこの地球上に実現するまでになった。当然、戦後の世界では、異文化理解のための外国語教育の充実・強化は各国の国際的責任とさえ考えられるようになった。EU 各国では「母語 +2 言語」の習得がハイスクール卒業までの目標となった。英語帝国主義の元凶などと目されて、かつては外国語教育の低調さで知られたアメリカでさえも、いまや「英語 + 1 言語」の習得が 21 世紀の国民的目標となった。日本近隣の韓国・中国・台湾などの外国語教育の強化ぶりも、実に目を見張るものがある。戦前の

世界では考えられもしなかったことである。

　ところが、このような世界の圧倒的な動向に真っ向から逆行しているようにみえるのが戦後のわが日本の歩みである。その端的な例は学校教育における外国語教育である。敗戦直後には週 6 時間もあったわが国の中学校の英語授業時間数は、昭和 33 年（1958 年）には少なくとも「週最低 3 時間」、昭和 44 年（1969 年）にはできるだけ「週標準 3 時間」、昭和 52 年（1977 年）には一律に厳しく「週 3 時間」と、一貫して「週 3 時間」を目途として削減・縮小され続けてきた。戦後の世界で、学校教育の外国語授業を一貫して縮小し続けてきた国は、日本を除いては他にほとんどその例はない。そしていまや日本は、世界の主要 46 か国のなかでも中学段階の外国語時間数が最も少ない国として知られる。その上この国は、文字通りの英語一辺倒で、英語以外の外国語にはほとんど関心を示さない国としても際立っている。それだけではない。昭和 49 年（1974 年）に、自民党の外国語教育改善に関する平泉試案は「わが国では外国語の能力のないことは事実としては全く不便を来さ^[ママ]ない」と言い切って、外国語そのものの教育さえも軽視する姿勢を鮮明にして海外の教育関係者を驚かせたこともあった。

　しかし、日本の外国語教育関係者は、このようなわが国の異常ともいえる教育の動向について特段奇異に感じることもなさそうである。このようなわが国の外国語教育のあり方に強い危機意識をもつこともないのかもしれない。この国の外国語教育関係者も政治的指導者も、実は、これほどまでに国際的な教育の動向については無頓着である。

2. 国際的にみた日本の教育的熱意

　わが国の教育の本当の姿は、ただひたすら現状を凝視することによっては決してみえてこない。現在の教育の実態は、学習指導要領や文部科学白書によっても、必ずしも正確にうかがい知ることはできない。

　たとえば、国の教育的熱意を測る何よりのバロメーターは、一般には教育予算であると考えられる。しかし今日のわが国の教育予算の実態は、少し視

点を引いて、時間的（歴史的）・空間的（国際的）な距離をおいた広い立場から眺めることによってはじめていくらかでも鮮明にみえてくる。

　日本政府は平成13年（2001年）3月、第2期科学技術基本計画において、唐突にも「［今後］50年間にノーベル賞受賞者30人程度」を輩出することを国の明確な目標として掲げた。明治34年（1901年）にノーベル賞が創設されて以来1世紀、その間、日本人のノーベル賞受賞者は9人（内、自然科学系は6人）という当時の状況であった。

　ところが政府は、目標だけは派手に打ち上げておきながら、その国家目標の達成のために、たとえば、それら9人のノーベル賞受賞者を生み出してきた国立大学に対して、肝心の教育研究環境の改善、とりわけ教育研究費の増額・充実などという実質的な措置は、その後もほとんど講じようとはしなかった。教育研究費の増額・充実どころか、逆に平成16年（2004年）以後は、事実上、国立大学の教育研究活動を支える予算である国立大学運営費交付金を、毎年1%ずつ削減するという信じ難い方針を打ち出した。さすがに政府もやっとここ数年、一部の大学に対する研究資金の重点配分を考え始めたが、それでも国立大学全体の運営費交付金自体は、平成16年度に1兆2,415億円であったものが、平成25年（2013年）度には1兆791億円にまで減少して、実にこの10年間で1,624億円（13%）も大幅に削減されてしまった。

　「21世紀は教育の世紀」といわれるこの時代に、世界のそんな動向に真っ向から逆行する国は、少なくとも世界の主要国では日本の他に例はない。さすがにこのようなわが国の文教政策については、国内からだけでなく、ついに国外からも厳しい批判の声があがるようになった。たとえば、イギリスの科学誌 *Nature* は2017年（平成29年）8月17日号で、日本の科学研究が明らかに失速傾向にあることを警告する特集 'Budget cuts fuel frustration among Japan's academics' を組んだ。その特集では、日本の大学の長年にわたる教育研究予算の削減の実態を伝え、たとえば北海道大学が教授クラス205人のリストラが必要な事態にまで追い込まれたことにも触れている。そして平成27年（2015年）までの10年間に、世界では発表された論文数が80%増加しているにもかかわらず、日本からの論文はわずか14%しか増加していないと

いう現状をも伝えて、研究予算の削減の結果、研究力が失速することは至極当然の成り行きであると厳しく指摘している。

日本政府はまた平成 25 年（2013 年）6 月、日本再興戦略の一環として、「今後 10 年間で世界大学ランキングトップ 100 に我が国の大学が 10 校以上入ること」を国の目標とすることを、これまた唐突に打ち出した。たとえば *The Times Higher Education* の‘The World University Rankings, 2013-2014’によれば、平成 25 年当時、世界の大学トップ 100 には、わが国からは東京大学（23 位）と京都大学（52 位）の 2 校が入っているにすぎなかった。その 2 大学を一気に 10 大学以上に増やすためには、当然、現在よりもはるかに充実した高度の大学の教育研究が求められる。ランキングの審査基準となる各大学の教育力、研究力、被引用論文数、産学連携収入、国際性の 5 つの指標のどれをとっても、とうてい小手先の改良程度で追いつくはずもなく、相当に思い切った長期にわたる大胆な改革を断行するだけの覚悟がなければならない。

ところが、その教育研究の高度化のための整備・改革に欠くことのできない政府の財政支出の実態はどうか。実はこれが、まことに驚くべきことに、OECD 加盟 34 か国中の統計可能な 30 か国のなかで、高等教育への対 GDP 政府財政支出の割合では、日本は文字通り最低の第 30 位である（表3-1）。しかも、それも並外れての最低で、わずかの 0.5% にすぎない。OECD 加盟国の平均が 1.1%、最高はフィンランドの 1.9% であるから、日本政府の高等教育に対する教育研究予算の貧弱さは、国際的にも際立っている。しかも、こんな状況は、年刊報告書 OECD: *Education at a Glance* が 1992 年（平成 4 年）に刊行され始めて以来今日まで 20 年以上もの間、一貫して変わっていない。

教育に対するわが国政府のこのような姿勢は、単に高等教育に限らない。

表 3-1　OECD 30 か国中主要 8 か国の対 GDP 比高等教育関係予算（%）

（日本：30 か国中 30 位）

国名	フィンランド	デンマーク	スウェーデン	フランス	アメリカ	韓国	イギリス	日本	OECD平均
割合	1.9	1.8	1.6	1.3	1.0	0.7	0.7	0.5	1.1

—OECD. *Education at a Glance.*（2013）.

表 3-2　OECD 30 か国中主要 8 か国の対 GDP 比教育関係予算（%）

（日本；30 か国中 30 位）

国名	デンマーク	フィンランド	スウェーデン	イギリス	フランス	アメリカ	韓国	日本	OECD平均
割合	7.6	6.4	6.3	5.9	5.8	5.1	4.8	3.6	5.4

—OECD. *Education at a Glance.*（2013）.

　表 3-2 でも明らかな通り、国の教育全般に対する政府の財政支出の割合も
また、上にあげた OECD 加盟の統計可能な 30 か国中で、やはり最低の第 30
位で、わずかに 3.6% である。OECD 30 か国の平均が 5.4%、最高はデンマー
クの 7.6% である。「経済大国」「教育大国」と呼ばれることの多いこの国の教
育的熱意の実態である。

　わが国の教育予算は、国際的には OECD 加盟国中で最低（率）であるだけ
ではない。国内的にみても、年々最低（率）を更新し続けている。近年のわが
国の国家予算に占める教育関係費の推移を調べてみると、1965 年（昭和 40 年）
の 13.0 ％ がほぼ 50 年後の 2016 年（平成 28 年）には 5.5% と、実に半分以下（42%）
にまで削減されてしまっているという驚くべき実態に気付く（表 3-3）。

　わが国の教育予算は、戦後の世界の多くの国々と同様に年々増加・充実し
ているものと思いのほか、実は国際的にはまことに異常なことに、ひとりわ
が国だけは逆に年を追って確実に減少を続けてきた。これは、わが国ではこ
の半世紀の間、単に教育予算拡充のための努力がなされた形跡がほとんど認
められないというだけではない。さらに由々しいことには、教育予算の増加
の努力どころか、削減そのものに歯止めをかけようとする最低限の努力さえ

表 3-3　日本の国家予算に占める教育関係費の年度別割合（%）

（調査・作成：大谷泰照）

年度	1955	1965	1975	1980	1985	1990	1995	2000	2005
割合	11.8	13.0	12.4	10.6	9.2	7.6	8.7	7.7	7.0

2010	2011	2012	2013	2014	2015	2016	2017	2018	2019
6.1	6.0	6.0	5.8	5.7	5.6	5.5	5.5	5.5	5.5

—大蔵省・財務省年度別『統計表一覧』により大谷泰照算出

もなされない政府が連綿と続いてきたことを意味している。これは目先の動きにとらわれた短期的な視点からはとうてい見えてこない事実であるが、おそらく、わが国の教育的熱意のありようを、これほど如実に示すものは他に考えられないであろう。少なくとも、他の OECD 加盟国ではとうてい想像もできない異常な状況である。いやしくも、まともな国際感覚やグローバル意識を持つ政治家ならば、とうてい黙過することのできない重大な政治問題となるはずの事態である。

その上、OECD 加盟 30 か国中でも、対 GDP 比では並外れて「最少」(第 30 位) の教育予算を組みながら、わが国の児童・生徒の学力だけは逆に「世界一」を目指すのだという (『平成 25 年度 文部科学白書』第 2 部第 4 章)。わが国の教育行政の実態は、まさに以上の通りである。つまり、わが国の教育現場では、教育条件は世界最劣悪であっても、教育成果だけは世界最高の成績をあげることが求められている。しかも、平成 26 年 (2014 年) 1 月 24 日の通常国会冒頭の施政方針演説で、安倍晋三首相は日本の教育のグローバル化の必要性を説き、そして「何事も、達成するまでは、不可能に思えるものである」、「わずかでも「可能性」を信じて行動を起こす」、「やれば、できる」と述べて、特に「やれば、できる」を 4 回も繰り返して強調している。考えてみれば、これほど身勝手で、虫のよい教育政策も世界ではめずらしい。しかも、こんな姿勢は、厳しい国家財政のなかでも、日本よりもはるかに高率の教育予算を捻出し、官民ともに教育の改善に地道に取り組んでいる他の多くの国々の努力を愚弄するものと言われても仕方があるまい。

国家百年の大計と言われ、いわば国の一大事業であるはずの国民の教育を、これほど甘く考えるわが国政府の姿勢自体が、首相自らが説く「グローバル化」のあり方からいかにかけ離れたものであるかを明瞭に示すものであろう。

なおこの際、戦後のわが国政府内での文部 (科学) 省の位置づけにも注意を払う必要があろう。惨憺たる太平洋戦争敗北の結果、まずはかつての巨大な軍事力を失い、経済も破綻状態に陥り、国際的信用も完全に失墜し、国家主権さえも大きく制限された戦争直後のわが国に残されたものは、国の再建に役立つ「人づくり」のための教育立国の道であった。そのために、当時の文

部省は省庁のなかでも「最重要官庁」とみなされ、当然、文部大臣には国を動かす指導的な政治家や国を代表する碩学が就いた。戦後の初代から第10代（昭和20年－25年）までの文部大臣を示せば以下の通りである。

初代：前田多門　　2代：安倍能成　　3代：田中耕太郎　　4代：高橋誠一郎
　5代：片山哲　　　6代：森戸辰男　　7代：吉田茂　　　　8代：下条康麿
　9代：高瀬荘太郎　　10代：天野貞祐

今日ではいずれも、すでに歴史上の人物とみなされる錚々たる顔ぶれである。片山や吉田は首相自身が文相を兼任した。田中は文相のあとは最高裁判所長官や国際司法裁判所判事に就いた文字通り日本を代表する国際的な法学者として知られる。また森戸は、GHQの憲法草案にもなかった「生存権」を国民の基本的人権であると考え、当時としては先進的であったこの主張を貫いて、日本国憲法第25条に「すべて国民は、健康で文化的な最低限度の生活を営む権利を有する」と明文化させた指導者として今日もなお記憶される。

このように考えてみると、21世紀の今日、たとえば現在までの過去10代の文部科学大臣のなかに、はたしてこのように国の政策を強い熱意をもってリードした「指導的」な大臣がいたであろうか。今日の文部科学省は「最重要官庁」どころか、ほとんど公然と「三流官庁」などと揶揄され、その大臣ポストはいわば閣僚のなかでも初心者用の指定席とみなされているほどである。こんな実態もまた、近年のわが国政府の教育的熱意のありようを明瞭に顕すものといわざるを得ない。

3. 国際的にみた政治的指導者の教育姿勢

日本政府のこのような教育的熱意の希薄さに対して、諸外国の実情はどうか。たとえば、イギリスでは、特に国力の衰退傾向が目立ち始めた1970年代以降、教育大臣だけでなく歴代の首相自身が国の教育の改革・強化に決定的な役割を果たすことが多くなった。1988年、サッチャー首相はイギリス

の歴史に残る画期的といわれる教育改革法を制定した。地方分権の伝統が根強いイギリスの教育に、強力な指導力をもって国家統一カリキュラム（National Curriculum）を導入し、教育の中央集権化による国全体の教育改革を断行した。メージャー首相も、その路線を忠実に引き継ぎ、特に教育水準局を創設して、国全体の教育水準の向上に一定の成果を挙げた。ブレア首相に至っては、政府の3つの最優先課題は「1に教育、2に教育、3にも教育」であると宣明して「政策のトップに教育を掲げた最初の首相」として記憶される。「教育の改革なしにはイギリス国民の未来はない」と強調して、国の教育予算を軍事費の2倍にまで増大した。

　アメリカでも、カーター、レーガン、ブッシュ、クリントン、ブッシュJr.、オバマと、やはり1970年代以降の歴代大統領はいわゆる「教育大統領」が続く。カーターは『知恵の力』（1979）、レーガンは『危機に立つ国家』（1983）、ブッシュは『アメリカ2000年計画』（1991）など、強い危機意識をもって教育改革を推進したことでよく知られる。クリントンは「情報の時代とは教育の時代」であり、教育こそがアメリカの最重要課題であると強調して、教員を増やし、幼稚園、小学校の学級規模の縮小まで実現した。ブッシュJr.もまた、教育を新政権の最重要課題に掲げて、イラク戦争を戦いながらも、国家予算のなかで教育関係予算の増加率を最大とする政策を断行した。オバマは、2009年9月に教育の理想を国民に熱く説いた有名な教育演説を行い、2012年度予算では、教育関係予算を前年度比で11%の増大を行い、教育の充実・強化に対する強い決意を国の内外に示した。

　ところがわが国では、国民の圧倒的な支持を受けて就任したあの小泉純一郎首相でさえも、平成13年（2001年）5月の就任初の所信表明演説でも、その年9月の第2回目の所信表明演説でも、まことに信じがたいことに、教育に関する所信の表明は、文字通りただの一言もなかった。例の「米百俵」発言も、本来は教育を最優先に考える文脈で語られるべきところが、単に国民に痛みに耐えることを求める内容にすり替えられてしまった。先進国の首相としては、きわめて異常というほかはない。その後、次々と入れ替わって、安倍、福田、麻生、鳩山、菅、野田、そして今日の安倍政権に至るまでの7

人の首相についても、所信表明演説のなかで明確に教育に触れて自らの所信を述べた首相はただの 1 人もなかったといっても言い過ぎではない。

　21 世紀をひかえた 1999 年 6 月のケルン・サミットでは、異例にもサミット史上初めて教育が主要議題として取り上げられ、その結果がケルン憲章として発表された。その憲章で日本を含む G8 の首脳は、「21 世紀のパスポートは教育」であることを高らかに謳いあげ、あらためて新しい時代の教育の一層の充実・強化の必要を全世界に向けて宣言したはずである。事実、21 世紀を迎えて、各国の指導者たちがそれぞれに、新時代の教育のあり方を熱っぽく語っているその時期に、ひとりわが国の指導者だけはこの国際的な合意に逆行して、教育に関しては一貫して冷淡な姿勢をとり続けているようにみえる。

　ただ、平成 26 年 (2014 年) 1 月 24 日に至って、すでに先に述べた通り、安倍晋三首相は通常国会冒頭の施政方針演説で、近年のわが国の首相としては異例にも、教育についての自らの所信を表明した。その演説で、首相が特に強調したのは、日本の教育のグローバル化の必要であったが、具体的な裏づけもなく、ただひたすら繰り返し「やれば、できる」を連呼した。これは、「足りぬ、足りぬは工夫が足りぬ、敢闘精神が足りぬ」「武器が無ければ、竹槍で戦え、大和魂で補え」「為せば、成る」と、やはり「為せば、成る」を呼号して、B29 に立ち向かう国民を叱咤したかつての軍部の「竹槍精神論」を思い出させるものであった。その軍部が、日本軍の砲撃精度は英米の 3 倍以上であり、わが軍の大砲 1 門は英米軍の大砲 3 門にも勝ると豪語していたことはよく知られている。しかし、あの戦艦大和や武蔵の自慢の 46 サンチ主砲でさえも、実戦におけるその砲撃の戦果はほとんど 0 ％ に近かったという事実が戦後になって判明している。戦後 70 年近くを経て、日本人だけは特別であり、日本人だけはたとえ教育費は世界最低であろうとも、世界最高の教育を達成できないはずはないという、あの悪夢の時代の自己中心的な過信や妄信をあらためて聞かされる思いであった。

　言うまでもなく教育問題の改善は、単なる声高のスローガンや竹槍精神論で図れるはずもない。まずは、改善すべき問題の根源を正確に把握することである。そして、それに対する単なる「スローガン」や、うわべの「対症療法」

ではなく、合理的で具体的な「原因療法」をほどこす明確な意志をもつことである。この点で、先述の英米の政治的指導者たちの教育的熱意との大きな落差を、あらためて深く思い知らされたわが国首相の施政方針演説であった。

4. この国の教育環境

1) クラス・サイズ

　国の教育的熱意のバロメーターとみられる教育予算は、当然、教職を働き甲斐のある環境に、そして同時に学習者が学びやすい環境に整備するために欠くことのできない重要な条件でもある。

　その教育環境のなかでも、とりわけ教育効果に大きく関わりをもつと考えられるものの1つがクラス・サイズである。欧米では、クラス・サイズと教育効果の関わりについての研究が、20世紀の始めからすでに1世紀以上にもわたって積み上げられてきた。[1]なかでもクラス・サイズと教育効果の相関を示すグラス・スミス曲線はよく知られている(図3-1)。

　これは1979年に発表された米コロラド大学のジーン・V・グラス (Gene V

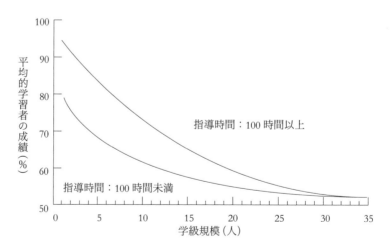

図3-1　クラス・サイズと学業成績の相関度

—Gene V Glass *et al.* (1982) . *School Class Size*. Beverly Hills: Sage.

Glass）とメアリー・リー・スミス（Mary Lee Smith）の研究で、過去 70 年以上に
わたる約 90 万人の児童・生徒に関する調査・研究のデータを集めて統計的
に分析したものである。[2] その結果、① クラス・サイズは小さくなればなる
ほど教育効果は上がること、② 特に、クラス・サイズが 20 人を下回ると教
育効果が一層顕著であることを明らかにして、クラス・サイズと教育効果の
相関関係の大きさを指摘している。

　それによれば、40 人学級で一般教科の学力テストにクラスの 50% 段階（中
位）の成績を挙げた平均的な学習者を、その半分のクラス・サイズの 20 人学
級に移してみると、100 時間の指導が終わった段階では、元の 40 人学級の
60% の学習者より高い成績を挙げるという。さらに、20 人未満の学級では
効果は一層顕著であり、もし同じ学習者を 5 人学級に移して 100 時間の指導
を受けさせれば、元の 40 人学級の 80% の学習者たちを上回る高い成績を挙
げることが判明した。これは、少人数の学級になると、生徒指導がいかに行
き届くかを明瞭に示すものである。

　アメリカでは、それ以後、このグラス・スミスの研究結果を実証する州単
位の調査・実験が続いた。「アメリカ教育史上最もすぐれた実験の 1 つ」（one
of the greatest experiments in education in United States history）[3] と呼ばれるテネシー州
のスター計画（Project STAR, 1985-89）とチャレンジ計画（Project Challenge, 1990）や
ウィスコンシン州のセイジ計画（SAGE Program, 1996-2000）をはじめとして、他
にも 22 の州で独自のクラス・サイズと教育効果に関する調査・実験を行っ
た。1998 年、クリントン大統領が年頭一般教書演説で、情報の時代とは教
育の時代であり、教育こそは今日のアメリカにとって最重要課題であると強
調したが、彼はその演説で、当時の初等教育の平均クラス・サイズ 22 人で
は効果的な教育は困難であるとして、幼稚園および小学校低学年のクラス・
サイズを 18 人以下に削減するという思い切った方針を打ち出した。大統領
に、このような大胆な教育政策を決断させたのは、いうまでもなく上述のよ
うなクラス・サイズと教育効果に関する長年にわたる数々の具体的な実験・
研究の積み重ねがあったからである。

　当然、今日の欧米では、教育を軽視しない国ならば、国の経済状況にかか

わらず、一般に 25 人を超えるクラスを組むことはめずらしい。当然、わが国のような 40 人などという多人数学級は一般には考えられない。クラス・サイズは、いまや欧米では、その国・地域や学校の教育的熱意を測る指標とさえみなされ、志望校選定の重要な判断基準にもなっている。

たしかに、敗戦直後のわが国も、「教育立国」をスローガンに掲げて、文部省が政府内でも最重要官庁と考えられ、文部大臣には内閣をリードする有力な政治家や学者が就いた時代には、当然、教育に対する熱意は今日とは違っていた。戦後 2 年目の昭和 22 年 (1947 年)、敗戦直後の焦土の中で出来上がった『学習指導要領』では、特に外国語クラスについては、文部省自ら「1 学級の生徒数が 30 名以上になることは望ましくない」(第 5 章) と強調していたほどである。生徒数は最大でも 29 人以下という目標である。当時の日本は敗戦後の荒廃期で、校舎そのものが不足して二部授業もめずらしくなく、60 人学級などがむしろ一般であった時期であった。しかしその後 70 年以上も経過して、一時は世界の経済大国といわれるまでになった今日のわが国では、敗戦直後の極貧の時代のこんなささやかな教育目標が、いまだに達成されてはいない。わが国では、昭和 55 年 (1980 年) 以来今日まですでに 3 分の 1 世紀以上もの間、義務教育の学級編成基準の 40 人は揺らぐことはない。

その間、平成 13 年 (2001 年) に始まった第 7 次学級編成基準に関するいわば国の方針を事実上決定する衆議院文部科学委員会では、次のような質疑が行われていた。

〈平成 13 年 2 月 27 日〉
田野瀬良太郎議員の質疑：
　少人数学級ということになると、競争力がなくなる、子ども同士の切磋琢磨がなくなる・・・先生の資質があれば、30 人であれ 40 人であれ 50 人であれ、私学の世界ではクラスの生徒数が多いほど成績が上がる・・・クラスの生徒数を減らせば減らすほど成績が落ちてくる、そういう実態もある。
町村信孝文部科学大臣の答弁：

　まさに委員御指摘のように、集団の中での人間形成、人間関係をつくっていく、切磋琢磨という面から、やはり一定程度の規模は必要であると考えています。[4]

〈平成 13 年 3 月 9 日〉
岩永峯一議員の質疑：
　教育効果というのは、現場の教員の労力を少なくするということのみの考えから出されたら大変迷惑だ。
町村信孝文部科学大臣の答弁：
　そのころ［終戦直後］の 55 人学級あるいは 50 人学級で教育成果が著しく上がらなかったかといえば・・・必ずしもそうではない。・・・30人学級は必ずしも有効な手段ではないのではなかろうか、こう考えているわけでございます。・・・現行の 40 人という学級編成の標準については、私どもは、これを維持するということでございます。40 人の中でも十分子どもたちのニーズにこたえられる教育が可能である、こう判断したからこそ今回の法案を出させていただいているわけでございます。[5]

　このようにして、平成 13 年 (2001 年) 度から始まった第 7 次学級編成基準改善計画においても、40 人学級の縮小はついに実現することはなかった。実は、その当時まで、わが国では、国立教育研究所をはじめ地方自治体の教育研究所でも、また国公私立の大学でも、まことに不思議なことに、教育の近代化のために避けて通ることのできないはずの学級規模と教育効果の問題について、組織的な調査・研究と呼ばれるものはほとんど全くなされてこなかった。あるいは、その種の調査・研究の実施が困難な状況であったというほうが正しいかもしれない。長年にわたり、数多くの多様な調査・研究を積み重ねてきた欧米諸国とは、きわめて対照的である。それでいて、欧米諸国の調査・研究の成果に学ぼうとする姿勢も、またほとんどみられない。したがって、戦後の 60 人学級の頃の記憶をもつ人々には、40 人学級ですら、なんとも「ぜいたくな」学級規模と映るらしい。学級規模の縮小などといえば、

表 3-4　OECD 25 か国中主要 8 か国の中学校のクラス・サイズ

（日本：25 か国中 24 位）

国名	イギリス	ルクセンブルク	フィンランド	アメリカ	ドイツ	フランス	日本	韓国	OECD平均
人数	19.5	19.7	20.3	23.2	24.6	24.7	32.7	34.0	23.3

—OECD, *Education at a Glance*, (2013).

とかく教師の「無能」や「わがまま」のせいにされがちである。このようにみると、わが国ではいかに恣意的な判断で公教育の学級編成基準が決められているかがはっきりとうかがい知れる。

その結果、たとえばわが国の中学校のクラス・サイズは**表 3-4** の通り OECD の統計可能な 25 か国中では、韓国を除けば最大の規模である。また IEA の調査の結果でも、すでに昭和 55 年（1980 年）当時、欧米の中学校では 30 人を超える学級をもつ国はただの一国も見当たらない。[6]しかも、これらは一般教科についてのデータであり、欧米諸国では、特に外国語の授業に限っては、これをさらに細分する学校が少なくないことも見落としてはならない。

2) 教員の労働環境

　教員の職場環境として無視できないのが労働時間である。OECD の最新の国際教員指導環境調査によれば、中学の教員の週当たり勤務時間は加盟 34 か国のなかではわが日本が飛び抜けて最長であって、53.9 時間である（**表 3-5**）。これは、日本の教員は OECD の他の平均的な国々よりも、毎日、実に 3 時間もより長時間の勤務状態におかれていることを意味する。

　その勤務の内容を見ると、授業時間は 17.7 時間で OECD 平均（19.3 時間）を下回るが、部活動などの課外指導が 7.7 時間（OECD 平均 2.1 時間）、事務作業が 5.5 時間（OECD 平均 2.9 時間）などと、特に肝心の授業以外の仕事に忙殺されている実態がよく分かる。

　わが文部科学省もまた、平成 28 年（2016 年）に 10 年ぶりに全国の公立小・中学校教員の勤務実態調査を実施した。その分析結果が平成 29 年（2017 年）4 月に公表されたが、それによれば、わが国の小・中学校教員の平日の平均勤務時間は実に 11 時間以上にものぼる。そして、小学校教員の約 3 割（34%）、

表 3-5　OECD 34 か国中主要 9 か国の中学校教員の週当たり校務時間数 (時間)

（日本：34 か国中 34 位）

イタリア	フィンランド	オランダ	フランス	韓国	ノルウェー	アメリカ	イギリス	日本	平均
29.4	31.6	35.6	36.5	37.0	38.3	44.8	45.9	53.9	38.3

注：下段は時間数　　　　　—OECD. *The Teaching and Learning International Survey* (*TALIS*). (2013).

　中学校教員の約 6 割 (58%) が労災認定基準による時間外労働の「過労死ライン」とされる「残業が月 80 時間」を超過していることを認めている。

　前回の平成 18 年の調査に比べると、教員全体の勤務時間がさらに増えている。授業時間が増加したほかに、中学校では土、日曜日の部活動の時間が倍増したことなどによるものという。そして文部科学省は、ついに「学校が教員の長時間勤務に支えられている現状には限界がある」と認めて、中央教育審議会に改善策の検討を諮問することになった。文部科学省自体も、教員の過酷な長時間労働を解消しなければ、教育そのものの質の低下につながりかねないという危機感をもつまでになった。

　事実、平成 27 年 (2015 年) に行われた四教育系国立大学の「教員の仕事と意識に関する調査」によれば、「授業準備の時間が足りない」と答えた教員は小学校で 94.5%、中学校では 84.4% という驚くべき現状が明らかになったという。小川正人放送大学教授はこの結果を「質の高い授業を提供する余裕はなく、個々の子どもに接する時間を確保するのも難しい実態」であると評している。[7]

　教育現場ではすでに、文字通り責任ある授業そのものが困難であるという猶予ならない深刻な事態に立ち至っていると考えなければならない。このような、いわば異常な労働環境におかれた教員のうち、年間 5,000 人前後（平成 27 年度は 5,009 人）が精神疾患により休職している現状である。病気休職者は、平成 12 年度には 2,262 人であったが、いまやその 2 倍以上に増えていることになる。文部科学省の推測では、この教員の精神疾患の多くが職務の過酷な繁忙さによるものであるというが、もしその推測が正しければ、休職には至らないまでも、実際にはすでに精神疾患を患っていながらも、職務の繁忙さ

のためにかえって休むに休めない環境のなかで働き続けている教員も相当の
数にのぼることが十分に考えられる。

　文部科学省は、ついに平成29年（2017年）6月には「文部科学省における過
労死等の防止対策の実施状況について」を発表して、いまや日本の学校では
教員の「過労死」が差し迫った現実の問題であることを明確に認めるまでに
なった。およそこの広い世界のなかでも、小・中学校の教員たちが長時間労
働のために日々生命の危機に瀕している国が、わが日本の他にいったい考え
られるであろうか。こと教員の生命に関わる差し迫った問題であれば、文部
科学省も教育現場の教員たちも、なぜこの問題をもう少し深刻に考えてこな
かったのか。同年8月には、中央教育審議会も「学校における働き方改革に
係る緊急提言」を行い、「教職員の長時間勤務の実態は看過できない状況」で
あることを認め、「「勤務時間」を意識した働き方を進めること」を提言した。
そして平成31年（2019年）1月に至って文部科学省は、その翌年度以降「教員
の長時間労働に歯止めをかけるため、時間外勤務の上限を原則「月45時間、
年360時間」以内とする」方針を発表した。

　しかし、ここで見落としてならないことは、この期に及んでなお、「勤務
時間」を意識した働き方を進め、時間外勤務の上限を月45時間とすれば「過
労死」は防げるかのように考える発想そのものである。異常なまでの長時間
勤務は、教員が好き好んで行っているものでもなければ、教員の職務処理能
力が異常に低いからでもない。それは、諸外国の状況と比較してみれば明ら
かなように、日本の教員の職務の内容が異常に多様で、責任が異常に過重で
あるためではないか。職務内容は現状のままに据え置いて、時間外勤務時間
だけを制限する文部科学省指針では、短縮されてさらに厳しく制限される時
間内に現状のままの職務を処理することが求められ、教員がよほどの「手抜
き」でもしない限りは、「過労死」を防ぐどころか逆に一層教員を追い詰めて
事態をさらに悪化させる恐れさえあろう。家庭への持ち帰り業務が増えるこ
とは目に見えている。現段階で文部科学省が真っ先に手をつけるべきは、時
間外勤務時間を制限することではなく、それほどまでに時間外勤務が必要な
職務内容そのものの削減と教員の責任の軽減ではないか。手をつけるべきは、

小手先で片付く目先の対症療法ではなく、そのような現状を生み出している根源そのものを取り除く原因療法ではないのか。

　なお、欧米では一般に、たとえどれほど教育熱心な教員でも、決められた時間以外の勤務には簡単には応じないことが多い。夏休み中なら教員も暇であろうと生徒や保護者が頼みごとをしたいと考えても、'We are not paid for summer.' などとはっきり断られる。生徒の頼みごとは、秋学期になるのを待って、しかもそれも教員の勤務時間内に対応されることが一般である。教え子のためなら、勤務時間などとは無関係に、いつでもできるだけ子どもたちの希望に応えようとする日本の教員との大きな違いである。

　ケルン憲章が「教育の世紀」と謳う今世紀に入ると、さすがに OECD 諸国の教員の待遇、とりわけ給与には目覚しい改善がみられるようになった。2000 年（平成 12 年）から 2010 年（平成 22 年）までの 10 年間で、たとえば高校教員の給与は OECD 平均で 19% もアップした。ところが、こともあろうにそれとは逆に、給与をダウンさせてしまった国が 2 か国ある。フランスの -7% と、そしてわが日本の -8% である（*Education at a Glance 2013*）。

　日本では、中学教員は OECD 諸国中最も長時間の校務に追われ、「過労死ライン」を超えるといわれる苛酷な労働環境におかれている。そして高校教員もまた、その給与の伸び率は、OECD 諸国なみに大きくアップするどころか、逆に他国にはみられないほど大きくダウンしてしまっている。このような驚くべき事実もまた、わが国の教育のありようをいくらかでも時間的・空間的な距離をおいて眺めてみることによって、はじめて具体的にはっきりと見えてくる。「異文化理解」のプロと目されがちな外国語教師ならば、このような世界の大きな動向について、他教科の教員以上の関心をもっていても決しておかしくはなかろう。

　UNESCO はすでに 1966 年（昭和 41 年）に、優れた教員の養成の重要性について、あらためて注意を喚起する有名な『教員の地位に関する勧告』（*Recommendation concerning the Status of Teachers*）を発表している。そのなかで強調されているのは、優秀な人材を教職に惹きつけ、優秀な教員が他職に転出することを防ぎ、教職の高い地位を維持するための決定的な要因は給与であるとい

う事実である。教員の給与は、教職の社会的な重要性を十分に反映したものでなければならないと勧告している。同様の勧告は、その後も OECD[8] や EU[9] などにより、様々な調査・研究の結果に基づいて、繰り返し行われてきた。

3) 異言語教育に対する関心

　今日の世界の学校外国語（異言語）教育の現状を、25 年昔の 20 世紀末当時の状況と比べてみると、すぐに気がつく大きな違いが、少なくとも 3 点ある。①外国語教育開始年齢の早期化　②学習外国語の多様化　③外国語学習の必修化、である。

　世界の主要 46 か国・地域についての筆者の調査結果（**表 3–6**）によれば、そのうち現在、小学校 1 年生から外国語教育を始める国・地域は過半数の 25、2 年生からが 1、3 年生からが 8、4 年生からが 3、5 年生からが 4、6 年生からが 1、そして中学 1 年生からが 4 か国・地域である。しかし、25 年昔の 1994 年（平成 6 年）当時、小学校 1 年生から外国語を教え始める国は、そのうちわずか 7 か国にすぎなかった。日本の外国語開始学年は、25 年昔は中学 1 年、そして現在も小学校 5 年生であるが、これは国際的にみれば、国内で考えられているほど「早期」の外国語教育であるとは決して言えないことが分かろう。少なくとも、外国語教育の開始年齢については、日本は戦後も半世紀以上もの間、主要 46 か国中では最も遅い国の 1 つであった。

　学校教育における学習外国語の多様化も、近年の世界諸国・地域の見落とせない特徴である。欧米諸国だけではない。近隣の韓国は、英語以外に 7 外国語、台湾は 3 外国語、シンガポールでも少なくとも 7 外国語を教えている。取り上げた 46 か国中、事実上、英語一辺倒で、それ以外の外国語には見向きもしないのはフィリピンとわが日本ただ 2 か国だけであることを忘れてはならない。日本は、少なくとも外国語の多様性については、戦後も一貫して、1 言語（英語）のみを外国語とする数少ない国の 1 つである。このような偏った言語・文化志向の人間を、国際的には一般に「グローバル人材」などとは呼ばない。

　わが国の中学校では、戦後半世紀以上もの間、外国語は国民教育に

とって不可欠な教科とはみなさない1選択科目の扱いにすぎなかった。少なくとも、戦後も今世紀の初めまで、外国語を必修化しなかった数少ない国の1つであった。2000年（平成12年）当時、一般教育で外国語を必修科目としていなかったのは、世界の主要46か国中、ニュージーランドと日本の実にわずか2か国だけであった。

　そして、われわれには、こんな状態が、この多文化複合的世界のなかでいかに異常な姿であるかという自覚さえも乏しかった。今日、あらためて46か国を眺めてみると、外国語を学校教育において必修としない国は、英語国のニュージーランドただ1国にすぎない。さらに、1言語のみを必修としている国・地域も、46か国・地域中、日本を含めてわずか13か国・地域にすぎない。

　しかも、日本の中学校の場合、全授業時数に対する外国語の授業時数の割合は10%にとどまる（*Education at a Glance 2013*）。これはOECDの統計可能な28か国のなかでは24位である。OECDの外国語授業の平均時間数は14%であり、日本よりも時間数の少ない国は、メキシコ（9%）、チリ、イギリス（ともに8%）、カナダ（7%）の、いわば「国際語」のスペイン語もしくは英語を主要言語とする4国だけである。これが、とりわけ言語的距離の最も大きいと考えられる英語を学習する日本人生徒の現在の外国語時間数である。

　さらに、特にEUの28か国の場合には、英語を主要言語とするイギリス、アイルランドを含めて、すべての国が「母語+2外国語」習得をハイスクール卒業までの目標とする。そしてそのためには、単に学校教育だけでなく、ソクラテス計画やエラスムス計画などの国際交流計画により、言語的境界や政治的国境を超えた環境で外国語学習や異文化交流の実習の場をもっていることは、わが国の教育・学習環境では考えられないことである。

4) 教育職のあり方

　ケルン憲章は、新時代の教育のための具体的な施策を提唱しているが、その優先事項の第1が教員問題である。教育の質的向上のために、教員こそが最も重要な「資源」であり、資質の高い教員の養成がとりわけ新しい時代の大きな課題であることを強調している。

表 3-6 主要 46 か国・地域の外国語学習状況 (小学校および中等学校)

(2015 年 11 月 1 日)

※・①、②、③、④はそれぞれ第 1、2、3、4 外国語
・それに続く数字は年齢
・「小 3」は小学校 3 年、「中 2」は中学校 2 年、「高」は高等学校 1 年のように読む。

国・地域	国・地域内の主要言語	必修外国語数	学校外国語　　　配列は学習者の多いものから少ないものへ　「オランダ語・イタリア語」などの・印は両語の学習者数がほぼ同じことを示す	※外国語学習開始の年齢・学年 (日本の学校に換算)
アルゼンチン	スペイン語	2	英語、フランス語、イタリア語、ドイツ語	① 8 (歳) (小 3) ② 15 (高 1)
オーストラリア	英語	1	フランス語、ドイツ語、日本語、中国語・オランダ語・イタリア語・ロシア語・スペイン語、その他	① 8 − 10 (小 3 − 小 5)
オーストリア	ドイツ語	1 − 2	英語、フランス語、イタリア語、ロシア語、ラテン語、その他	① 6 (小 1) ② 10 (小 5)
ベルギー	フラマン (オランダ) 語	2 − 3	フランス語、オランダ語、英語、ドイツ語、スペイン語、イタリア語、アラビア語	① 6 − 8 (小 1 − 小 3) ② 10 (小 5) ③ 12 (中 1)
ブラジル	ポルトガル語	1	英語、フランス語、ドイツ語、イタリア語、スペイン語	① 12 (中 1)
カナダ	英語	1	フランス語、英語、スペイン語、ドイツ語、イタリア語	① 10 (小 5)
中 国	中国語	1	英語、日本語、フランス語、ドイツ語、ロシア語、スペイン語	① 6 − 8 (小 1 − 小 3) ② 12 (中 1) 選択
キプロス	ギリシア語	2	英語、フランス語、ドイツ語	① 9 (小 4)
チェコ	チェコ語	2	英語、ドイツ語、フランス語、ロシア語、スペイン語、イタリア語	① 8 (小 3) ② 11 − 12 (小 6 −中 1)
デンマーク	デンマーク語	3	英語、ドイツ語、フランス語、スペイン語、イタリア語、ロシア語、日本語	① 7 − 8 (小 2 −小 3) ② 12 (中 1) ③ 13 (中 2)
エジプト	アラビア語	2	英語、フランス語、ドイツ語、イタリア語	① 11 (小 6) ② 15 (高 1)
フィンランド	フィンランド語	2	スウェーデン語またはフィンランド語、英語、ドイツ語、フランス語、ロシア語、その他	① 6 − 8 (小 1 −小 3) ② 9 (小 4)
フランス	フランス語	2 − 3	英語、ドイツ語、スペイン語、ロシア語、イタリア語、オランダ語、ポルトガル語、アラビア語、その他	① 6 − 7 (小 1 −小 3) ② 11 (小 6) ③ 13 (中 2)
ドイツ	ドイツ語	2 − 3	英語、フランス語、ラテン語、オランダ語、スペイン語、イタリア語、ロシア語、その他	① 6 (小 1) ② 10 (小 5) ③ 12 (中 1)
イギリス	英語	1 − 2	フランス語、ドイツ語、スペイン語、イタリア語、ロシア語、その他	① 8 (小 3) ② 11 (小 6)
ギリシア	ギリシア語	2	英語、フランス語、ドイツ語、イタリア語	① 8.5 (小 3) ② 10.5 (小 5)
香 港	中国語	1	英語、フランス語、ドイツ語、日本語、スペイン語	① 6 (小 1)
ハンガリー	ハンガリー語	2	英語、ドイツ語、フランス語、ロシア語、イタリア語、スペイン語	① 9 (小 4) ② 14 (中 3)
アイスランド	アイスランド語	4	デンマーク語、英語、ドイツ語、フランス語	① 10 (小 5) ② 11 (小 6) ③ 14 (中 3) ④ 17 (高 1)
インド	ヒンディー語	2	英語、ドイツ語、フランス語、オランダ語、アラビア語、日本語、中国語	① 8 − 12 (小 3 −中 1) ② 8 − 12 (小 3 −中 1)
インドネシア	ジャワ語	2	英語、ドイツ語、フランス語、オランダ語、アラビア語、日本語、中国語	① 9 (小 4) ② 15 (高 1)

イラン	ペルシア語	1	アラビア語、英語、フランス語、ドイツ語、ロシア語	① 11 (小 5)
アイルランド	英語	1 − 2	アイルランド語、フランス語、スペイン語、ドイツ語、イタリア語	① 6 (小 1) ② 10 − 11 (小 5 −小 6)
イスラエル	ヘブライ語	2	英語、フランス語、アラビア語、ヘブライ語	① 8 (小 3) ② 11 (小 6)
イタリア	イタリア語	1 − 2	英語、フランス語、ドイツ語、スペイン語、ラテン語	① 6 (小 1) ② 10 (小 5)
日 本	日本語	1	英語 (中国語・朝鮮語・フランス語・ドイツ語)	① 10 (小 5)
韓 国	朝鮮語	2	英語、日本語、ドイツ語、フランス語、中国語、スペイン語、ロシア語、アラビア語	① 6 − 8 (小 1 −小 3) ② 12 − 15 (中 1 −高 1)
ルクセンブルク	ルクセンブルク語	4	ドイツ語、フランス語、英語、スペイン語、イタリア語、オランダ語	① 6 (小 1) ② 7 (小 2) ③ 13 (中 2) ④ 15 (高 1)
マレーシア	マレー語	1	英語、中国語、タミール語、フランス語、ドイツ語、日本語、アラビア語	① 6 − 9 (小 1 −小 4) ② 12 (中 1) 選択
オランダ	オランダ語	3	英語、フランス語、ドイツ語、スペイン語、ポルトガル語、イタリア語、ロシア語、アラビア語、その他	① 6 − 10 (小 1 −小 5) ② 12 − 13 (中 1 −中 2) ③ 12 − 14 (中 1 −中 3)
ニュージーランド	英語	0	フランス語、日本語、スペイン語、ドイツ語、中国語	① 12 (中 1)
北朝鮮	朝鮮語	1	英語、中国語、日本語	① 8 (小 3)
ノルウェー	ノルウェー語	3	英語、ドイツ語、フランス語、ロシア語、スペイン語、フィンランド語	① 6 (小 1) ② 13 (中 2) ③ 16 (高 2)
フィリピン	フィリピノ語	1	英語	① 6 (小 1)
ポーランド	ポーランド語	2	英語、ドイツ語、フランス語、スペイン語、ロシア語	① 6 − 9 (小 1 −小 4) ② 9 − 14 (小 4 −中 3)
ポルトガル	ポルトガル語	2	英語、フランス語、スペイン語、ドイツ語	① 6 (小 1) ② 12 (中 1)
ロシア	ロシア語	1 − 2	英語、ドイツ語、フランス語、スペイン語、中国語、ヒンディー語、その他	① 6 − 7 (小 1 −小 2) ② 12 (中 1)
シンガポール	中国語	1	英語、中国語、マレー語、タミール語、日本語、ドイツ語、フランス語、アラビア語、スペイン語	① 6 (小 1) ② 12 (中 1) 選択
南アフリカ	アフリカーンス語	2	英語、アラビア語、フランス語、ドイツ語、ギリシア語、その他	① 6 (小 1) ② 8 (小 3)
スペイン	スペイン語	2	英語、フランス語、ドイツ語、イタリア語、ポルトガル語、アラビア語	① 6 (小 1) ② 10 (小 5)
スウェーデン	スウェーデン語	3	英語、ドイツ語、フランス語、フィンランド語、スペイン語、イタリア語、ポルトガル語、ロシア語、中国語、その他	① 6 − 8 (小 1 −小 3) ② 12 (中 1) ③ 13 (中 2)
スイス	ドイツ語	2 − 3	英語、フランス語、イタリア語、ロシア語、スペイン語	① 6 − 8 (小 1 −小 3) ② 10 (小 5) ③ 13 − 15 (中 2 −高 1)
台 湾	中国語	1 − 2	英語、日本語、フランス語、ドイツ語、スペイン語	① 6 − 8 (小 1 −小 3) ② 14 (中 3)
タ イ	タイ語	2	英語、中国語、フランス語、日本語、ドイツ語、アラビア語、スペイン語、イタリア語	① 6 (小 1) ② 15 (高 1)
トルコ	トルコ語	1	英語、フランス語、ドイツ語、ロシア語、イタリア語	① 12 (中 1)
アメリカ	英語	0 − 1	スペイン語、フランス語、ドイツ語、ロシア語、イタリア語、日本語、その他	① 12 (中 1)

(調査・作成：大谷泰照)

　今世紀に入って、特に教育的熱意の高い欧米の先進諸国における教員養成体制の改革には目を見張るものがある。いまや、国の教員養成は、明らかにかつての大学学部から、より高度の大学院へ移行している。しかも、教職の一層高度の専門職化、言いかえればプロ（専門家）の一層のプロ化が追求されて、学部卒業ののち、さらに大学院や教員養成機関などで3年間以上もの研究・実習を必要とする国まで現れ始めた。

　ところが、わが日本では、今世紀に入っても、教員養成体制については旧態依然として、特段の変革の動きもない。たしかに、一部大学の教職大学院は発足したが、教員養成一般の大学院化については、むしろ消極的な世論が強い。それどころか、外国語教育の現場には、専門職としての訓練も受けていない完全なアマチュアのALT（外国語指導助手）が大量に招致されるようになった。さらに、小学校に「外国語活動」が導入されて以来、英語の完全な素人の学級担任が、「英語が苦手であることは問題ではありません」（『小学校学習指導要領の解説と展開　外国語活動編』、2008年）という国の方針によって「英語を教え」させられ、同時に、教員の資格ももたない「外国語に堪能な地域の人々」をも教壇に立たせることを文部科学省は奨励している。そのうえ近年は、教育にはずぶの素人の「一般人」を、わずか3か月の研修を受けさせただけで学校全体の教育に責任を負う学校長職に任用することさえ行われるようになった。

　これはつまり、多くの先進諸国が、高度の専門職としての教職の、いわばプロの一層のプロ化を目指しているのとは対照的に、わが国では、教育をあまりにも軽くみた教職の組織的なアマ（非専門家）化が、確実に、しかも国主導で大手を振って進行していることを意味する。言うまでもなく、「プロ」と「アマ」とを明確に分けるものは、その仕事に対する「責任」の有無である。本来、「アマ」に対しては、「プロ」並みの重い責任を問うことなど、とうてい望むことはできない。それが「アマ」の「アマ」たる所以である。しかしこの国では、かけがえのない成長期の子どもたちの教育を、責任も誇りももてない立場の「アマ」の手に積極的に委ねようとしていることになる。

　わが国の教育界でも、かつては「教師も、医師や弁護士と同様に専門職で

ある」と教えられ、信じられていた。教師は、「アマ」の追随を許さない文字通り「プロ」の仕事と考えられていたからである。「患者」と「モルモット」を混同した担当者の姿勢が到底許されないのは、主として肉体的健康と知的健康との違いこそあれ、同じ人間の「健康」そのものに責任をもつはずの医学界でも教育界でも少しも変わることはないはずである。

　「正師を得ざれば学ばざるに如かず」は古くから知られた先人の教えであるが、いまやこの国では、教育の責任官庁までが、この教えを身をもって踏みにじって、恬として恥じることもない。このような教育現場の現状は、元をたどれば、わが国の政治家や文部行政当局の教育に対する熱意の欠如ぶりが、「国家百年の大計」といわれ、いわば国の一大事業であるはずの教育と教職のあり方について、あまりにも専門性を軽視した安易にすぎる政策をとらせてきた当然の結果と考えないわけにはいかない。

5.　この国の教員養成の体制

1) 教員養成機関の変化

　かつてのわが国政府は、今日に比べれば、教育に対してはもう少し強い熱意と明確な責任をもっていたはずである。たとえば戦後は、それまでの師範学校の閉鎖的な性格に対する反省から、幅広い視野と高度の専門的知識・技能を兼ね備えた人材の育成のために、わが国の幼稚園・小学校・中学校・高等学校のすべての段階の学校教員の養成は、教員養成専門学校を離れて大学に移り、しかも、いわゆる「開放制」の大学において行われることになった。

　この決断を下したのが、終戦直後の昭和22年(1947年)、特に文部省の影響を排除するために内閣総理大臣直属の審議機関として設けられた教育刷新委員会であった。国民の多くが飢餓に瀕し、その日その日を生きのびるために文字通りのどん底の生活にあえぎ、大学進学率はわずか3%という時代であった。しかし、教育刷新委員会の南原繁委員長(東京帝国大学総長)らは、焼土と化したこの国の国づくりに必要なのは人づくりであり、人づくりのカギはすぐれた教員の養成以外にはないという教育に対する高い志を失わ

なかった。この改革は、実はわが国の教員養成を、当時、世界でもほとんど類をみない最高の教育水準に引き上げる画期的なものであった。その結果、1970-80年代にもなると、日本の学校教育の水準の高さは国の内外でも等しく認められ、海外からは日本に学ぼうとする教育視察団の来日が相次ぐまでになった。今日、この事実に気付く教育関係者は決して多くはない。

　事実、欧米では、教員養成、とりわけ初等教育段階の教員の養成は、戦後もなお戦前そのままに、一般には中等教育機関で行われ続けた。日本の戦後の教育改革に深く関わったアメリカでさえも、すべての教員養成を大学で行っていたのは当時の48州のうちで、わずか17州にすぎなかった。[10]そんな諸外国で、教員養成課程が大学レベルに移行するのは、やっと1970年代になってからのことである。

2) 日本の「ゆとり教育」

　ところが1980年代に入ると、世界に先駆けて「大学での教員養成」を実現したわが国では、教員養成の高度化によって教育水準の向上を図ろうとする諸外国の動きとは反対に、教育課程を大きく改訂して、いわゆる「ゆとり教育」に転じることになった。平成14年(2002年)には、義務教育の学習内容および授業時数の実に3割にも及ぶ大幅な削減を行い、週完全5日制の実施に踏み切った。その結果、たとえば小学校の算数は、平成4年(1992年)には1,011時間であったものが平成14年には869時間と実に142時間も削減され、また中学校の数学は平成4年には385時間であったものが平成14年には315時間と70時間も削減されることになってしまった(文部科学省『小・中学校の標準授業時数』平成15年)。その結果、数学教育協議会の調査(平成18年5月15日声明文)によれば、算数・数学の授業時間数としては世界でも最低の水準になったという。さすがに日本学術会議もこれを由々しき事態と考えて、平成28年(2016年)に至って「初等中等教育における算数・数学教育の改善についての提言」(日本学術会議数理科学委員会、平成28年5月19日)を発表し、この国の算数・数学教育のあり方に対する深刻な懸念を表明するまでになった。

　今日からみると、たしかに当時のわが文部省は、諸外国の教育の動向につ

いて、あまりにも無関心でありすぎたと言われても仕方がない。実は「ゆと
り教育」の本家本元のアメリカやイギリスで、「ゆとり教育」はすでに完全に
行き詰まっているという事実に気づいていなかった。アメリカ教育省の全国
民向け報告書 *A Nation at Risk*（1983）や *What Works*（1986）、イギリスの初等・中
等段階の教育政策 National Curriculum（1988）は、いわば彼らの「ゆとり教育」
の完全な破産宣言であるとさえ言える。アメリカでは、1 日の授業時間数を
7 時間に延長し、年間授業日数も増やし、宿題を大幅に強化すること、イギ
リスでは、年間授業日数を 42 週（日本は 35 週）にまで増やして、そのうち 6
週間は専らテストを行うという厳しいカリキュラムを、それぞれの政府が本
気で督励するところまできていた。

　このような海外の動きにもかかわらず、わが国の教育を逆に「ゆとり教育」
へと大きく舵を切らせたものは何か。おそらく、その背景には、日本の教育
に対する日本人自身の過信があったことは否めそうもない。学習内容や授業
時数を 3 割程度削減しても、「教育大国」日本の教育は毫も揺らぐものでは
ないという慢心がなかったとは言い切れない。たとえば、その頃の文部省の
『我が国の初等中等教育』（昭和 60 年）や経済企画庁の『国民生活白書』（昭和 63
年）の日本の教育に対する自画自賛振りをみれば、それはよく分かる。現職
の中曽根康弘首相にいたっては、「［アメリカ人の］知識水準は日本より非常
に低い」（昭和 61 年）という「世紀の妄言」まで平然と公言する始末であった。

3) 大学院での教員養成

　G8 のケルン・サミットが開催されたのは、このような日本人の「教育大国」
意識がいまだ根強い平成 11 年（1999 年）のことであった。しかし当然、今世
紀に入って、欧米諸国における教育改革、とりわけ教員養成体制の改革は大
きく進んだ。国際化、情報化が進み、さらには多文化複合社会に対応するた
めのグローバルな教育が求められる教職は、かつてなく広い視野と高い専門
性を備えた教員の養成を必要とする。そのためには、いまや従来の「教育技
能者としての教育者」よりも「研究者の目をもつ教育者」が求められ、「質の
高い教員でなければ質の高い教育は得られない」ことが当然のことと考えら

れるようになった。今日では、アメリカやヨーロッパの教員養成は、明らか
に教員養成学校や大学学部から、より高度の大学院へ移行した。大学学部が
教員養成基礎課程であるとすれば、教員養成専門課程はいまや明らかに大学
院である。

　アメリカやヨーロッパの今日の教員養成の目標は、幼児教育・初等教育・
中等教育のすべての段階の学校教員を、少なくとも大学院修士課程修了者と
することである。これは、いわばプロ(専門職)の一層高度のプロ化(専門職化)
を目指すものである。今日、EU 加盟 28 か国および周辺 4 か国、合計 32 か
国(平均)と、韓国、台湾および日本の教員の大学院修了者の割合を示せば**表
3-7** の通りである。「21 世紀は教育の世紀」であり、新時代の教育の最優先
課題は教員養成問題であると宣言したケルン憲章の宣言国の 1 つでありなが
ら、わが国は、自らの国の教員養成の高度化については、いかに冷淡である
かがよくわかる。世界に先駆けて「大学での教員養成」を実現した終戦直後
のわが国の強い教育的熱意からは、ほとんど考えられもしない現状と言わな
ければならない。

　言うまでもなく、表 3-7 の日本以外の国々では今後、大学院修了資格をも
たない年輩教員が退職していくにつれて、年々、大学院修了の教員の割合は
100% に近づくが、日本だけは、今後も現状が改まっていく期待はもてそう
にはない。

　なお、EU 加盟・周辺国計 32 か国の中学・高校教員についてみると、大学
入学後、教職就任までに要する修学年数は**表 3-8** の通りである。最も長いも

表 3-7　現職教員のうち大学院修了者の割合 (%)

（調査・作成：大谷泰照）

学校 国・地域	小学校	中学校	高等学校
EU と周辺国 [11] (平均) (2013)	38.7	50.0	71.0
韓国 (2016) [12]	29.1	37.4	39.8
台湾 (2018) [13]	58.4	59.8	63.5
日本 (2016) [14]	4.6	7.5	(公立) 15.2 (私立) 18.4

表3-8　大学入学以後、教職就職までの修学年数

（調査・作成：大谷泰照）

修学年数	国　　名
7	ドイツ、ルクセンブルク、ルーマニア
6.5	オーストリア
6	エストニア、アイルランド、イタリア、ポルトガル、クロアチア、トルコ
5.5	ハンガリー、スロベニア
5	ベルギー、チェコ、デンマーク、スペイン、フランス、オランダ、ポーランド、スロバキア、フィンランド、スウェーデン、イギリス、アイスランド
4	ブルガリア、ギリシア、キプロス、ラトビア、リトアニア、マルタ、アイスランド、ノルウェー

—European Commission. *Key Data on Education in Europe* . (2012) .

のは7年を要する。いまや専門職としての教員のための教育年数は、同じ専門職の医師や弁護士の教育に迫るものである。

「大学の国際化」と「グローバル人材の育成」は、いまやわが国政府のお得意のスローガンである。しかし、その声高なスローガンと教育政策の実態との乖離の大きさは、この国の「国際感覚」と「グローバル意識」そのものを、あらためて広く国際的な目で問い直す必要をわれわれに突きつけているように思われる。

さらにわれわれには、歴史の教訓に学ぶ自らの姿勢を厳しく質す責任もありそうである。飢餓の時代に生きた南原繁らの教育に対するあの高い志と、この飽食の時代に生きるわれわれの教育的熱意の希薄さとの落差の大きさを、いったいどのようにみるべきかという問題である。

新しい時代のわが国の教員養成の問題を考えるためには、少なくとも、以上のような国際的視点と歴史的視点の2つの基本的な視点を欠くことはできないと思われる。

6.　フィンランドの教育

近年、OECD の PISA 調査で高い評価を受けるフィンランドを、新しい時代の教育モデルとみる考え方が、わが国の文部科学省内部にも見られる。し

かし、話題になるのは、とかくカリキュラムや教材や授業のあり方など、いわば単なる学科目の技術的な教育手法であることが多い。しかし、フィンランドの教育の本当の特徴はもう少し別のところにあることが、いささかでも国際的な目で見ると見えてくる。

　まずフィンランドでは、教職は医師や弁護士並みの専門職とみなされ、常に高校生の「就きたい職業」のトップである。教育系大学院入学の倍率は 10 倍を超え、国の最も優秀な学生が教職に就くといってもよい。そんな教職人気は、その多くを国の教育政策に負っている。

　フィンランドの教育はすべて無償であり、一般に家庭の経済状態によって教育の機会が左右されることはない。フィンランドで特に重視されるのが教育機会の「平等」と教育の「質」であって、地方と都会で生徒の学力に格差はほとんど認められない。PISA 2006 年調査では、参加 56 か国・地域中、学校間格差が最も小さい (56 位) のがフィンランドであった。格差の大きい (11 位) 日本とはまさに好対照である。

　PISA 2006 年 の同じ調査では、フィンランドは生徒間の格差も世界では最も小さい国である。低学力生徒の学力の底上げが徹底して行われる。そのために、教科担当教員以外に特別補助指導を行う特別補助教員もおかれていて、落ちこぼれは何としても防ごうとする。

　そのようなきめ細かい指導のために不可欠なのがクラス・サイズの縮小化である。フィンランドの小学校のクラス・サイズの上限は一般に 20 人、中学・高校は 16 人が標準で、外国語クラスでは、これをさらに細分することもある。すべての学科目のクラスが 40 人という学級編成基準をもつ日本との大きな違いである。たしかに、フィンランドの国家予算に占める教育関係費は 16%であるのに対して、日本はわずかに 5.5%（平成 28 年、2016 年）にすぎない。

　さらに、このように先進的な教育政策をとるにフィンランドでは、当然のことながら、すでに 1979 年（昭和 54 年）から、すべての教員資格の取得には、約 20 週の教育実習をつみ、大学院で修士の課程を了えることが求められる。この教員養成の改革が、フィンランドの 1970 年代以後の教育改善に大きな役割を果たしたことは広く認められている (ETUCE (2008))。[15] フィン

ランドでは、教師は基本的に高い専門性をもち、独自の判断で教育ができる存在であり、学校と教員の裁量も国の方針として大きく認められている。その上、教師の本務は授業そのもので、授業以外の負担は最小限にとどめられ、授業に専念できることが保障されている。生徒の生活指導、進路指導、課外活動の指導は、すべて別の専門の教員があたる。このような国では、OECD加盟国の中に、いまも多くの教員が過労死ラインを超える過酷な労働環境に置かれた日本のような国が実在することはとても信じ難いことであるという。

　なお、印欧語族が圧倒的なヨーロッパで、めずらしく非印欧語族(ウラル語族)のフィンランドが TOEFL に異常に高い得点を挙げることが話題になることが多い。同じく非印欧語圏の日本の英語教育にとって、こんなフィンランドは見習うべき格好のモデルであるという説まで飛び出し、日本からの外国語関係の見学者が押し寄せて現地の学校を困らせた時期もあった。しかし、フィンランド語自体はたしかに非印欧語ではあるが、フィンランドは歴史上、650 年間の印欧語国スウェーデンの支配を受け、続く 100 年間は同じく印欧語国ロシアの支配下にあったという事実を忘れてはならない。それはちょうど、370 年間、印欧語国スペインの支配を受け、続いて 50 年間は英語国アメリカの支配下にあったフィリピンでは、非印欧語を母語としながらも、国民の多くが容易に印欧語(英語)を身につけるのと同断であろう。同じアジアでも、欧米の植民地経験をもたないタイなどとは、明確に区別して考える必要がある。いやしくも外国語教育の専門家(プロ)であるならば、心して惑わされることがあってはならない事柄であろう。

7.「ハッピー・スレイヴ症候群」からの覚醒

　2013 年 (平成 25 年) 2 月、米カリフォルニアのロングビーチで開かれた国際的に有名な講演会 TED Conference において、1 人の女性脱北者が北朝鮮の庶民の悲惨な生活の実態を赤裸々に語り、自らの 10 年以上をかけた脱北の苦難の体験を報告して話題になった。この脱北者イ・ヒョンソの講演は、さらにイギリスで『 7 つの名前を持つ少女 』(Lee Hyeonseo. *The Girl with Seven Names: A*

North Korean Defector's Story. UK: William Collins. 2015）として出版され、大きな反響を
よび、彼女の名前は広く国際的に知られることになった。

　イ・ヒョンソは 1980 年に北朝鮮に生まれ、幼少期から毎日「他に羨むもの
は何もない」（'Nothing to Envy'）の歌を歌って成長した。外の世界については
全く知識のない彼女は、北朝鮮は世界で最も素晴らしい国であり、自分たち
の生活が人間の本来あるべき生活であると信じて疑わなかった。ところがこ
んな自分の考え方に疑問を持つようになったのは、7 歳のときにはじめて公
開処刑の現場を見せられてからであった。最前列に並ばされた被処刑者の家
族とともに公開処刑を見物することは義務教育年齢以上の住民の義務となっ
ていた。さらに彼女は 1990 年代後半の大飢饉を経験し、飢餓に苦しむ人々
や餓死して放置されたままの数多くの遺体を目撃した。その体験は自分の国
の政治に対する彼女の疑念を一層強めることになった。ついに 1997 年、彼
女は真冬の凍結した鴨緑江を秘かに越えて中国に脱出し、その後、身分を隠
し続けて 10 年余、中国各地を転々とした末にやっと念願の韓国への亡命を
果たした。その間、祖国をはじめて国の外から眺めることができた彼女は、
国内にいては見えてこなかった祖国の本当の姿に目覚めることになった。

　イ・ヒョンソのこの体験は、日ごろ自分の慣れ親しんだ環境以外の世界を
知らない人間は、たとえその環境が不当であり理不尽なものであろうとも、
とかく当然のこととして受け入れて、あらためて特段の疑問をもつことも少
ないことをわれわれに教えてくれる。このような心的態度を社会心理学では
「ハッピー・スレイヴ症候群」（'Happy Slave Syndrome'）と呼ぶ。スレイヴ（slave）
とはいうまでもなく肉体的もしくは精神的に自由をもたない人間であり、自
由をもたないことを当然と考えて疑わない人間をハッピー・スレイヴ（happy
slave）という。ハッピー・スレイヴは一般に、自らがハッピー・スレイヴで
あることを自覚しないことをもって最大の特徴とする。

　このような心的傾向は、決して奴隷制度の時代だけに特有のものではない。
21 世紀の今日のわれわれは、はたしてそのような傾向から無縁であると言
い切れるのか。たとえば、自国の首都である東京上空の管制権を完全に外国
の軍隊に握られていながら、その事実に疑問をもたないどころか自覚さえも

しないで、「世界でも最も自由で平和な生活」を享受していると思い込んでいるわれわれの姿は、近隣の国々の目にはあわれなハッピー・スレイヴと映っていることに気づいているであろうか。日本と同じく前大戦の敗戦国であったドイツとイタリアでは、被占領時代に占領軍に属していた軍事基地の管理権・制空権はすでに全面的に回復している。駐留外国軍のすべての行動は、ドイツ・イタリア政府の主権下にあって、両国の国内法により統制される「許可制」になっている。国内の外国軍基地の運用や外国軍の行動にわが国の法令が適用されない日米地位協定とは大きな違いである。そのようなドイツやイタリアの目からみれば、わが国の現状は「主権国家」としてはきわめて異常な状況と映らないはずはない。

　実は、わが国の異言語教育のあり方に対するわれわれのナイーヴな姿勢もまた、その例外ではなさそうである。この国の異言語教育の現状が、諸外国の目にはいかに異常に映っているかについてはほとんど想い及ばない。そんな新たな視点から自らの姿をあらためて点検してみることが、今日のわが国の異言語教育関係者の責任であると考えるべきではないか。

　『置かれた場所で咲きなさい』（幻冬舎、平成24年）は修道女渡辺和子の講話集で、200万部を超える国民的ベストセラーとなった人気の著作である。そこに述べられた「置かれたところこそが、今のあなたの居場所なのです」「現実が変わらないなら、悩みに対する心の持ちようを変えてみましょう」などの教えは、とりわけ多くの悩める読者の心を打ち、中学・高校生の教材にもなった。しかしわれわれは、そのような敬虔な修道女の教えでさえも、あえていま一度疑ってみるもう1つの目をもってはどうであろう。少なくとも特に現在のわれわれには、そのようなソトの目をもった自由な発想が必要かもしれない。すでに文部科学省自体も「超過労死ライン」と認める今日のわが国の小・中学校教員の過酷な労働環境の実態を考えてみよう。そんな過酷さに健気にも耐え続けている日本の多くの教員たちに対して、なおもこの労働環境こそが「あなたの居場所なのです」とさらなる忍耐を強いることなどできるであろうか。公開処刑や飢饉におびえる人々に向かって、その残酷な現実が変わらないのなら「心の持ちようを変えてみましょう」と諭すことなどできる

であろうか。

　ソトの世界に目覚める以前のイ・ヒョンソは、自分が置かれた自分の国を「世界で最も素晴らしい国」と信じて疑わなかった。同様にわれわれもまた、われわれの置かれたこの国の教育環境を、ほとんど疑うこともなく「教育大国」の先進的な教育環境と思い込んではいないであろうか。たとえば IEA 数学テストや TOEFL の成績1つをとっても、それらをそのまま教師の指導力そのものが生んだ結果と信じ込み、無邪気にもその結果に一喜一憂してはいないであろうか。OECD 加盟国中最少（率）の教育予算と最長の教員の労働時間という、いわば他国では考えられない劣悪な教育環境に置かれながら、教育だけは逆に世界最高レベルの成果を挙げることを求められる。そのような社会的要請に応えられない現実を、ひたすら教員自身の責任と思い込んで自らを責め続けてはいないであろうか。われわれは、そのような「ハッピー・スレイヴ症候群」とは無縁であると、はたして本当に言い切れるであろうか。

　今日のわが国の異言語教育の実態は、ただひたすら現状を凝視することによっては決してみえてこない。むしろ、「今日の」よりも歴史的に、「わが国の」よりも国際的に、「異言語教育」よりも教育全般に、言いかえれば時間的、空間的、そして重層的に一定の距離をおいて眺めてみることによって、はじめて日本の異言語教育の実相が立体的に、そしていくらかでも鮮明に浮かびあがってくる。[16]日本の異言語教育のあり方を問い直すためには、そのような新しい視点が不可欠であると考えざるを得ない。

　民主主義の最大の敵は、専横な権力よりも、むしろそのような状況に対する一般民衆の無関心そのものであるといわれる。同様に教育、とりわけ異言語教育の最大の障害は、国の教育政策の欠陥よりも、むしろそのような教育政策に対する教育関係者の無関心そのものであると考えるべきではないか。

日本の異言語教育の論点——その2：国の教育政策と教育環境

　教員と学習者の能力や熱意のありようを超えて国の異言語教育の成果に大

きな影響を及ぼす条件は、単に第 1 章および第 2 章で扱った「言語・文化的
環境」だけではない。本章で述べた国の教育政策による「教育環境」のあり方
そのものも見落とすことのできないいま 1 つの重要な条件である。

　「21 世紀は教育の世紀」といわれる今世紀、諸外国の教育改革の動きには
目を見張るものがある。それに比べると、今日の日本の教育は、明らかにそ
のような世界の動向に大きく逆行していることに気づく必要がある。国立大
学の運営費交付金も国の教育関係予算も、諸外国とは反対に増額どころか
年々確実に削減され続けている。教員の労働時間は OECD 加盟国では考え
られないほどの長時間で、すでに過労死ラインを超えた実態であることを文
部科学省自身も認めるまでになった。欧米ではもはやお目にかかることもで
きない 1 クラス 40 人という巨大学級編成基準は昭和 55 年以来、すでに 40
年近くもの間、手もつけられないで放置されたままである。教育改善の根
幹であるはずの教員養成制度の遅れも、OECD 諸国だけでなく、アジアの
近隣諸国に比べても際立っている。

　このような「教育環境」の整備の著しい遅れが、この国の教育効果に及ぼ
す影響は決して過小に評価することはできない。それはすでに、近年、具体
的な国際比較のデータに鮮明に表れるほどに顕在化している。これは、つま
るところ、教育に対する国の熱意の問題であると言ってよい。

　今日のこの国の教育問題は、単なる教育現場の教育技法のあり方を超えた
このような広い視点から、あらためてとらえ直す必要があろう。問われるべ
きは、単なる目先の対症療法でなく、さらに問題の根源に迫る原因療法であ
る。「ハッピー・スレイヴ症候群」からの覚醒の必要である。

※本章の考え方を最初に発表したのは、
　大谷泰照「この状況をどう考えるべきか」『英語教育』大修館書店、昭和 56 年 3 月
　であった。
　本章は、それ以後 30 数年間に折にふれて発表した関連する拙稿を統合・整理し、
　大幅に加筆したものである。

教師と学習者の能力や努力そのものが厳しく問われる問題

第 4 章
異言語教育を考えるための視点 (1)
——日本人の言語・文化意識

1. 外国語学習者の言語・文化志向

1) 外国語学習者の変化

　変動のはげしい今日のような時代に、しかもますます多様化する学習者、とりわけ外国語の学習者の意識のありようを的確にとらえることは、教育担当者にとってはかつてなく困難な作業になりつつある。それだけに、この問題は、単に今日の狭い目先の問題としてよりも、むしろ、より広く歴史的な視点からとらえる発想が必要になる。いわば、時代の進展にともなう学習者層の変化という視点である。

　その変化は、まず学習者自体の量的な増大に端的に表れている。たとえば、中学生 (昭和 20 年までは高等女学校生徒を含む) 数についてみると、明治 33 年 (1900 年) 9 万人、大正 9 年 (1920 年) 30 万人、昭和 20 年 (1945 年) 152 万人であったものが、平成 5 年 (1993 年) には戦後の中学校の義務教育化のために 485 万人にまでふくれあがった。それ以後、中学生数は次第に漸減に転じたが、それでも平成 29 年 (2017 年) 現在では 333 万人で、戦前に比べれば戦後の中学生数の大幅な増大ぶりがよくわかる。また大学生数についても、明治 33 年 3 千人、大正 9 年 2 万人、昭和 20 年には 1 0 万人であったものが平成 5 年には 239 万人、平成 29 年には 291 万人と増え続けている。平成 29 年度の大学進学率は過去最高の 57.3% である。これは、大学はもちろん中学でさえも、かつては一定の能力と意欲をそなえた学習者のためのいわば一種のエリート教育の場とみられていたものが、今日ではほとんど一般市民教育の場に転化し

たことを意味している。学習者の意識や関心も、いきおい大きく多様化することは避けられない。

　特に高等教育の量的増大については、1973 年の マーティン・トロウ (Martin Trow) の高等教育段階論がよく知られている。これは、高等教育は就学率が 15% 未満のエリート段階から、15% 以上 50% 未満のマス段階、そして 50% 以上のユニヴァーサル段階へと量的に拡大するに伴い、教育の目的や内容、学生の特徴が質的に変容するとした「トロウ・モデル」と呼ばれるものである。もちろん、この発展過程はトロウ自身も認めるように、あらゆる国のあらゆる教育環境にそのまま妥当するものとは言えない。しかしそれにもかかわらず、高等教育段階への進学率が上昇するにつれて、能力や意欲の多様な学生が増大することはほぼ一様に認められる傾向と考えられている。特に外国語教育の立場からみると、エリート段階の選ばれた少数の学習者は、いわば一種の特権意識と強い動機づけをもって外国語に取り組む傾向が強いのに対して、ユニヴァーサル段階の大衆化した学習者は、外国語の学習に対してはむしろ様々なアレルギーや被害者意識を抱くものさえ目立つようになる。

　時代の進展にともなう学習者層の変化は、また彼らをとりまく社会的環境の変化に負う部分が少なくない。たとえば、いわゆる「読み、書き、そろばん」の学習については、長らくその必要性は毫も疑われることはなかった。それのみか、本来その学習はエリートたちのための一種の特権とさえ考えられていたほどである。ところが、高校進学率が 70 % を越えた昭和 40 年代になると、高校 3 年生の 75 % までが、「そろばん」のうちでも四則計算以外の数学学習の必要は認めていないという調査結果が出て、数学教育関係者たちに大きなショックをあたえた。[1] 高校生の多くが、解析や幾何が日常生活にとってはたして必要なのか、微分や積分がいったい何の役に立つのかと考えるようになった。さらに昭和 50 年代以後の電卓の急速な普及の結果、最近ではついに、その四則計算そのものの学習の必要性についてさえ、多くの学習者たちは懐疑的になりつつあるといわれる。カード型電卓 1 枚あれば大抵の計算ができるこの時代に、なぜわざわざ九九を覚えなければならないのかという。

「読み、書き、そろばん」にもまして、長らく一部エリートの独占物であったのは外国語、とりわけ英語の知識であった。かつては英語の学習にあこがれる多くの大衆はいたとしても、英語の学習の意味に懐疑的なエリートなどはほとんど考えられなかったといってもよい。ところが、昭和40年代後半にかかるあたりから、数学の場合と同様に、英語の学習についても疑問をもつ若者たちが目立ちはじめた。ようやく戦後の日本が世界の先進国の仲間入りをしはじめた頃である。この頃、國弘正雄が、若い読者たちから「なぜ英語を勉強しなければならないのか・・・むしろ外国人に日本語を勉強させたらよいではないか」という趣旨のたくさんの質問カードを受けとって驚いたという。[2] 同じ頃、中津燎子の『なんで英語やるの？』がベストセラーとなり、大宅壮一賞を受けることになる。[3]

　コンピュータ時代の到来は、英語の学習者にとっても決っして無関係ではあり得なかった。昭和50年代に入って出現した小型自動翻訳機は、もちろんその性能は限られたものではあったが、「英語の勉強よ、さようなら」というそのCMそのままに、多くの英語学習者に対して「なんで英語やるの？」の疑念をいっそう深めさせたことは否めない。そして昭和59年には、40年の長い歴史をもつ月刊雑誌 *Business English*（商業英語出版社）がついに廃刊に追いこまれたことは象徴的な出来事であった。最終号の1月号巻頭の「お別れのことば」で、編集者尾崎茂はつぎのように述べている。

　　・・・computer が商英［商業英語］に代って、外国に在住のビジネスマンとの商取引に使用されることになってきた。故に商英の利用範囲は極めて狭くなってきて、商英不用論さえ飛び出す時代になってきた・・・日に日に商英の利用範囲が computer のために狭められつつある。

　要するにこれは、学習者の商業英語離れがすすみ、もはやこれ以上同誌を支えきれなくなったという、いわばコンピュータに対する商業英語の事実上の敗北宣言である。貿易立国のわが国で、しかも国際語のはずの英語が、もはや必要とされなくなるというのである。英語教育全盛の夢をむさぼる当時

の英語教師にはとても信じられないような話が、すでに現実のものとなりつ
つあった。

　これを、単に商業英語だけの問題として、英語教師はなおも対岸の火災
視し続けられるはずもなかった。やがてその後も、『現代英語教育』(研究社、
平成11年休刊)、『時事英語研究』(研究社、平成13年休刊)、『英語青年』(研究社、
平成21年休刊、Web版も平成25年休刊)などとこの国の目ぼしい月刊英語関係
雑誌の休・廃刊が続いた。とりわけ『英語青年』は明治31年(1898年)創刊で、
英米相手の太平洋戦争中も廃刊にはならず1世紀以上の歴史をもつわが国の
代表的な英語関係雑誌であっただけに、社会的にも1つのエポックを画する
衝撃的なニュースとなった。近年の文部省・文部科学省の「教育のグローバ
ル化」や「グローバル人材の育成」の掛け声とは裏腹に、高等教育がユニヴァー
サル段階に達した時期の国民の異言語に対する関心のあり方を表すひとつの
バロメーターとみることができた。かつて *Business English* や『時事英語研究』
や『現代英語教育』各誌が続々と創刊された高等教育のエリート段階の時期
とは文字通り対照的な現象と考えることができる。

2) 日本人学生の言語志向

　筆者は昭和36年(1961年)に大学で教え始めるようになって以来40年ばか
り、毎学年はじめに、関西地区のいくつかの国・公・私立大学の新入生に対
して言語意識の調査を行ってきた。毎年、ほぼ1,000人前後の学生の意識調
査である。入学早々であるから、正確には大学生というよりも、むしろ高校
卒業生の意識の実態と考えたほうが適当かもしれない。

　その調査の項目に必ず含めるものの1つに「もしも生まれかわることがで
きるとすれば、何語を母語に選びたいか」という設問がある。世界の3千と
も5千ともいわれる言語のなかで、学生は母語として何語を最も望ましいと
考えているかを調べようとするものである。わざわざ「生まれかわることが
できるとすれば」と断ったのは、われわれのおかれた現実はともかく、少な
くとも意識の上だけは日本人であり、日本語が母語であるという現状を離れ
て、できるだけ何ものにもとらわれない自由な発想を期待したからである。

　ところが、近年の学生はずいぶんと覚めていて、「人間は生まれかわることはできないのである」という自明の事実を、受験勉強で仕入れた生物学の知識を総動員してアンケート用紙いっぱいに書いてくれるもの、「そんな仮定の質問にはお答えできかねる」と、こちらの質問にのってこようとしないものなどが、文学部の学生のなかにさえ出てくるようになった。戦後の貧しい時代の学生たちは、もう少しいろいろな楽しい夢や希望を語ってくれたものであるが、いまはもはやそんな時代ではなくなったのかもしれない。

　回答の結果、昭和 36 年当時最も多かったのが英語願望で 69%、次が日本語の 14 % であった。当時の学生の多くが「日本のような国に生まれなければよかった」「日本語などを母語にして大損だ」と考えていたわけである。「生まれかわったら英語を母語にしたい」「アメリカ人になりたい、イギリス人になりたい」、これが昭和 36 年当時の学生たちの願望であった。今日の学生には、恐らく信じられないことであろう。当時、大阪駅から天王寺駅へ向かう旧国鉄城東線 (現 JR 大阪環状線) の左右の窓から見える大阪城そばの広大な旧大阪陸軍造兵廠跡 (現大阪城公園) 一帯には、終戦前日の昭和 20 年 (1945 年) 8 月 14 日の大空襲の際にできた 1 トン爆弾の大きな穴が水のたまった池となって、ちょうど月面のクレーターを思わせるようにまだ地面のあちこちに残り、破壊された工場群は赤さびて折れ曲がった鉄骨むき出しの廃墟のままに放置されていた。開高健の小説『日本三文オペラ』(昭和 34 年、1959 年) や小松左京の小説『日本アパッチ族』(昭和 39 年、1964 年) そのままの状態で、敗戦の無惨な傷痕の癒え切らないまだまだ貧しい日本であった。

　ところが、それから 10 年たって昭和 46 年 (1971 年) になると、これがかなり変わってくる。英語を母語にしたいという学生が 69 % から 54% に減少し、一方、日本語を母語にもちたいという学生が 14% から 30 % に優に倍増している。その 10 年間に何が起こったのか。昭和 39 年 (1964 年) には敗戦国の日本が、戦勝国のアメリカやイギリスでも考えられない世界一の高速鉄道の東海道新幹線を自力で開通させた。当時の日本では、わが国ではじめてノーベル賞を受賞した湯川秀樹と水泳界で次々と世界新記録を打ち立てた「フジヤマのトビウオ」こと古橋広之進以外には、国際的に誇れるものはほとんど何

ももたなかった。このような時期の新幹線の完成は、自信を大きく失っていた敗戦後の日本人にとっては、今日のわれわれには考えられないほどの文字通り国際的に誇るに足る画期的な出来事であった。同じ年に東京でアジア最初のオリンピックを開催し、これを見事に成功させた。昭和 43 年 (1968 年) には日本の GNP（当時はまだ GDP を使わなかった）が自由世界第 2 位まで成長した。このようなことが、おそらく学生の言語意識にも敏感に影響したものと考えられる。

　そしてさらに 10 年後、昭和 56 年 (1981 年) の調査では、ついに英語願望と日本語願望が横一線に並んでしまった。ともに 42% の同率である。その前年に、経済白書が「先進国日本の試練と課題」と題して、高らかに全世界に向かって先進国宣言をした直後のことであった。さらにその 10 年後の平成 3 年 (1991 年) には、英語と答えたものは 36 % に減少し、日本語は 45 % にまで増大した。ついに日本語が英語を大きく追い抜き、日・英語の順位は完全に逆転してしまった。わが学生たちの母語願望には、戦後のこの頃までのほぼ 3 分の 1 世紀の間、一貫して英語志向の漸減、そして日本語志向の漸増傾向が明瞭にうかがえる。

　ところが、それから 11 年後の平成 14 年 (2002 年) になると、突然、英語願望が 54% に逆転・急増し、一方、日本語願望はふたたび 33% にまで急激に減少してしまった。この激変は明らかに、中学校の英語時間数を週 3 時間という明治以来最少の時間数にまで削減し（昭和 52 年、1977 年）、自らを *Japan as Number One*（昭和 54 年、1979 年）とまで思い上がっていた日本のバブル経済期が、平成 3 年 (1991 年) に突如崩壊し平成大不況に突入した経済的激動によるものと考えるほかはない。英語教育不要論まで出はじめていたバブル期には考えられもしなかった「英語第 2 公用語化論」（平成 12 年、2000 年）や「英語教育言語化論」（平成 13 年、2001 年）が社会をにぎわせるまでになった。一時は「もはや欧米に学ぶものなし」「21 世紀は日本の世紀」などと思い上がった日本人の自信が再び大きく揺らいだ時期である。なお、筆者の大学新入生に対する母語願望調査は、平成 14 年 (2002 年) までの 42 年間をもって一応の締めくくりとしたが、その後も英語願望熱が鎮静化に向かうとみる兆候はいまのところ

表 4-1　母語願望調査（日本人大学新入生）

（調査：大谷泰照）

願望言語 ＼ 調査年	昭和 36 年 （1961 年）	昭和 46 年 （1971 年）	昭和 56 年 （1981 年）	平成 3 年 （1991 年）	平成 14 年 （2002 年）
英語	69%	54%	42%	36%	54%
日本語	14%	30%	42%	45%	33%
何語でもよい（同じ）	0.8%	1.8%	1.0%	0.8%	1.1%

は認められない。

　学生が英語を選ぶ理由としては、常に「国際語だから」が圧倒的で、次いで「外国語の学習が不要だから」「他の外国語（印欧語）の学習が容易だから」が続き、この 3 つでほぼ 90% 以上を占める。さらにそれ以外に、英語は「美しいことばだから」「論理的なことばだから」「魅力的なことばだから」「易しいことばだから」などの答えが目立つ。彼らは、国際語を母語にもつことが、はたしてそれほどまでに有利なことなのかどうかについて、あらためて考えてみようとすることもあまりなさそうである。しかも、国際語が母語であれば、外国語の学習まで不要であると信じて疑わないようにみえる。

　一方、日本語を選ぶ理由は、ほとんどの場合、「好きだから」「美しいから」「独特だから」「難しいから」「すぐれているから」「表現力が豊かだから」、およびこれに類する理由で 80-90% を占める。これをみると、われわれが自分の母語から自由になること、そして自己文化中心の発想から少しでも脱却することがいかに困難であるかがよくわかる。

　さらにわが学生たちは、言語には美しい言語と美しくない言語、論理的な言語と非論理的な言語、難しい言語と易しい言語があり、さらにはすぐれた言語と劣った言語があると大真面目に信じ込んでいる。これではわれわれは、「スペイン語は恋人のことば、イタリア語は歌手のことば、フランス語は外交官のことば、ドイツ語は馬のいななき、英語はガチョウの鳴き声」などというロマンス語讃美、ゲルマン語蔑視の偏見に満ちた例のスペインのことわざを、はたして笑う資格があるのであろうか。あるいは、「フランス語は神のことば、英語は泥棒のことば、ドイツ語はカラスの鳴き声」といったナポ

レオンの滑稽なまでの自己文化中心主義を、はたしで憐れむ資格があるので
あろうか。

　実は、もしも日本の学校外国語教育が、実際に世間でよくいわれるように
「欠陥教育」であるとするならば、それは英語が少々話せないことや、英語
の手紙が書けないということよりも、むしろことばそのものに対してこのよ
うな偏見に満ちた圧倒的多数の学生を育ててきたためと考えるべきではない
か。この事実に、われわれはもう少し重大な関心をもつ必要がありそうに思
われる。

　筆者は滞米中、アメリカの学生についても 2 回にわたって同様の調査を
行った。第 1 回目は昭和 48 年 (1973 年) から 49 年 (1974 年) にかけて、第 2 回
目は昭和 57 年 (1982 年) で、それぞれ 732 名、462 名のアメリカ生まれのア
メリカ人大学生が被験者であった。調査大学は西海岸ではカリフォルニア
大学ロサンゼルス校 (UCLA) と東海岸ではフロリダ州のエカード大学 (Eckerd
College) である。

　アメリカ人大学生たちは、もしも生まれかわることができるとすれば何語
を母語にしたいと考えているであろうか。アメリカ人学生も、たしかに英語
願望が最も多いことに変わりはない。しかしそれでも、われわれの大方の予
想よりもはるかに少なく、1973-1974 年 (昭和 48-49 年) には 36%、1982 年 (昭和
57 年) には 33 % 程度にすぎない。しかも、そのなかにはイギリスの 'Queen's
English' と答えたものさえ目についた。

　次に多いのがフランス語のそれぞれ 28 %、27% 。アメリカ人のフランス
に対する独特の感情をうかがい知ることができよう。さらにアメリカ人学生
の特徴は、日本人学生には考えられないほどの大小とりまぜて多様な言語が
出てくることである。英語やフランス語だけに集中しない。日本人学生の場
合には、英語か日本語で常に 80% を超えるが、アメリカ人学生の場合には
英語かフランス語で 60% 前後にとどまっている。いま 1 つ、われわれにとっ
て注目すべきことは、「何語でもよい (同じ)」という答えである。これが実に
1973-1974 年には 19%、1982 年には 23% 。生まれたところのことばなら何語
でも構わない、ことばに上下の差はないというこの答えは、さすが多民族国

表 4-2　母語願望調査（アメリカ人大学生）

（調査：大谷泰照）

調査年 願望言語	1973-4 年 （昭和 48-49 年）	1982 年 （昭和 57 年）
英語	36%	33%
フランス語	28%	27%
何語でもよい（同じ）	19%	23%

家アメリカの学生ならではといえよう。アメリカではその当時、外国語教育の不振ぶりが大きな政治問題にすらなっていたが、それでもこのような学生が 4-5 人に 1 人もいるという事実は、アメリカにとって大きな強みということができる。日本にはこのような学生はわずか 1-2% にも満たない。

　このようにみてくると、特に日本人学生のことばに対する考え方は、政治や経済の動きにつれて実に敏感に変化していることがよくわかる。アメリカであれ日本であれ、大国でありさえすればその国のことばが望ましいのであって、言語・文化の視点から考えるというよりも、明らかに極端に政治的・経済的大国志向であるということができる。まさに「寄らば大樹の陰」であって、とかく大国や中心国のそばに身を寄せたがる。したがって、アメリカ人学生とは違って、逆にそれ以外の国、特に小国や周辺国はほとんど眼中に入ってこないという困った結果にならざるを得ない。

3) 外国語学習者の実態への対応

　以上のように考えてくると、英語に対する日本人学習者の興味や関心は、実は時代の推移につれて、時には教師も思い及ばぬほどに大きく揺れ動いていることがわかる。われわれが学習者の「ニーズ」を問題とする際には、まずこの点を念頭におく必要があると思われる。さらに、これまで述べてきたことからも明らかなように、いわゆる「学習者のニーズ」と考えられるものも、決して一様ではない。実用的な四則計算中心の算数だけで十分で、「役に立たない」代数や解析は学びたくない、九九を覚えるかわりに電卓を使いたい、という願望も今日の高校生や小学生がもっているかなり強い「ニーズ」と考

えることもできよう。同様に、面倒な単語の暗記はコンピュータにまかせて、学習者には辞書を引かせない学習を、あるいは母語習得の場合と同様に文法などやらせない英語学習をという要望も、今日の大学生の大真面目な「ニーズ」といえなくもない。実用主義的傾向を強める学習指導要領と、そして「省力学習」が合言葉の受験体制のもとで育った彼らとしては、むしろきわめて自然な要求とさえいえる。

　しかし、一般に教師を人気歌手から明確に区別するものは、おそらく学習者の「ニーズ」こそ絶対であり、「学習者は神様です」などとは簡単に言えない立場なのではないか。言いかえれば、教育や研究の専門機関として、あるいはプロの語学教師としては、まず学習者の「ニーズ」そのものの当否を自らの手でチェックする重要な機能をもち、その結果を学習者に投げ返す責任をもたねばならないということであろう。そして、そのチェックの尺度となるのは、いうまでもなく、英語文化圏とは異質のこの日本という国において、社会教育ならぬ学校教育で、第2言語ならぬ外国語としての言語を、幼児期をはるかにすぎたいわば adult beginner としての学習者に対して、さらに広く国民的な規模で、しかもごく限られた時間と多人数クラスで行う英語教育が、それ自体としてもつ本質的なニーズである。

　このような尺度に照らして、学習者とともに彼らのいわば「うわべ」のニーズを1枚1枚丹念にはがしていく以外には、その底にひそむ彼らのニーズの「核」に迫る有効な方法はなさそうに思われる。

2. 歴史的にみた日本人の言語・文化意識

1) わが国の外国語教育史をどうみるか

　幕末以来今日まで、わが国の英語教育はすでに150年をこえる歴史をもつ。しかし子細に検討してみると、その間わが英語教育は、決して一般に考えられているほど直線的・上昇的に発展を続けてきたわけではない。むしろ、いわば回帰的・反復的な一種の往復運動を繰り返しながら今日に至っていることを見落としてはならない。

　私見では、実はこの 150 余年は、ほぼ 40 年の周期で、英語一辺倒のい
わば英語蜜月段階と、英語に多かれ少なかれ拒否反応を示す英語不適合段
階が交互に少なくとも 3 回は繰り返されてきたとみることができよう。こ
れは、異文化接触に際して観察されるカルチャー・ショック (culture shock)
の第 1 段階の蜜月段階 (honeymoon stage) と第 2 段階の不適合段階 (stage of
uncomfortableness) の反復と考えてもよい。蜜月段階は異文化の過大評価の段
階であり、不適合段階は過小評価の段階で、いずれも等身大評価の適応段階
(stage of adjustment) には至らないことを示す。

　表 4-3 は幕末から今日まで (左から右へ) の日本人の言語・文化意識の変容
を、特徴的な指標をあげて歴史的に示したものである。

　表には縦に二重線が 4 本あるが、その線と線の間がほぼ 40 年ばかりにな
る。その 40 年の間にさらに太く短い単線が一本通っていて、これがそれぞ
れの 40 年をほぼ 20 年づつ前後に分けている。その 40 年のうちの前半の 20
年ばかりは、英語や英語文化に対して一辺倒であった時期を示す。とかく日
本語よりも英語にのめりこんだ「親英 (Anglophilia)」の時期である。40 年の後
半の 20 年ばかりは、一転して英語に対する反発を強めて日本語に回帰する、
いわば「反英 (Anglophobia)」の時期である。われわれは、この 2 つの対立する
極の間の往復運動を、少なくとも 3 回繰り返して今日に至っているとみるこ
とができる。

2) 第 1 回目のサイクル

　まず 第 1 回の周期は、明治初年 (1868 年頃) から明治 40 年 (1907 年) 頃まで
のほぼ 40 年である。幕末期には「夷狄斬るべし」とばかり尊皇攘夷を唱えた
志士たちでさえも、欧米列強を相手の薩英戦争 (文久 3 年、1863 年) と馬関戦
争 (元治元年、1864 年) に敗れ、列強の実力を思い知らされると、それを境に、
まるで手のひらをかえしたように欧米への急接近をはじめる。わが国の英語
熱は、福澤諭吉が大量の英書をアメリカから持ち帰った慶応 3 年 (1867 年) お
よび翌明治元年 (1868 年) の頃から高まり、明治 5-6 年 (1872-1873 年) は「英書の
大洪水の有様を呈し」[4] た英語異常ブームの時代であった。明治 6 年 (1873 年)

には、後に初代文部大臣になる森有禮は日本語を「貧弱な言語」[5]と考え、このような日本語を捨てて英語をわれわれの母語にしようという「英語国語化論」を提唱した。彼はまた、後に第2代首相になる黒田清隆らとともに、「劣等な」日本民族を、欧米人と結婚させることによって人種改良をはかろうと大真面目に考えたほどである。明治14-15年(1881-1882年)はわが国最初の英学の最盛期といわれ、18年(1885年)には、さらに文相森有禮が英語教育強化の方針をうち出している。中学校の英語週時間数も、1-3学年に限ってみると、明治19年(1886年)には6(1学年)―6(2学年)―7(3学年)時間にまでに増えた。当時は、高等教育も多くは英米人の教師によって英語で行われていた。

　このように明治の初めの約20年間は、英語一辺倒の欧化主義の時代が続く。その風向きが変わってくるのは、明治22年(1889年)に帝国憲法が制定され、23年(1890年)に教育勅語が公布された頃からである。この頃から自由主義的思潮は次第に排斥されて、国家主義的・国粋主義的傾向が強まってくる。外国人教師の多くが大学を去り、日本人がそれにとって代わるようになる。明治26年(1893年)になると、文部大臣井上毅は森有禮のそれまでの外国語教育奨励の方針を大きく転換して、国語尊重論を説く教育政策をすすめる。

　その頃から学生の語学力も低下の傾向が目立ち、たとえば森鷗外は明治35年(1902年)に講演「洋學の盛衰を論ず」(3月24日、小倉偕行社)のなかで、学生の語学力が「十數年前に比して、劣るとも優らざるに似たり」[6]と述べている。また夏目漱石も、明治44年(1911年)に雑誌『學生』(1-2月)に「語學養成法」を書き、井上文相の政策にふれながら、最近の学生の語学力が明治の初めに比べていちじるしく低下したことを嘆いている。

　明治27-28年(1894-1895年)の日清戦争、明治37-38年(1904-1905年)の日露戦争と、国家主義が最高潮の時期をむかえる。明治の初めの約20年間が英語一辺倒の欧化主義の時代とすれば、それに続く20年ばかりはすでに鹿鳴館時代が終わり、英語に対する反発の強まる国粋主義の時代である。この40年ばかりを「親英」と「反英」の第1回目のサイクルと考えることができる。

表4-3　日本人の言語・文化意識の変容の指標

（作成：大谷泰照）

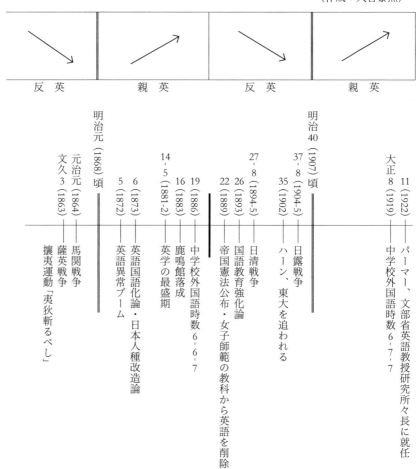

反　英	親　英	反　英	親　英

文久3（1863）　攘夷運動「夷狄斬るべし」

元治元（1864）　薩英戦争

明治元（1868）頃　馬関戦争

5（1872）　英語異常ブーム

6（1873）　英語国語化論・日本人種改造論

14-5（1881-2）　英学の最盛期

16（1883）　鹿鳴館落成

19（1886）　中学校外国語時数 6-6-7

22（1889）　帝国憲法公布・女子師範の教科から英語を削除

26（1893）　国語教育強化論

27-8（1894-5）　日清戦争

35（1902）　ハーン、東大を追われる

37-8（1904-5）　日露戦争

明治40（1907）頃

大正8（1919）　中学校外国語時数 6-7-7

11（1922）　パーマー、文部省英語教授研究所々長に就任

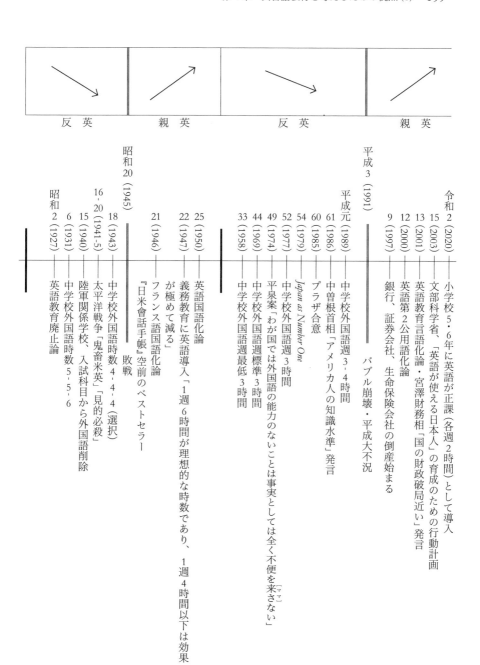

反　英　　　　親　英　　　　　反　英　　　　　親　英

令和2 (2020)				小学校5・6年に英語が正課（各週2時間）として導入
15 (2003)				文部科学省、「英語が使える日本人」の育成のための行動計画
13 (2001)				英語教育言語化論・宮澤財務相「国の財政破局近い」発言
12 (2000)				英語第2公用語化論
9 (1997)				銀行、証券会社、生命保険会社の倒産始まる
平成3 (1991)				バブル崩壊・平成大不況
平成元 (1989)				中学校外国語週3・4時間
61 (1986)				中曽根首相「アメリカ人の知識水準」発言
60 (1985)				プラザ合意
54 (1979)				*Japan as Number One*
52 (1977)				中学校外国語週3時間
49 (1974)				平泉案「わが国では外国語の能力のないことは事実としては全く不便を来さない」[ママ]
44 (1969)				中学校外国語週標準3時間
33 (1958)				中学校外国語週最低3時間
	25 (1950)			英語国語化論
	22 (1947)			義務教育に英語導入「1週6時間が理想的な時数であり、1週4時間以下は効果が極めて減る」
	21 (1946)			フランス語国語化論　『日米會話手帳』空前のベストセラー
	18 (1943)			中学校外国語時数4‐4‐4（選択）敗戦
	16‐20 (1941-5)			太平洋戦争「鬼畜米英」「見的必殺」
昭和20 (1945)				
	15 (1940)			陸軍関係学校、入試科目から外国語削除
	6 (1931)			中学校外国語時数5‐5‐6
	2 (1927)			英語教育廃止論
昭和2				

3) 第2回目のサイクル

日清・日露と大国相手の2つの戦いに勝利したわが国は、明治の末期から大正にかけてのいわゆる大正デモクラシーの時代をむかえることになる。ふたたびリベラルな風潮が高まり、欧米への窓が大きく開かれた。外国語はそれまでの英語だけでなく、ドイツ語、フランス語、さらには中国語（当時は支那語）も奨励されるようになり、多くの翻訳書が街にあふれた。大正8年（1919年）には、中学校の英語週時間数は明治をも上回る6－7－7時間となる。今日まで150年をこえる日本の中学英語教育の歴史のなかでも、最も英語時間数の多い時代がこの時期である。

　明治の後半には、東大の ラフカディオ・ハーン（Lafcadio Hearn ）と夏目漱石の例のように、御雇外国人を解雇して後任に日本人を据えることが多かった。しかし、大正になると、再び欧米人教師を日本の教壇に迎える例が目立つようになる。たとえば、大正11年（1922年）にはロンドン大学からハロルド・E・パーマー（Harold E. Palmer）が文部省の英語教授研究所の所長として迎えられ、Oral Method を導入して日本の英語教育の大改革を行うことになる。明治の後半には考えられもしなかったことである。

　ところが、昭和に入る頃から様相は再び一転して、昭和2年（1927年）には藤村作の「英語教育廃止論」が出て反響を呼ぶ。年とともに次第に英語教育排斥の動きが高まり、昭和6年（1931年）には中学校の英語週時間数は5－5－6時間に削減されてしまった。昭和10年（1935年）になると、文部省は高校や大学予科で使う英語教科書を規制しはじめる。たとえば、思想関係、恋愛関係のものは使用不可とされ、トマス・ハーディ（Thomas Hardy）、ジョン・ゴールズワージー（John Galsworthy）、オールダス・ハクスレイ（Aldous Huxley）、ジェイムズ・ジョイス（James Joyce）などが使用禁止書目になってしまう。その後は再び国粋主義的傾向が強まり、ついには日中戦争、そして太平洋戦争に突入し、英語は「敵性語」となってしまう。昭和17年（1942年）、高等女学校の英語は必修科目であったものが随意科目になり、18年（1943年）には中学校英語週時間数は4－4－4（3学年では選択科目）時間にまで縮小され、昭和19年には英文科を廃止する大学まで出はじめた。英語は「軽佻浮薄」と位

置づけられ、排斥が進み、英語を学ぶ者は「非国民」と非難されることさえあった。

　欧米に再び傾斜した明治末年から大正期の約 20 年、それに続いて英米を「鬼畜」と呼び、英語の教育を抑圧した戦時を含む敗戦 (昭和 20 年、1945 年) までの昭和前期の約 20 年、この合わせて約 40 年を「親英」と「反英」の第 2 回目のサイクルとみることができる。

4) 第 3 回目のサイクル

　続く敗戦から平成に至るまでの昭和後期の 40 数年を第 3 回目のサイクルと考えることができよう。敗戦の一夜が明けると、それまでの英語に対する強い反発は、まるで手のひらをかえしたように英語一辺倒に急転する。敗戦 (8 月 15 日) の 1 か月後 (奥付は 10 月 3 日となっているが、実際は 9 月 15 日) に出た四六半截判 (今日のはがきより一回り小型の当時のはがき大) 32 ページの『日米會話手帳』(科學教材社、昭和 20 年 10 月 3 日、80 銭) は、その後 1 年間に 360 万部以上という文字通り空前の爆発的売れゆきを示した。日本の統治下にあった朝鮮や台湾は独立して、敗戦直後の日本の総人口は約 7,200 万人であったから、日本人の 20 人に 1 人が購入したことになる。これは、いまだ大所帯の家庭が普通であった当時の日本では、およそ 3 軒に 1 軒の家庭でこの英語会話教本が読まれた計算になる。「敵性語排斥」が、敗戦を境にして一転「一億総英語会話」(当時はこう呼ばれた) に劇的に急変した。そして昭和 22 年 (1947 年) には英語が新たに義務教育になった新制中学校にとり入れられ、文字通り日本人総英語学習が始まる。昭和 24 年 (1949 年) には、中学校 (新制) の英語週授業時間数も 6－6－6 時間にまで回復するほどの勢いであった。

　この変わり身の速さは、あるいはわれわれ日本人のひとつの国民性であるのかもしれない。戦時中、米軍語学将校であったドナルド・キーンは、のちに『日本との出会い』(中央公論社、昭和 50 年) を書いたが、そのなかで、敵を「鬼畜米英」と蔑んでいたはずの戦時中の日本兵が、いったん捕虜になると、とたんに今度は友軍の死命をも制するような重要機密を、尋問するアメリカ兵も驚くほどペラペラとしゃべったと述べている。傲慢から卑屈へのこれほど

までの豹変ぶりは、ヨーロッパ戦線のドイツ兵捕虜にもあまりみられなかったことであるという。

　昭和 21 年 (1946 年) には、将来の日本の天皇を予定される皇太子 (のちの平成天皇) の日常の教育を、ほんの 1 年前までは敵国人であったアメリカ人のエリザベス・G・ヴァイニング (Elizabeth G. Vining) に委ねてしまう。皇太子は、名前も「アキヒト」ではなく ‘Jimmy’ と呼ばれた。同じ年に、それまで日本語で小説を書いて「小説の神様」とさえ言われた志賀直哉が、『改造』4 月号誌上で「日本の國語程、不完全で不便なものはない」と述べ、「世界中で一番いい言語、一番美しい言語」のフランス語を日本人の母語にすべきであると提唱している。「フランス語国語化論」である。昭和 25 年 (1950 年) には、これまた「憲政の神様」と呼ばれた尾崎行雄も『毎日新聞』(大阪版、6 月 12 日) 紙上で、「日本人が民主主義を體得するには今の國語を思ひ切って英語にした方がよい」と「英語国語化論」の論陣をはっている。

　戦前・戦中の文壇の大御所菊池寛は、昭和 16 年 (1941 年) 12 月に太平洋戦争が勃発すると、早速自らが編集する月刊雑誌『文藝春秋』において「僕以下社員一同はあらゆる私心私情を捨てて、本誌を國防思想陣の一大戦車として、國家目的具現のため直往邁進する決心である」と積極的な戦争協力の決意を表明し (同誌、昭和 17 年 1 月)、英米排撃の先頭に立った。「米國がいくら軍備を増強しても、その國民姓を鍛へ直さない限り、日本へ侵攻して來ることなど至難である」(同誌、昭和 17 年 2 月)、「本誌は・・・昨年は陸軍報道部から感謝狀さへいただいてゐる。これは總合雑誌中、本誌だけではないかと思っている」(同誌、昭和 19 年 3 月) と誇らしげに書いているほどであった。ところがそれほどまでに好戦的で軍部に協力的であった菊池も、敗戦を境にして、

　　連合軍の進駐に對して、戦々恐々たる人が多かった。しかし、自分は相手が民衆に對して非道なことをするはずはないと信じてゐた。が、實際來てみると、自分が信じてゐた以上に、彼らは紳士的である・・・肩で風を切ってゐた日本の軍人に比べて、何といふ相違であらう。—同誌、昭和 21 年 1 月.

と書くほどまでに急転した。いったん戦いに敗れると、とたんに身も心も相手にすり寄っていこうとするかのような文字通り劇的なまでの変貌ぶりである。井上ひさしは、アメリカ軍に対する日本人の感情が、不安や恐怖から好意に変化したのは戦後 1 か月目の 9 月半ばの頃からであると考えている (井上ひさし『ベストセラーの戦後史 1 巻』文藝春秋、1995 年)。

　非人道的な原子爆弾によって多くの丸腰の民間人が虐殺された日本は、原爆を投下したアメリカに対してはさぞ根深い怒りと怨念を抱き続けたことと一般には思われやすい。ところが、日本をよく知るアメリカ人でさえ、戦後の日本人の豹変ぶりには驚かされたという。パール・S・バック (Pearl S. Buck) は彼女の日本人論 *The People of Japan* (Simon & Schuster, 1966) で次のように述べている。

　　　When American troops landed on Japanese airfields, they were treated
　　　courteously. The emperor had decreed change, and there was change.

　ドナルド・キーンもまた、終戦直後の焼け野が原と化した東京を歩いた際の印象を『ドナルド・キーン自伝』(中央公論新社、平成 23 年) に次のように書いている。

　　　日本人がアメリカ人に、あるいはアメリカ人が日本人に抱く憎しみの
　　　かけらさえ、私は感じたことがなかった。辛い戦争が終わって、まだ四
　　　カ月かそこらしか経っていないのだった。

　連合国軍最高司令官のマッカーサー自身も、皇居前の第一生命ビルの司令部に入った 1945 年 (昭和 20 年) 9 月 17 日の当日、在日米軍の人員を、ワシントンが考えていた 50 万人から 20 万人に大幅に削減することを発表した。南太平洋の戦闘で日本軍の特攻攻撃に悩まされた米海軍のジャック・レイトン・ホーナー (Jack Layton Horner　戦後日本の中学校英語教科書 *Jack and Betty* の命名者・

校閲者)から筆者がよく聞かされた話では、戦後日本に進駐してきた米兵は、たとえ戦争は終わってもおそらく数年間は日本では激しい反米ゲリラ活動が続くものと覚悟していたという。そのために、戦後はしばらくの間、日本各地で米軍戦闘機による地上すれすれの威嚇的な超低空飛行が繰り返されたほどである。ところがマッカーサーが厚木に降り立ち、ジープで横浜に向かい、さらに東京に到着するまでの道中、日本側からはただの一発の銃声もとどろかなかったことは、アメリカ側にとっては大きな驚きであったという。在日米軍の人員 30 万人もの大幅削減は、敗戦直後の日本人の対米姿勢の大きな変化をマッカーサー自身も敏感に感じ取った結果であったと考えられる。

　1951 年 (昭和 26 年) 4 月 16 日、マッカーサーはその任を解かれて日本を去ったが、その日の朝、20 万人にものぼる日本人が羽田までの沿道を埋めて彼との別れを惜しんだ。1966 年 (昭和 41 年) のビートルズの日本公演では、日本武道館始まって以来といわれた日本人の異常なまでの熱狂ぶりがいまも語り草になっているが、その際には、2,000 人もの日本人ファンが羽田の見送りに押し寄せたことが大きなニュースになった。しかし、マッカーサーの場合は、実にビートルズの 100 倍もの日本人が沿道で彼を直接に見送ったことになる。離別の挨拶のために、吉田茂首相自らが当日、羽田空港まで出向き、それに先立ち、天皇自身もアメリカ大使館に足を運んでマッカーサーの在任中の好意に対する謝意を表した。

　またこの日、日本経済団体連合会や東京都議会はマッカーサーに対する感謝文を発表し、休会中のわが国衆参両院も特に本会議を開き、マッカーサーに対する感謝決議を全会一致で可決した。『毎日新聞』や『朝日新聞』もマッカーサーの占領政策に対する感謝の文章を掲載した。

　そしてこの年の終戦記念日 (昭和 26 年 8 月 15 日) に『読売新聞』が行った世論調査では、「米軍駐留」に対する日本人の反応は、「賛成」が 62.8%、「反対」は 18.5% という結果であった。今日のわれわれには信じ難いことかもしれないが、日本人の戦中の「反英 (米)」から戦後の「親英 (米)」への急転回ぶりを明瞭にうかがわせるものであった。

　たしかに、日本人のこのような急激な豹変ぶりは、今日のわれわれには信

じ難いものであるだけに、むしろ時代が下るにつれて戦中・戦後の歴史的事実を完全に忘れたかのような発言が目につくようになった。たとえば以下のような発言は、今日ではほとんど疑われることもなく、そのまま受け入れられるようになった。

　　戦後初期、英語（および占領者＝米国）に対する拒否反応は日本社会の至る所に渦巻いていたわけで、「一億総英語会話」はレトリックだとしても乱暴すぎる・・・・　―寺沢拓敬『「日本人と英語」の社会学』研究社、平成 27 年.

　このような論者からみると、「一億総英語会話」などは当時にはあり得なかったことで、後世の人間が勝手にでっち上げた単なる乱暴すぎるレトリックと映るらしい。しかし、戦中初期は「一億一心、火の玉だ」、戦中後期に至ると「今こそ一億総特攻」、そしてついには「一億総玉砕」を全国民の対英米戦貫徹のスローガンとして大合唱していた日本人である。その同じ日本人が、いったん戦争に敗れると、とたんに「火の玉」や「特攻」や「玉砕」の決意などはどこへやら、ほとんど何のためらいもなく旧敵国語の英語の習得に狂奔する。こんな劇的なまでの「変節ぶり」の経緯を少し調べれば、「一億総英語会話」はでっち上げのレトリックどころか、日本人が自らのそんな無節操な姿を多分に自虐的に評した当時の実際の流行語であったことは容易に理解できるはずである。特に、『日米會話手帳』出版の直前（9 月 5 日）に、東久邇宮首相は国会で「全国民総懺悔がわが国再建の第一歩である」という有名な施政方針演説を行って、その後「一億総懺悔」と「一億総英語会話」は敗戦直後のこの国の流行語になった。

　「英語に対する拒否反応は日本社会の至る所に渦巻いていた」という断定もまた、その激動の時代を実際に体験した世代からみればあまりにも事実とかけ離れた暴論であることに驚かされる。敗戦直後の日本の食糧事情は劣悪を極め、昭和 20 年（1945 年）10 月、大蔵大臣澁澤敬三は昭和 21 年（1946 年）度内に餓死・病死により命を失う日本人は 1,000 万人にものぼる恐れがあると

語っているほどである。すでに、その当時から上野公園にも大阪駅地下道にも餓死者の遺体が放置されたままの状態が続いていた。官職にあった山口良忠判事（昭和22年10月没）や保科徳太郎判事（昭和22年12月没）たちまでがヤミ米を口にすることを潔しとせずに餓死するという悲劇が相次いだ。昭和21年4月の衆議院選挙には、実際に「餓死防衛同盟」の国会議員が誕生したほどであった。その年の5月19日には皇居前広場で25万人の「米飯獲得人民大会」（いわゆる米よこせ抗議集会）が開かれ、ついに天皇もこれを黙視することはかなわず、その5日後の24日には、前年の終戦の詔勅に次ぐ史上2度目のラジオの玉音放送を行い、全国民に対して食糧の窮状を切り抜けるための忍耐と協力を切々と訴えたほどである。

　『日米會話手帳』とは、今日の平時の出版物とは違って、このような特殊な世相の時代に発売された出版物であることを忘れてはならない。およそ国民の空腹を満たすためには何の役にも立たないこんな冊子は、たとえ1冊も売れないとしても何の不思議もなかった時代である。ところが、その日の食べ物にも事欠き、文字通りどん底の飢餓生活にあえいでいた日本人が、7,200万人の全国民の20人に1人、全国の家庭の実に3軒中1軒でこの『日米會話手帳』を360万部も競って買い込んでいた。戦後最大のベストセラーは発売10か月で400万部を売り上げた黒柳徹子『窓ぎわのトットちゃん』（講談社、昭和56年）であったが、この頃の読書界の事情は、『日米會話手帳』当時とは全く対照的であった。『窓ぎわのトットちゃん』は日本が飢餓どころか飽食の時代に入り、世界最貧国どころか *Japan as Number One* と称されるほどの世界の経済大国に成長し、1億2,000万人のカネ余り人口をかかえる時代の出版物であった。このように対比してみると、敗戦直後のあの時代に、日本人の英語に対する関心がいかに異常なものであったかがはっきりする。このような事実を無視して、はたして本当に「英語に対する拒否反応は日本社会の至る所に渦巻いていた」などと言いきれるのか。戦後の厳しい時代を実際に体験したわれわれ世代には、とうてい考えられもしない史実を無視した乱暴な発言であると言わざるを得ない。

　敗戦直後の日本人に最も明るい希望を与えた占領政策は、おそらく女性参

政権の獲得と義務教育年数の延長であったと言えよう。ともに戦前の日本では考えられもしなかった大きな民主的変革であった。そのうち義務教育では、従来の小学校 6 年の上に戦後はさらに新制中学校 3 年の学修年限が加わり、特に新制中学校では英語が事実上の必修科目となった。戦前は小学校卒業者の大半はそのまま社会に出て仕事に就くのが一般で、わずか 10 数 %（昭和 10 年度は 18.5%（文部省『日本の成長と教育』昭和 37 年））ばかりの選ばれた少数の旧制中学校・高等女学校など中等学校進学者だけが英語の教育を受けることができた。

　したがって日本では明治以来長らく、アルファベットなどの「横文字」が読めることは、それだけでごく限られた知的階層の特権であるかのようにみなされていた。ところが戦後は、すべての小学校卒業生がそのまま新制中学校へ進学できることになり、そのうえ「横文字」まで学べることになった。中学校新入生自身はもちろん、中学校に進み「横文字」を学ぶ子どもをもつことになる親たちの高揚感は尋常ではなかった。おそらく今日では想像もできないかもしれないが、当時、多くの日本の家庭では、アルファベットが読め、'one' 'two' 'three' 程度の英語を解する家族は一人もいないのがむしろ普通であった。そんな家庭に、先祖代々誰も経験したことのない「横文字」が読める中学生が誕生することになった。戦前には、一般には希望しても容易にかなわなかった中学進学と、そのうえ「横文字」の学習までが突然に降ってわいて可能になった。当時の多くの親子にとって、これはまるで夢のようで信じられないほどの教育改革であった。入学式当日には、紙不足の当時は入手が困難であった『最新コンサイス英和辞典』（三省堂、昭和 19 年 883 版、定価 4 圓）を求めて、売店には早朝から長蛇の列ができた。「英語に対する拒否反応は日本社会の至る所に渦巻いていた」などという断定とは、全くかけ離れた当時の社会一般の光景であった。

　戦後の日本国中は「ヤンキー、ゴーホーム」の強い「反英（米）」感情に広く覆われていたという議論が、特に近年のこの国では目立ち始めた。このような戦中・戦後史観の特徴は、日本人の戦中の「反英（米）」感情は敗戦後も揺らぐことなく（あるいは、戦中以上に強く）維持されたと考えられ、それが「親

英（米）」感情に急転した事実を認めようとしないものである。この種の基本的な歴史的事実を直視しようとしない史観に立てば、日本の戦後史の姿がいかに大きく歪曲されたものになるかはあらためて言うまでもない。

　戦後も昭和30年（1955年）、加藤周一がそのエッセイ「信州の旅から」（『世界』昭和30年12月）で、「日本語でまにあわないことは、一つもない」と言い切り、日本人中学生に英語教育を事実上強制することは「正気の沙汰と思えない」、「愚民政策のあらわれとしか考えられない」と述べた頃から、戦後の様子が次第に変化をみせはじめた。昭和33年（1958年）になると、中学校の英語の時間数は「週最低3時間」と定められ、まず下限を示して時間数は減少の傾向をみせはじめる。そして昭和44年（1969年）にはこれが「週標準3時間」とさらに後退し、できるだけ3時間にすることが望ましいという行政的「指導」が強まることになる。

　高校の英語も、昭和45年（1970年）には必修科目から選択科目に変わった。昭和49年（1974年）の自民党の平泉試案は、「わが国では外国語の能力のないことは事実としては全く不便を来さない[ママ]」と考え、義務教育で外国語を課することは適当でないとして、「国民の約5％が・・・英語の実際的能力をもつ」教育を提唱した。昭和52年（1977年）には、中学校の英語時間数はついに「週3時間」にまで削減され、英語の履修時間は週3時間を越えてはならないことが厳しく求められた。これは、あれだけ英語教育を抑圧した戦時中の旧制中学校の週4時間をも下回る時間数であり、さらに世界の主要46か国のなかでも最低の外国語時間数であった。戦後、世界の多くの国々が国をあげて外国語教育の拡充・強化につとめているなかで、わが国はこの時期、一貫して外国語教育を削減・縮小し続けてきた世界でもほとんど他に例をみない国であると言うことができる。

　なお、この頃からわが国では、英語時間数の削減とは逆に、外国人に対する日本語教育の強化が唱えられ、昭和59年（1984年）からは、国際日本語能力試験も世界各地で実施されることになった。同じ頃から、それまではほとんど耳にすることのなかった日本の政治的指導者たちの戦争責任に関する暴言や他民族差別発言が相次ぎはじめ、国際会議の席上でも日本人の傲慢さ

(arrogance) が厳しく指摘されるようになった。

　終戦直後には自信を大きく喪失していた日本人が、昭和も後半にいたって、逆にいささか自信過剰気味にさえなった。戦後は異常なまでに卑屈であったわれわれは、日本の経済的成長につれて、いくぶん尊大傲慢になりすぎたといってもよいかもしれない。あるいは、戦後は英語一辺倒であった日本人が、やがて自らの経済力を過信するようになるにつれて、大きく日本語に回帰を始めたとみることができそうである。これが「親英」と「反英」の第 3 回目のサイクルである。

5) 第 4 回目のサイクル

　ところが平成 3 年 (1991 年)、わが国のバブル経済は突如崩壊、一転して平成の大不況がこの国を覆うことになった。まさかの銀行や証券会社や生命保険会社が次々と倒産し始めた。わが国の歴史でもかつて経験したことのない経済的大異変であった。あわてた政府は、大手 15 銀行に対して実に 12 兆円を超える公的資金の注入にまで踏み切らざるを得なくなった。平成 11 年 (1999 年) 8 月に至って、アメリカの『ニューヨーク・タイムズ』紙は「いまや日本の経済の回復は不能である」とする特集を第 1 面に組んだ。平成 13 年 (2001 年) 3 月には、時の宮澤喜一財務大臣は、自ら国会で「国の財政は破局に近い」と答弁するまでに追いつめられた。平成 14 年 (2002 年) 2 月、イギリスの『エコノミスト』誌は、これまた「日本経済の崩壊は時間の問題である」と報じるまでになった。

　20 世紀末のこのような得意の絶頂から奈落のどん底へのどんでん返しを体験して、今日では「21 世紀は日本の世紀」などと本気で考える日本人は、さすがに少なくなった。バブルの崩壊とともに、日本の政治家たちの他民族蔑視発言も、ぴたりと鳴りをひそめた。いささか自信過剰気味であったわれわれは、いまや自信を大きく失ってしまった。

　このような平成大不況の日本で、再び目立ち始めたのが英語に対するわれわれの異常なまでの急接近ぶりである。平成 12 年 (2000 年)、小渕首相の諮問機関「21 世紀の日本の構想」懇談会が英語を日本の「第 2 公用語」とするこ

とを検討するよう提言した。群馬県太田市などのように、日本語でなく英語で教育する学校をつくる自治体まで出はじめた。日本語を使わずに、英語だけで教える幼稚園や小学校が、日本の各地に現れはじめた。平成15年(2003年)には、文部科学省自身が「英語が使える日本人」の育成のための行動計画策定に踏み切った。バブル崩壊以前には考えられもしなかったことである。

このような平成の「英語第2公用語化論」や「英語教育言語化論」は、日本人の国際的姿勢が自信過剰の「反英」から、自信喪失の「親英」に転じたとたんに浮上してくるという点で、明治以来、繰り返し現れた「英語国語化論」の場合と軌を一にするものとみることができる。そして、日本人の対外姿勢が「反英」から「親英」に急転する転換点となるのは、常に異文化との決定的な衝突としての「戦争」であったという点を見落としてはならない。薩英戦争、馬関戦争であり、日清戦争、日露戦争であり、ノモンハン戦争、第2次大戦であり、さらに今回はプラザ合意という名の日米経済戦争における日本の「第2の敗戦」である。平成大不況は、決して阪神・淡路大震災や東日本大震災のような天災ではなく、日本人の異文化理解の欠如による日米経済戦争の敗戦がもたらしたまぎれもない人災である。この自覚が、われわれには決定的に欠落しているようである。

われわれは、過去150余年の間に、英語一辺倒ともいえる「親英」段階と、英語に多かれ少なかれ拒否反応をともなった「反英」段階という2つの対立する極の間を、ほぼ40年周期で3往復したことになる。「歴史は繰り返さない、もし人が歴史に学ぶならば」と言われる。しかし、われわれは3度も同じ歴史を繰り返しながら、その自覚さえもないままに、さらにいまわれわれは第4回目の「親英」の段階に足を踏み入れようとしている。

戦前の「親日」的アメリカ人のなかには、日米の太平洋戦争が始まったとたんに日本にそっぽを向いて、簡単に「反日」に転じた人たちが多かった。1907年(明治40年)設立のアメリカの親日団体 Japan Society からも、日米開戦と同時に脱会者が相次いだ。しかし、ルース・ベネディクト(Ruth Benedict)やドナルド・キーン(Donald Keene)やエドワード・サイデンスティッカー(Edward Seidensticker)などのいわば「知日」派アメリカ人たちは、逆に戦争の開

始によって日本語やその文化への関心を深める結果になった。

　一般に、言語・文化的関心に支えられた覚めた目の「知日」派に比べて、心情的好みが加わった「親日」派の場合は、政治・経済・軍事などのいわば外的変化によって、より敏感に反応するように見受けられる。その意味では、「知日」に比べた場合、「親日」は意外に簡単に「反日」に転ずるという皮肉な傾向がある。

　このように考えてくると、幕末以来150余年間の日本人の言語・文化意識の変容がわれわれに教えているものは、目先の時流に押し流されない覚めた目の異言語・異文化との付き合い方であろう。おそらくそれは、「一辺倒」とも「反発」とも無縁な、その2極を超えたところにしか求められないものと思われる。それはとりもなおさず、心情的「親英」や「反英」を超えた、いわば覚めた目の「知英」の付き合い方以外にはないはずである。それは言いかえれば、自分に都合のよい情報に目を奪われ、自分にとって不都合な情報は無視したり過小評価することによる「考えたくないことは、起きないことにする」といういわゆる正常性バイアス(normalcy bias)そのものの克服を意味する。第4度目の「親英」のサイクルに足を踏み入れた日本人が、いま遅まきながらも気づくべき歴史の教訓ではないのか。

3. 歴史の教訓と異言語教育

　組織的な異文化接触の最も悲惨な形態としての戦争の体験から、人類はどのような教訓を汲み取り、それをどのように未来に活かすのか。戦後の3大経済圏の日本、アメリカ、EU はその点では明確に異なる3様の姿をみせる。

1) 3度の戦争とヨーロッパ人

　ヨーロッパを訪れるたびに痛感させられることは、ヨーロッパには戦争の傷跡が日本よりもはるかに色濃く残っているということである。ヨーロッパ人の心の中に戦争の傷跡が深く刻まれているということである。たとえばイギリスでは、オックスフォードでもケンブリッジでも、イートンでもハーロー

でも、戦没者の追悼碑や戦争の記念碑が必ず目につく。ウェストミンスター寺院でも大英博物館でも、ロンドンの街角でも地方都市の公園でもそれは変わらない。

　もちろん、戦禍をとどめる建造物の跡はいたるところにある。よく知られているように、コヴェントリーでは、ナチスによって破壊された教会をそのままに残して、その横に新しい教会ができている。ドーヴァーでもリヴァプールでも同様に戦争の被害を残したままの新しい教会が見られる。戦争の悲惨さを、できるだけありのままに後世に伝えようとしている。

　フランスでも、たとえば南フランスのオラドゥール村は、村全体がナチスによって破壊しつくされ、村人のほとんど全員が婦女子に至るまでも殺害された。フランス人は、戦後もその村を復旧することなく、惨劇の跡をそのままの姿で保存しようとしている。執念深いとも言えるが、その戦禍を後世にまで伝えようという意志の強さには圧倒される。

　戦勝国だけではない。敗戦国のドイツでも、旧東ドイツはもちろん、旧西ドイツでも同様の光景を見かける。ベルリンの目抜き通りのカイザー・ヴィルヘルム教会は、半壊して真っ黒に焼けただれた教会をそのままに残して、その横に対照的に新しい教会を建てている。ハンブルクのザンクト・ニコライ教会も、戦後の新しい建物のそばに戦火で崩れたままの戦前の建物が生々しい姿で永久保存されている。そしてドイツでは敗戦時に廃墟と化した街の模様を示すパネル写真が、いまも人目につく場所に掲げられていることが多い。

　ひるがえって、わが日本はどうか。たしかに日本にも、広島と長崎には原爆の惨禍の跡が残され、慰霊碑が建てられ、毎年慰霊祭が執り行われる。しかし、この特殊爆弾の被害以外に、たとえば東京の、あるいは大阪の、そして名古屋の、一体どこにあの戦争の悲惨さを後世に伝えるよすがとなるものが残されているか。これに比べると、ヨーロッパには、たしかに戦争の傷跡は非常に色濃く残っている。それはただ単に建造物だけではなく、戦後のヨーロッパ人の生き方のなかに残っていると考えることができる。

　第2次世界大戦が、戦後のわれわれに遺した最大の教訓の1つは、戦争の

再発を防ぐためには、人間の相互理解、言いかえれば、異文化理解の地道な努力を続けること以外に方法はないという厳しい反省であったと考えられる。戦争を回避するためには、それ以外の道は考えられない。速効的ではないが、そういう地道な努力を日常的に忍耐強く続けるより他には手がないという考え方である。

　そのような考え方は、実は様々な場面で具体的な形をとって現れている。たとえば戦後は、戦前とは違って、それぞれの国が、自国の文化の対外広報活動を積極的に行い、国々の間の相互理解の増進をはかることが、各国のいわば国際的な責任と考えられるようになった。戦前には、大使館の広報部あたりが片手間にやっていたものが、戦後は各国が独立した専門の対外広報機関を設置したり、あるいはその活動をいっそう強化するようになった。いま世界には、イギリスの対外広報機関のブリティッシュ・カウンスルが 220 か所も置かれている。フランスのアリアンス・フランセーズが 1,085 か所、日本と同じ敗戦国ドイツも、ゲーテ・インスティトウートを世界の 158 か所にもっている。それらを通して、それぞれの国のありのままの姿を世界の人々に理解してもらおうとつとめている。これらの対外広報機関の積極的な活動は、過去の戦争の痛烈な反省のなかから生まれたと言うことができる。

　ところが、日本はどうか。日本は、これらの国々よりも、はるかに国際的な相互理解のための努力が必要な国と言えるかもしれない。特に対外貿易についても、戦後処理の問題についても、歴史認識の問題についても、国際的に困難な立場に立たされることが少なくないことを考えれば、日本の立場を十分に説明するための広報活動がとりわけ必要なはずである。ところが、日本の対外広報のための専門機関である日本文化会館は、実は現在、世界中にケルン、ローマ、パリのわずか 3 か所に置かれているに過ぎない。それ以外に日本文化会館よりも小規模の日本文化センターが 19 か所あるが、合わせても、わずかの 22 か所である。世界の「先進国」としては、とても信じ難い実態である。対外広報、ひいては国際的な相互理解に対するわが国の熱意がいかに希薄であるかをよく示している。

　戦後のヨーロッパで、戦争抑止の具体的な努力の結果が最も明瞭に表れ

たものが EU、すなわちヨーロッパ連合の誕生である。この EU を日本では、アメリカ経済ブロックと日本経済ブロックに対抗するための第 3 の経済ブロックとして設立されたとみる考え方が目立つ。わが外務省のホームページでさえも、EU を「経済的な統合を中心に発展してきた欧州共同体 (EC) を基礎に」してできた組織であると述べている。残念なら、われわれの国際理解はこの程度なのかもしれない。

　そもそも、EU 誕生の由来とは何か。それは 19 世紀後半から 20 世紀前半までのわずか 80 年足らずの間に、ヨーロッパの大国のドイツとフランスが、実に 3 たび戦火を交え、憎みあい、殺し合ったことに由来する。普仏戦争、第 1 次世界大戦、第 2 次世界大戦である。戦争によってそれらの国々の国民が多くの命を失い、惨禍に苦しんだだけでなく、その近隣の、特にベネルクス 3 国はそのたびに大変な被害をこうむり続けた。しかし、彼らがわれわれと大きく違うのは、3 度の戦争の悲惨な歴史を教訓として、それを繰り返さないための明確な意志をもった点である。

　その結果、彼らの英知が生み出したのが、1951 年のヨーロッパ石炭鉄鋼共同体 (ECSC) の設立であった。ECSC は一般に、経済産業共同体であるかのように誤解されやすいが、決してそうではない。実は、これはヨーロッパの史上最初の不戦共同体である。これを、われわれは、はっきりと見極めておく必要がある。独・仏間のこれ以上の戦争を不可能にするためには、どうすればよいか。それは戦争に不可欠な資源の石炭（当時は、まだ石油でなく石炭）と鉄鋼を、独・仏の思うがままにさせないことである。それらの資源をヨーロッパの国々で共同管理をすることによって、ドイツとフランスの 4 度目の対戦を、事実上、物理的にも不可能にしようとするものである。ドイツとフランスの和解、ドイツとフランスの不戦共同体、そしてドイツとフランスの主権の制限、これがヨーロッパ石炭鉄鋼共同体の狙いであった。この ECSC は、その後発展して EEC、EC を経て、現在の EU に成長した。この EU は、2019 年末現在、加盟 28 か国、24 公用語、人口約 5 億人の統合「大ヨーロッパ」を実現した。これは、疑いもなく悲惨な世界大戦そのものの反省のなかから生まれた戦争再発防止のための国際組織である。

　このEUは、1992年のECの段階で、すでに市場統合を実現している。これは20世紀の前半までの尺度では、到底考えも及ばないことである。あれだけ憎みあい、殺しあったかつての不倶戴天の敵国同士が、統合していまや1つの「国」を成そうとしている。特にEUのなかの19か国は、長年にわたってそれぞれの国の威信の象徴であり、いわば各国の「顔」とさえみなされてきたマルクやフランなどの個別通貨を放棄して、ついに共通通貨ユーロの一本化さえ実現した。フランスは、中世以来600年も続いた彼らの誇るフランを、EU実現のためにあえて放棄する一大決断をした。さらにEUは、憎悪と狂気と破壊の歴史に終止符を打つために、本来ならば到底可能であるはずもない加盟国間の司法の統合から、さらには政治統合までも視野に入れて動いている。いわばヨーロッパ合衆国構想とも言えるものである。これは、人類何千年の歴史のなかでも、かつて成し得なかった、いわば壮大な革命的一大プロジェクトと考えることさえできる。すでにEU理事会常任議長は、EUを代表する大統領に相当し、その資格で国際首脳会議にも出席している。

　リングア・プログラム (Lingua Programme) は、そのヨーロッパ統合実現のための、いわば必要不可欠な言語教育政策として、1989年に当時のEC12か国が全会一致で可決したものである。これは、統合ヨーロッパの全ての市民が、英語を母語とするイギリス人、アイルランド人をも含めて、ハイスクール卒業までに、少なくとも母語以外に、さらに2つの言語を身につけること、いわゆる「母語+2言語」を目指すものである。このような多元的言語・文化志向は、従来の単一言語・文化志向の、いわば「点の思考」をはるかに超えた「面の思考」と呼ぶことができる。これまた、旧来の発想では考えられもしなかった画期的な言語教育プログラムと言わざるを得ない。

　最近では、至極当然のことのように‘Victory of English’などと言われることが多い。いまや英語の時代であり、英語ができなければ21世紀は生き残れないと、特に日本では考えられがちである。しかし、少なくとも教育の世界では、英語を唯一のリングア・フランカ (Lingua Franca) とはみなさない動きも、また目立って増大しているという事実を見落としてはならない。政治・経済的一極集中とは対照的な、言語・文化的多様性を積極的に認めようとす

る新しい動きである。それが、たとえばエラスムス計画やソクラテス計画などに支えられて、EU 諸国間では、毎年数十万人の生徒・学生や教員が、政治的国境や言語的境界を越えて、お互いに相手の言語で学び、教えるという大規模な異文化間交流が実現している。母語に加えて、さらに 2 つの言語を学ぼうとするリングア・プログラムが支持される所以である。いまや、経済的国境が消滅して、国境を越えて自由に通商ができ、自由に移住さえできる EU としては当然のことである。

　その EU が鮮明に打ち出しているのが、言語に象徴される多様性こそが、EU の文化的価値であるとする強い姿勢である。それぞれの母語を捨てて、一様に英語を学ぶという、たとえばアジアの一部でみられるような状況は一般には考えられない。また、徒に言語や文化の「優秀性」を誇ったり、国相互の序列にこだわるという、いわば縦の尺度ではなく、ヨーロッパの EU は、それぞれに独特の特長をもった言語・文化の共同体であるという、まさに横並びの尺度を貴重なものと考えるようになった。したがって、今日の EU の公用語は、加盟 28 か国で話される合計 24 の言語であって、いわゆる「国際語」の英語でさえも EU の統一公用語にはなり得ない。もっとも、EU の実際の作業言語 (working language) には、たしかに英語やフランス語が使われることが多いことは否定できないが、それでも英語は決して独占的な統一公用語の地位を占めることはできない。

　長い間、言語に関しては、発展途上国は先進国のことばを学び、小国は大国のことばを学び、地方は中央のことばを学ぶことが当然のことと考えられてきた。「ことばは低きに流れる」と信じて疑われなかった。こんな言語教育的姿勢を、リングア・プログラムははっきりと否定したとみることができる。いまヨーロッパでは、言語は「垂直に上から下へ流れる」ものではなく、むしろ「水平に相互に交流し合う」ものであるという新しい考え方が国際的に、しかも公式に認められたということを意味する。これは、実は、人類史の上で見落とすことのできない画期的な出来事であることを忘れてはならない。

　イギリス教育技能省も 2002 年、国家言語教育改革計画「外国語の学習：全ての国民が、生涯を通して」(The National Languages Strategy for England ‘Languages for All: Languages for Life'）を発表して、2012 年までに、7 歳以上のすべての児童・生徒に少なくとも 1 外国語を学ばせ、さらにそれを社会人にまで及ぼそうという思い切った政策を打ち出した。

2) 3 度の敗戦とアメリカ人

　今日、「英語帝国主義」の牙城とさえみられるアメリカでも、異言語・異文化理解のための教育は、われわれの想像をはるかに超える規模で行われるようになったことを見落としてはならない。実は、アメリカもまた第 2 次世界大戦後、3 度の対外戦争の敗戦を経験している。

　前大戦後、文字通りの超大国であったアメリカが、思いもかけない敗北を喫したのがソ連との宇宙開発戦争であった。1957 年、人類初の人工衛星スプートニク (Sputnik) を打ち上げたのは、世界の大方の予想に反して、アメリカではなくてソ連であった。ソ連の科学・技術に後れをとったアメリカは、早速、翌 1958 年に国家防衛教育法 (NDEA) を制定して、理数科教育のみならず、外国語教育の改革にも国をあげて乗り出した。これは、とりもなおさず、文化創造の担い手としての言語の役割に着目したものである。一民族の精神生活の投影としての異質言語のあたえる知的刺激が、新たな「創造性」を高めることに思い至ったためであり、その点では「国際語」を母語にもつものに特有の弱点を自覚した結果に他ならない。

　さらにアメリカの異言語教育に反省を迫ったのが、1975 年のベトナム戦争におけるアメリカの敗戦であった。アメリカ人は、彼らがたまたま母語にもった英語という「国際語」を過信して、他民族・他文化理解のカギが、その民族の言語をおいて他にはないというまぎれもない事実を忘れてしまっていたという。それが、ひいてはスプートニクでソ連に後れをとり、ベトナム戦争の敗北につながったと考えた。

　21 世紀を目前にした 1999 年、アメリカでは建国以来はじめて教育・実業・政治・地域社会各界合意の結果の『21 世紀の外国語学習基準』(*Standards for Foreign Language Learning in the 21st Century*) が出た。それによれば、すべてのアメリカ国民が英語と、さらに英語以外に 1 言語、すなわち「英語 +1 言語」の合計 2

言語の能力を身につけることを 21 世紀のアメリカの言語基準とするという。

　さらに 2001 年 9 月 11 日の同時多発テロ事件は、いまや、ベトナム戦争同様に、アメリカの異文化理解の欠如による「敗戦」と考えられるようになった。この反省にたって、2006 年、イラク戦争を戦うブッシュ大統領は『国家安全保障言語構想』(*National Security Language Initiative*) を発表し、幼稚園から大学院レベルまで、外国語教育をさらに強化する必要を訴えた。とりわけ従来、アメリカ国民の関心の薄かったアラビア語、中国語、ペルシャ語、ヒンドウー語、日本語、朝鮮語、ロシア語、ウルドウー語の 8 言語を、あえて「重要言語」に指定しているのが目を引く。

　「英語で間に合わないことはひとつもない」「英語さえ話せれば外国語の学習の必要はない」と思い込んでいたアメリカ人が、いまようやく自分たちの長年の錯覚に気づき、異言語・異文化に目を見開くことの必要を認め始めた。

3) 3 度の敗戦と日本人

　日本は明治以後、そしてアメリカとヨーロッパ諸国は第 2 次大戦後、異言語に対するそれまでの姿勢を大きく改めることになる。

　日本の場合は、薩英戦争・馬関戦争、ノモンハン戦争・太平洋戦争、日米経済戦争と、3 度の戦争に敗れる度に、日本語一辺倒から英語一辺倒へと、その往復運動のサイクルを今日まで重ねてきた。いわば「日本語 or 英語」という一元的言語・文化志向である。これは、言いかえれば、日本人の異文化に対する過小評価と過大評価の反復運動であり、この対異文化姿勢の「ゆれ」の大きさは、そのまま、日本人の異文化理解の貧困の大きさを顕すものと考えざるを得ない。

　アメリカが、宇宙開発戦争、ベトナム戦争、9.11 の対異文化戦争と、3 度の戦争の敗戦から学んだものは、自らの母語がいわゆる「国際語」の英語であるために抱える陥穽の大きさであった。それを克服するために生まれたのが、社会人をも含めて「英語 + 1 言語」を学ぼうとする『21 世紀の外国語学習基準』である。いわば、二元的言語文化志向である。

　ヨーロッパでは、普仏戦争、第 1 次大戦、第 2 次大戦と、3 度の戦争を相戦っ

たドイツとフランスの反省が、EU という「不戦共同体」の一大プロジェクトを生み、その言語政策として、社会人をも含めて「母語 + 2 言語」を学ぼうとする「リングア計画」を構想した。いわば、多元的言語・文化志向である。

　母語以外の他言語に対して無関心なかつての言語的「点の時代」から、日本はいまや、日本語から英語へと、点から点への往復運動を繰り返す「点の移動の時代」にあるといえる。これに対してアメリカは、英語とそれ以外の 1 言語の距離関係を意識する「線の時代」にあるとみることができる。その「線の時代」の特定言語「一辺倒」の弊害を克服する道として今日模索されているのが、母語と母語以外の 2 言語の 3 点を基点として、相互の位置関係を客観的に測定しようとするいわば言語・文化的「3 点測量」である。EU では、今日、この新しい「面の時代」の実験が実地に始まっているといえる。

　かつては自分の言語を植民地に押しつけて、自らは異言語を学ぶことなど考えもしなかった欧米の旧宗主国が、いまや国を挙げて外国語教育に力を入れるまでになった。このように考えてくると、20 世紀とはどんな時代であったのかが、いくらかはっきりとしてくる。われわれは、20 世紀といえば、異口同音に「戦争の世紀」と呼んで、ほとんど疑うことがなかった。しかし、はたして本当にそうであろうか。たしかに、20 世紀には 2 つの世界大戦があり、ベトナム戦争も経験した。しかし、よく考えてみると、人間同士が殺しあう戦争は、ギリシア・ローマの昔から、人間の歴史とともに今日まで、ほとんど絶え間なく続いてきた。かつてヨーロッパには 100 年戦争もあったし、中国には数百年にも及ぶ長い動乱の時代もあった。とすれば、20 世紀が 19 世紀までと明確に区別されるのは、はたして単に多くの戦争を経験したという事実によるものかどうかは、もう少し慎重な検討が必要であると思われる。

　おそらく、20 世紀を 19 世紀までと区別するものは、決して戦争そのものの存在ではないはずである。むしろ、戦争の反省に立った戦争修復に、かつてこれほどまでに人類が国際的に力を尽くそうとした世紀があったであろうか。不戦共同体の建設に、人類がこれほどの熱意を示した世紀があったであろうか。そう考えると、20 世紀は「戦争の世紀」というよりも、むしろ 19 世

紀までとは明確に区別される、そして、それは当然、人類の歴史にかつて例をみない「戦争修復の世紀」であったと考えるべきではないか。異言語・異文化に対して、そんな対照的な姿勢をとる「戦争」の時代と「戦争修復」の時代。いわばその決定的な分水嶺となったのが、20世紀の70年代から80年代にかけてであったと考えることができる。

　たしかに、自分の言語に加えて、さらに相手の言語まで学ぶという異言語の学習は、少なくとも20世紀の前半までは、敗者や弱者の側に課せられたハンディキャップと考えられてきた。しかし、20世紀も後半に至って、むしろ相手の言語の学習は新たな発想や情報の獲得であり、それは敗者や弱者の条件というよりも、逆に自らの立場を有利に導くための勝者や強者の条件であるという教訓を、近代の欧米諸国民は度重なる戦争の体験から学びとったと考えることができる。「点の思考」を超えたアメリカの「線の思考」であり、さらに「線の思考」を克服したEUの「面の思考」である。このように、異言語学習の価値が、20世紀をはさんで大きく転換しているという事実を見落としてはならないであろう。

　今日、この国の異言語教育は、まぎれもなく、かつてない混迷状態にある。この混迷を克服し、新しい時代の異言語教育のあり方を考えるためには、少なくとも、以上のような歴史的視点と国際的視点、いわばタテ軸とヨコ軸の2つの視点を、しっかりと踏まえる必要がありそうである。それなしには、おそらく新しい時代の異言語教育の展望は、とうてい開けようがないと考えざるを得ない。

・イギリスは2020年1月末をもってEUを離脱した。イギリスのEU加盟は、EUの原初組織ECSCの発足後22年目の1973年であったから、加盟期間は47年であった。

4. なぜ異言語を教え、学ぶのか──「時間」軸と「空間」軸から考えてみると

1) イギリスの異言語教育の動向

　ロバート・ルイス・スティーヴンスン（Robert Louis Stevenson 1850-1894）に

‘Foreign Children’ という有名な童謡がある。

> Little Indian, Sioux or Crow,
>
> Little frosty Eskimo,
>
> Little Turk or Japanee,
>
> Oh! don't you wish that you were me?
>
> ・　・　・　・
>
> You have curious things to eat,
>
> I am fed on proper meat;
>
> You must dwell beyond the foam,
>
> But I am safe and live at home.
>
> (‘Japanese’ は押韻のために ‘Japanee’ となっている)

　スティーヴンスン は、いうまでもなく *Treasure Island* や *Strange Case of Dr. Jekyll and Mr. Hyde* などで知られるイギリスを代表する小説家・詩人であり、同時に法律を専門とする弁護士でもあった。いわば、当代のイギリス最高の知性である。その彼が、当時は大真面目にこんな民族的偏見に満ちた童謡を書き、しかもその童謡が、それ以後長らくイギリスの子どもたちの間で広く愛唱されてきた。カズオ・イシグロも、当時のイギリスのこのような社会環境で育った。

　しかし、21 世紀の今日、この童謡が学校の教育現場で口にされることは、もはやあり得ないといってよい。実は、イギリスでは長年、外国語教育は低調で、1960 年代初めには外国語を学ぶ 11 歳児はわずか 25% にすぎなかった。ところがそれが 1970 年代半ばになると 80%、1980 年代には 90% を超え、その上 25% の子どもはさらに 2 つ目の外国語を学ぶまでになった。その背景には、何よりもイギリスの国力そのものの低下があった。「われわれに外国語の知識は必要ない」「英語で間に合わないことは何ひとつない」と思い上がった長年の英語文化中心主義が、結局はイギリスの文化的活力を奪ってしまったという厳しい自省があった。ついに 2002 年、イギリス教育技能省

は国家言語教育改革計画 'Languages for All: Languages for Life' を発表し、小学校の7歳から外国語を履修することをすべてのイギリス国民に義務づけた。このように外国語学習に目覚め始めた今日のイギリス人の目には、'Foreign Children' はもはやとうてい公然と斉唱できる童謡とはいえなくなってしまった。

2) 欧・米の異言語教育の動向

　イギリスがすでに離脱を決めた EU は、まぎれもなく3度の独・仏戦争の反省が生んだ「不戦共同体」である。かつては憎みても余りある不倶戴天の仇敵同士であったドイツとフランスが、いまやともに EU の強力な牽引車として両国史上最良の隣人関係にある。今日、EU 加盟 28 か国間での戦争や領土紛争の可能性は限りなく小さくなった。少なくとも、EU の原初組織 ECSC の設立以来今日まで 70 年間、EU 加盟国間での戦争はただの一度として発生しなかった。戦争に明け暮れていたあの戦前のヨーロッパでは想像もできないことである。その間、アメリカやソ連・ロシアは相変わらず対外戦争や国際紛争を続けて今日に至っているにもかかわらず。

　そのような EU の公用語は全加盟国の公用語、計 24 言語である。いわゆる「国際語」の英語でさえも、EU では単一の統一公用語にはなり得ない。言語の多様性を貴重な財産と考える EU では、エラスムス計画やソクラテス計画などによって政治的国境や言語的境界を超えた大規模な文化交流が繰り広げられ、「母語 +2 言語」の習得をハイスクール卒業までの共通の目標とするまでになった。

　アメリカもまた、イギリス同様に、長年英語の上にあぐらをかき、外国語教育の低調さで知られる国であった。そのアメリカを大きく変えたのが、戦後の3度の対外戦争の敗北であった。1957 年、ソ連のスプートニクによる宇宙開発戦争の敗戦、1975 年のベトナム戦争の敗戦、そして 2001 年、9.11 の対異文化理解戦争の敗戦である。

　このような危機的状況にあったアメリカでは、すでに 1999 年に、連邦政府の後ろ盾で、建国以来はじめて国民的言語基準 *Standards for Foreign Language*

Learning in the 21ˢᵗ Century が出た。それによれば、すべてのアメリカ国民が「英語 +1 言語」の能力を身につけることを 21 世紀のアメリカの言語基準とするという。

このようにみると、いまや欧・米では、いわゆる「英語国」でさえも国を挙げて外国語教育の強化に取り組んでいることがよく分かる。20 世紀の半ばまでは敗者・弱者の側の条件と考えられていた外国語の学習が、20 世紀も後半にいたって、むしろ新たな情報や発想の獲得であり、勝者・強者の側の条件であるという教訓を、国家の衰退や度重なる戦争の経験から学びとったと考えることができる。

3) 日本の異言語教育の動向

日本もまた、大局的にみれば幕末以来 3 度の軍事的もしくは経済的対外戦争の敗戦を経験した。そしてその度に、「英語国語化論」(明治 6 年、1873 年)、「英語国語化論」(昭和 25 年、1950 年)、「英語第 2 公用語化論」(平成 12 年、2000 年)が興り、日本語一辺倒から英語一辺倒への急転回をみせた。しかもその急転回のサイクルを今日まで実に 3 度も飽きることなく繰り返してきた。いわば、「日本語 or 英語」という一元的言語文化志向(「点の志向」)である。アメリカを英語とそれ以外の 1 言語の距離関係を意識する二元的言語文化志向(「線の志向」)と考え、EU を母語とそれ以外の 2 言語の 3 点を意識する多元的言語文化志向(「面の志向」)と考えれば、日本の異言語教育の現在のありようが鮮明にみえてくるはずである。

わが国の外務省は平成 12 年(2000 年)に、明治 30 年(1897 年)以来続いてきた外交官試験の廃止に踏み切った。外交官試験の大きな特徴は外国語能力を特に重視することで知られるが、平成 13 年(2001 年)以後は、特に外国語に偏らない国家公務員採用 I 種試験合格者を外交官に養成することになった。これは従来の視野の狭い外国語技能教育が、「外交三流」と揶揄され国際感覚を欠いた外交官を生んできたことを、100 年を超える外交官試験の経験から痛切に思い知らされた結果である。

ところがわが文部科学省は、外務省のこのような深刻な反省に学ぶところ

か、外交官試験廃止直後の平成 15 年 (2003 年) に、驚くべきことに、旧外交官試験の発想そのままの「英語が使える日本人」の育成のための行動計画を発足させた。そこには、異文化理解教育を軽視した外国語技能教育の不毛さについての認識はほとんど感じられない。

　平成 24 年 (2012 年) 度から使われ始めた文部科学省小学校英語教材 *Hi, friends! 2* などはその一例である。日本五大昔話のなかでも唯一の武力を使った戦闘物語の『桃太郎』をわざわざ英語に直して、その小学校英語教材全 40 ページ中、10 ページものスペースを割いて取り上げている。桃太郎は武力で鬼を屈服させ、彼らの宝物を奪い、それを戦利品として故郷に凱旋する。「日本一」の幟をもった桃太郎は絶対の「善」であり、自分たちに不都合な行動をとる海のかなたの人間は「悪」とみなし「鬼」と呼ぶ。学習指導要領の「外国語活動」は、「日本と外国との・・・違いを知り、多様なものの見方や考え方があることに気付くこと」「言語を用いてコミュニケーションを図ることの大切さを知ること」を重要な指導内容と定めている。しかし実際の教育現場では、自分たちだけが無条件に絶対の「正義」であり、さらに「言語」にはよらないで「武力」によって決着をつけることを当然と考える教材を小学校から教えようとする。イギリス人が 'Foreign Children' の民族的偏見に目覚めはじめたこの時代に、日本人は逆に、特にこのような『桃太郎』をとりあげて、それを国指定の英語教材として学ぼうとしている。

　今日のわが国の異言語教育の実態は、ただひたすら現状を凝視することによっては見えてこない。むしろ、視点をぐんと引いて時間的、空間的に一定の距離をおいて眺めてみることによって、はじめて事柄の実相がより鮮明に、そして立体的に浮かびあがってくる。いわば歴史的、国際的な発想である。タテ軸とヨコ軸の視点といってもよい。「外国語教育の目的」を考えるに当たっても、このような多角的な視点が不可欠であることは、少なくとも「異文化理解」のプロたる英語教育関係者の片時も忘れてはならない心得と自覚するべきではないのか。

・イギリスは 2020 年 1 月末をもって EU を離脱した。その結果、EU 加盟国は 27

か国となった。ただし、EU の公用語はその後も 24 言語のままで変わらない。

※本章の考え方を最初に発表したのは、国内では、

　大谷泰照「日本人の異言語教育の動向」(大学セミナーハウスにおける大学英語教育学会夏季セミナー、昭和 44 年 7 月 23 日) および大谷泰照「'英語アレルギー' 考」『英語青年』(研究社、昭和 53 年 1 月)、

　国外では、

　大谷泰照「国際的にみた日本の言語教育政策」(国立ソウル大学国語教育研究所、2011 年 10 月 29 日)

であった。

　本章は、それ以後折にふれて発表した関連する論考をも加えて拙稿を統合・整理し、up-to-date 化したものである。

第 5 章
異言語教育を考えるための視点 (2)
──姓名表記の考え方：国語審議会の勧告をめぐって

■姓名のローマ字表記の考え方

1. 文部省・文部科学省と姓名表記

　　日本人の姓名については、ローマ字表記においても「姓－名」の順 (例えば Yamada Haruo) とすることが望ましい。なお、従来の慣習に基づく誤解を防ぐために、姓をすべて大文字とする (YAMADA Haruo)、姓と名の間にコンマを打つ (Yamada, Haruo) などの方法で、「姓－名」の構造を示すことも考えられよう。─第 22 期国語審議会

　平成 12 年 11 月 9 日、文部省 (当時) の諮問機関の第 22 期国語審議会は「国際社会に対応する日本語の在り方」についての審議を了え、特に日本人の姓名のローマ字表記については上記のようにとりまとめ、12 月 8 日、この審議結果を文部大臣に答申した。その結果、平成 12 年 12 月 26 日付けで、文化庁次長から各省庁、各都道府県、各大学・短期大学・高等専門学校、その他各関係機関に対して、今後は国語審議会の答申の考え方に沿って対応するよう「配慮」することを求める依頼が通知された。特に、「学校教育における英語等の指導において、その [答申の] 趣旨が生かされることを「希望」しています」と付記された。

　これは要するに、日本人の姓名をローマ字で書く場合には、従来の主として「名－姓」の順で書いていたものを、日本語通りの「姓－名」の順に書くこ

とが望ましいこと、さらに誤解を防ぐためには姓を大文字で綴ったり、姓と名の間にコンマを打つことが可能であるとする国の方針を示したもので、学校の英語教育においてもこのような指導を行うことを奨励するものであった。11 月 9 日の国語審議会の最終審議の議事録では、これは単に姓名表記順の技術的な問題ではなく、「日本人の意識を変えることが一番の問題である」と日本人の意識改革のための重大な問題として考えられていて、「教育現場へのメッセージは、「姓－名」順に表記すべきだということと、誤解を防ぐための工夫をすべきだということの二つになる」と記録されている (文部科学省「第 22 期国語審議会第 3 委員会 (第 14 回) 議事要旨」)。

　日本では昭和 43 年 7 月に多くの諸外国の例に倣って郵便番号制度が導入された。ただ、日本の郵便番号は、欧米のように左横書きのローマ字の住所の一部として無理なく組み込まれた算用数字・記号方式ではなく、一般に右縦書きの漢字の住所とは別の欄の枠内に、しかも左横書きで 7 桁 (当初は 3 桁もしくは 5 桁、その後 7 桁に) の算用数字を記入するというやや手間のかかる方式であった。しかし、それにもかかわらず、その後わずか 5 年足らずの昭和 48 年 3 月の段階で、郵便番号記載率は早くも全国平均 94.7% にものぼり (郵政省『昭和 48 年版通信白書』)、諸外国に比べても日本人のお上の方針に協力的なその従順さが国際的にも話題になった。このような日本人なら、姓名のローマ字表記についても、従来一般に行われてきた「名－姓」順から新しい「姓－名」順への転換はさほど時間は要しないであろうと当初は楽観視する見方も少なくなかった。

　ところが、このローマ字表記は郵便番号制度の場合のように簡単には進まなかった。「一時は「姓－名」を使い始めた省庁さえ、違和感があったのか次第に「名－姓」に戻してしまった」と文化庁担当者自らが認める (『朝日新聞』令和元年年 6 月 4 日) ほどに、文化庁の「依頼」はいまだに定着していないという。まず、国が出した「依頼」でありながら、肝心の所管官庁の責任者柴山晶彦文部科学大臣自身も、さらには安倍晋三総理大臣本人さえ、いま (令和元年 6 月現在) もなおその名刺は「名－姓」のままで「姓－名」に改まってはいない。平成 31 年 4 月の参議院外交防衛委員会で、「姓－名」表記推進派の河野

太郎外務大臣は姓名表記について「[自分] 1 人でがんばっていても意味がない」と答弁しているから、安倍内閣の全閣僚のなかでも、「姓－名」表記は河野外務大臣以外にはほとんど定着していないということかもしれない。なお、この時点で、外務省のホームページそのものも外務大臣名を Taro KONO と表記している。

　文化庁の「依頼」以来 18 年以上も経過して、しかも 1 年後には東京オリンピックをひかえた今日のこのような状況を、さすがに文部科学省もこれ以上黙過できないと考えたのであろう。令和元年 5 月 21 日、柴山文部科学大臣は閣議後の記者会見で、「姓－名」表記の推進について、先ず文部科学省内に周知徹底を図り、政府機関や都道府県などにあらためて要請を行う考えを明らかにした。当初は「配慮」を「希望」していたものが、新たに「徹底」を「要請」することになった。

　おそらく、この姓名表記が現在に至るまでこれほど国民の間に定着しなかったのは、郵便番号の場合とは違って、新制度導入の趣旨や利点があまりにも不明瞭でありすぎたことも一因であったといえそうである。平成 12 年12 月の文化庁の「依頼」の根拠は以下の通りである。

　　　現在では英語が世界の共通語として情報交流を担う機能を果たしつつあり、それに伴って各国の人名を英文の中にローマ字で書き表すことが増えていくと考えられる。国語審議会としては、人類の持つ言語や文化の多様性を人類全体が意識し、生かしていくべきであるという立場から、そのような際に、一定の書式に従って書かれる名簿や書類などは別として、一般的には各々の人名固有の形式が生きる形で紹介・記述されることが望ましいと考える。(「Ⅲ 国際化に伴うその他の日本語の問題　2 姓名のローマ字表記の問題」)

　たしかに、人類の言語や文化の多様性を尊重することには異論は出ないかもしれないが、それは人類が相互に相手の言語・文化を敬意をもって認めあい、あるいは相互の言語・文化を謙虚に学びあうことによってはじめて可能

となるはずである。ところが、驚くべきことに、国語審議会は「[人類の] 言語や文化の多様性を [英語の中に] 生かしていくべきである」という立場に立ち、したがって「[多様な言語・文化の] 各々の人名固有の形式が生きる形で [英語の中に] 紹介・記述されることが望ましい」と考えている。この国語審議会の考え方は、人類が相互に相手の言語・文化を敬意をもって認めあうよりも、あるいは相互の言語・文化を謙虚に学びあうよりも、むしろ一足飛びに相手の言語・文化の中に、多様に異なる各自の「人名固有の形式」をそれぞれに「生きる形で」一方的に持ち込むことの督励である。言語・文化の多様性の尊重と、相手の言語・文化の中に自分たちの多様な言語・文化を「生きる形で」一方的に持ち込む、いわば一種の言語文化的自己顕示や自己主張とは、実は本来全く別個の問題であるという認識ははたして文化庁にあるのであろうか。近年、文化庁と同様にこれを混同してはばからない意見が目につくが、これは本来、慎重に区別してかかるべき問題であろう。

　たとえば、日本の言語・文化的環境の中では、「李」や「盧」などの姓は一般には当然「リ」や「ロ」と読まれる。ところが、ある日突然、それを敬意をもって認めあうどころか、あるいはそれを謙虚に学びあうどころか、むしろ頭からそれが不当であるととがめられ、中国人の場合ならば「リィー」や「ルウー」、韓国人の場合ならば「イ」や「ノ」とそれぞれの自分流に「生きる形」で読ませるよう求められるとすれば、それはおそらく言語・文化の多様性の尊重とは言わないはずである。多様な異文化間の相互理解のためであれば、言いかえれば、①相互に相手の言語・文化を敬意をもって認めあい、②相互の言語・文化を謙虚に学びあうためであれば、少なくとも日本語の言語・文化的環境のなかでは、日本語流の発音をとがめだてするのではなく、むしろ漢字のままの中国姓や韓国姓については少なくともルビを振るくらいの相手の言語・文化に対する何らかの「橋渡し」(翻訳) の配慮は欠かせないであろう。このような配慮は、中国や韓国の言語・文化の否定でもなければ、彼らの言語・文化的自己主張の抑圧でもない。

　これは当然、立場を逆にして中国語や朝鮮語の言語・文化的環境における日本語の姓についても同様に言えることである。相手の言語・文化に対する

何らの「橋渡し」(翻訳)の配慮もなく、相手が「リ」や「ロ」と読まないことを
もって、それを一方的にとがめだてすることはできない。これは、文字通り
多様な異言語・異文化が相互に複雑に交流する世界に生きる今日のわれわれ
が忘れてはならない最低限の心得ではないのか。特に、文化庁が「世界の共
通語」と考えている英語を使う場合には、問題はいっそう顕著であり複雑で
ある。世界の数千ともいわれる諸言語の母語話者が、英語文化の中に各自の
様々な「人名固有の形式」をそれぞれに一方的に「生きる形」で記述しようと
するいわば自文化中心的な姿勢が、英語文化や、ひいてはその他の言語・文
化の尊重に寄与するとはとうてい考えられない。

　特に文化庁の「依頼」文で驚かされるのは、わが国の文化行政の責任官庁
でありながら、文化庁はこの問題を考えるに当たって、欧米圏および日本と
その近隣の一部の国々しか視界に入れていないのではないかと思われる点で
ある。「言語や文化の多様性を人類全体が意識し、生かしていくべきである」
と説きながら、その文化庁自身が「言語・文化の多様性」の実態をはたして
本当にわきまえているのであろうか。たとえば、文字を書き進める方向(書
字方向)1つをとっても、左から右への横書き(左横書き)しか念頭にはないの
ではないのか。人類の言語は、すべてこの左横書きであるとでも考えている
のではないかと疑われる。たとえば、右から左への横書き(右横書き)のアラ
ビア語や、左から右へ縦書き(左縦書き)のモンゴル語や、右から左へ縦書き
(右縦書き)の中国語(近代以降は横書きも併用されるようにはなったが)などの姓
名を、左横書きの英語の文脈のなかへどのようにして「各々の人名固有の形
式が生きる形で紹介・記述」することなど可能なのであろう。これが本当に
文化庁の出した公式の「依頼」とは、にわかにはとても信じ難い思いである。

　このようにみると、一定の言語・文化の文脈のなかで、それとは全く表記
システムの異なる言語・文化を「各々の人名固有の形式が生きる形で紹介・
記述される」ことを求める文化庁の「依頼」そのものが、本来、実際には相当
に無理な要求であったといわなければならない。少なくとも、言語や文化の
多様性を尊重することが、そのまま英文の中へ、英語とはシステムの異なる
多様な言語の各々の人名固有の形式を生きる形で一方的に紹介・記述するこ

とになるとは考えにくい。ここで考えられることはおそらく、英語の文脈においても、なお自分の言語・文化流の姓名表記、すなわちアラビア語なら右横書き、モンゴル語なら左縦書き、中国語なら右縦書きの姓名表記を押し通そうとするよりも、まず、「相手（英語）の言語・文化を敬意をもって認めあい」、「相手（英語）の言語・文化を謙虚に学びあい」、その相手に対して何らかの「橋渡し」（翻訳）の工夫がなければならないということではないのか。

　その結果、発信者が特に左横書きの書字方向の英語という言語をあえて伝達の手段として選びとったのであれば、その英語の文脈のなかで、英語という言語と英語の約束事を使ってできるだけ齟齬なく意思疎通を図るためには、英語で最も一般にみられる左横書きで「名－姓」順の表記に拠ることが多様な言語相互間で考え得る最も実際的な「橋渡し」（翻訳）の方式であると解することは決して不自然とはいえない。当然、中国語や朝鮮語の文脈のなかであれば、できるだけ齟齬なく意思疎通を図るためには、中国語や朝鮮語で一般的な右縦書き（もしくは、近年は左横書きも）の「姓－名」表記に拠ることを実際的な「橋渡し」（翻訳）の方式とみることができる。もっとも、世界の人名のあり方は実に多種多様であって、先ず何よりも、必ずしも姓と名で表されるとは限らないことも忘れてはならない。当然、その「橋渡し」（翻訳）の方式には、言語・文化ごとにそれぞれに一定の慎重な工夫が求められることになる。

　しかし、たとえばアラビア文字圏であれ、モンゴル文字圏であれ、漢字圏であれ、すべて各文字に固有の基本的な形式（文字自体や書字方向などに至るまで）にはこだわらず、全く異質のローマ字を使用する「英語」という特定の言語によってコミュニケーションを図ろうと決断するのであれば、その期に及んでも、なぜわが文化庁は、ことさらに人名表記の、しかもその表記順だけに限っては、なおもアラビア文字やモンゴル文字や漢字の固有の形式でなければならないと考えるのであろうか。こんなふうにみると、この問題については、誰よりも率先してお手本を示すべきはずの国の政治的指導者や省庁職員たち自身が、長年にわたって「姓－名」と「名－姓」の間で逡巡を繰り返したり、さらには国民一般が国の方針の趣旨そのものに大いに戸惑い続けたことは、いかにも無理からぬことと思われる。

　なお、文化庁の「依頼」にみられる問題点は、「姓－名」の表記順だけではない。その「姓－名」表記順の誤解を防ぐためといわれる国語審議会の大文字やコンマの使用法も、実際の英語の文脈の中では、とうてい有効な誤解防止策とはなりそうもない。

　たしかに、日本語には使用漢字の制限、漢字と送り仮名、仮名遣いなどの一応の使用法の「目安」や「よりどころ」はあるが、欧米の主要国にみられるような厳密な意味での正書法 (orthography) は存在しない。したがって、外国の固有名詞の片仮名表記なども、「ロサンジェルス」、「ロスアンジェルス」、「ロサンゼルス」、「ロスアンゼルス」などと各自勝手な表記が許されている。国語審議会自身も「厳密な意味での正書法は漢字・かなの表記であるかぎり、一定することがきわめて困難なことである」(第 3 期国語審議会　第 32 回総会　昭和 31 年 7 月 5 日) と認めているほどである。このような日本語に慣れきったわれわれは、印欧語の表記についても、とかく日本語並みの自由勝手な表記が認められるかのように考えがちである。国語審議会の誤解防止のための大文字やコンマの使用法は、まさにこのような日本語中心のルースな発想から出たものと言わざるを得ない。

　しかし、欧米先進国では、表記のルールは日本に比べてはるかに厳格である。ヨーロッパのロマンス語圏の国立アカデミー、たとえばアカデミー・フランセーズ (フランス) やレアル・アカデミア・エスパニョーラ (スペイン) などはそれぞれの言語の規範化と純化を重要な任務として、それぞれに確立した正書法をもつ。またゲルマン語圏では国立アカデミーの代わりにその道の研究者たちが作り上げたオックスフォード英語辞典 (イギリス) やウエブスター英語辞典 (アメリカ) などの広く信頼に足ると考えられるそれぞれの標準的な辞典をもち、当然、それに即した厳密な正書法をもっている。アメリカの William Strunk Jr. & E. B. White, *The Element of Style* (1918) などは出版以来すでに 1 世紀にもわたって広く教育者や著述家たちの座右の書となっている。多くの日本の英語関係者も実感しているように、日本語の文献表記のスタイルはほとんど執筆者の自由に任されているが、一方、MLA や APA の英語の執筆スタイルの厳しさには戸惑うことが少なくないはずである。このような欧

米語圏の正書法によれば、国語審議会の折角の提案にもかかわらず、大文字表記がそのまま姓を表すことには決してならないし、コンマを使えば、名簿類ならともかく、一般の英文中では、これまた姓名表記の誤解を正すことに役立つとは言えない。そのような日本人の勝手な大文字表記やコンマの使用は、国際的には誤解防止どころか、むしろ、新たな誤解を生む危険さえもはらんでいることがわかるはずである。

　このように考えると、国語審議会の「姓－名」案も、あるいは大文字・コンマ案も、あくまでも日本人の日本語中心の発想であり、この種の自己中心的な文化庁の「依頼」が国際的に妥当な提言とはとうてい考えにくい。現在、この国の「姓名表記」の問題が本当にわれわれに問いかけているのは、このような日本人の自己中心的な発想そのものをいかに乗り越えるかという問題ではないのか。

2. コミュニケーションと情報の共有性

　以上の問題は、すでに第 1 章で述べた数詞の場合を考えあわせてみると一層分かりやすい。たとえば、数詞 91 は日本語では 9 × 10 + 1（九十一）と表すが、フランス語では 4 × 20 + 11（quatre-vingt-onze）、デンマーク語にいたっては 1 + 4½ × 20（en og halvfemsindstyve）と表すことについてはすでに述べた。数は本来、度量衡よりもさらに一段と抽象度の高い存在であって、それだけにわれわれの思考の基本を規定する力が強いと考えられている。そのうえ、たしかに数そのものは普遍的であっても数詞に表れた数の認識方法は決して人類一様ではない。そのために、フランスでは過去に何度かこの複雑な混数法の数詞を近代数学で一般的な 10 進法に改めようとする運動が起こったが、それらはことごとく失敗に終わってしまった。それほどまでにフランス人の思考を強く規定する混数法の数詞は、とりもなおさずフランス文化に特有の個性である。したがって、もしもフランス政府の教育専門官庁である文化・通信省が、フランス人は英語を使う場合にもその数詞の「固有の形式が生きる形で紹介・記述されることが望ましい」と、フランス流表記の「徹底」を国民

に「要請」するとすれはどうであろう。これこそが文字通りフランスのアイデンティティそのものであると考えて、誇り高いフランス人は 'ninety-one' (91) の代わりに 'four times twenty and eleven' などと書き (話し) 始める。デンマーク人もまた 'one plus four and a half times twenty' などと書き (話し) 始める。さらにその他地球上の多くの言語の話者もそれぞれの多様な数詞を自らのアイデンティティの証として「固有の形式が生きる形で」英語の中へ持ち込み始めるとすればどうであろう。これが、はたして本当に「言語や文化の多様性を尊重すること」なのであろうか。

　わが文化庁が督励しようとしている考え方は、実はこのような文字通り自言語・自文化中心の、いわば典型的な自己中心的な対外姿勢の督励ではないのか。情報の送り手としてのこのような日本人の姿勢は、当然、情報の受け手としての日本人にもそのまま跳ね返ってくる。この数詞を日本人の側からみると、日本語を使うフランス人が「九十一」を「四掛ける二十足す十一」、デンマーク人なら「一足す四か (と) 二分の一掛ける二十」などと彼らのそれぞれの数詞の「固有の形式が生きる形」を日本語の中に持ち込むことを当然覚悟しておかなければならない。このように世界の多様な言語の話者が、それぞれの多様な数詞を自分たちのアイデンティティの証としてそのまま相手言語の中に一方的に持ち込むことがどれほどの言語的カオスを引き起こすことになるかを、はたしてわが文化庁は想像したことがあるのであろうか。これは文字通り、自己中心的発想を超えて、立場を代えて考える想像力そのものが問われる問題である。

　そもそも「各々の人名固有の形式が生きる形で紹介・記述されること」が、なぜわざわざ英語という特定の言語・文化の中に持ち込んで行われなければならないのか。人類の言語や文化の多様性の尊重は、人類が「相互に相手の言語・文化を敬意をもって認めあい」、あるいは「相互の言語・文化を謙虚に学びあうこと」によってはじめて可能となるはずではなかったのか。そのために、戦前とは違って、大戦の悲惨な経験に多くを学んだ戦後の諸外国は、世界各地にそれぞれの対外広報機関を設けたり強化して、それぞれの言語・文化の教育・普及活動を国際的規模で積極的に繰り広げるようになった。こ

のようにして、国々の間の相互理解の増進をはかることが、戦後の各国のいわば一種の国際的責任と考えられるまでになったのではないか。事実、世界中で、アメリカはアメリカン・センターを 178 か所、イギリスはブリティッシュ・カウンスルを 220 か所、フランスはアリアンス・フランセーズを 1,085 か所、ドイツはゲーテ・インスティトウートを 158 か所、スペインはセルバンティス文化センターを 72 か所、中国は孔子学院を 548 か所、韓国は韓国文化院を 32 か所にも設置して、それぞれに独自の活発な対外広報活動を繰り広げ、それぞれの言語・文化の教育・普及に力を注いでいる。「各々の人名固有の形式」も、このような各国の大規模な国際的・組織的な努力を通じて文字通り「生きる形で」日常的に伝播・普及され続けている。

　これに対して、はたして日本はどうか。英語の文脈においてもなお日本語のままの「姓－名」順表記に固執するよう督励する日本は、異文化理解のための具体的な国際的貢献に本当に寄与しているのであろうか。日本には、異文化理解のために「相互の言語・文化を敬意をもって認めあい」、「相互の言語・文化を謙虚に学びあう」強い意思や熱意があると国際的に胸を張ることができるのであろうか。それというのも、日本の対外広報機関の日本文化会館は、実は世界中で現在、ケルン、ローマ、パリのわずか 3 か所に設置されているにすぎない。それ以外に日本文化会館よりも規模の小さい各種の日本文化センターが 19 か所に置かれているが、これらを加えても日本の対外広報機関は世界中で大小合わせてわずかの 22 か所という驚くべき現状である。なお、「わが国では外国語の能力のないことは事実としては全く不便を来さない」という平泉試案が出た昭和 49 年当時には、日本文化会館は世界にわずかの 2 か所（ローマとケルン、ともに昭和 47 年（1972 年）設置）にあるだけで、他にはわが国の対外広報の専門機関は全く存在しなかった。実に信じがたいことであるが、これが国際的には「経済大国」などと呼ばれるわが日本の異文化理解に対する熱意の実態である。

　これでは、わが国が「人類の持つ言語や文化の多様性を意識し」、「人類相互の言語・文化を謙虚に学びあう」積極的な姿勢をもつなどとはお世辞にも言えないことが分かろう。とりわけ深刻な問題は、国際的にみればこれほど

までのわが国の異文化理解に対する意欲の希薄さについて、ほとんどその自覚さえも持たない日本人自身の対外姿勢のあり方そのものではないのか。こんな現状からも明らかなように、いま、わが国が手をつけるべきは、英語の中に日本流の姓名表記法を一方的に持ち込み、日本の言語・文化の独自性を強調するよう国民を督励することではない。国自体が、まずは対外広報機関の役割を十分に自覚して、国の内外で相互の言語・文化を謙虚に学びあうという国際的責任をしっかりと果たすことではないか。こんな組織的で地道な日常活動を積み重ねる以外には、日本の言語・文化の国際的理解を増進するための王道はない。たしかに、日本文化会館などの対外広報機関は国際交流基金を通じて外務省の所管ではあるが、国の内外の文化行政に責任をもつ文化庁もまた、異文化理解に対応するこの最も基本的な問題に向き合う姿勢は厳しく問われなければならない。単なる「姓－名」か「名－姓」かなどというまるで枝葉末節の問題にかまけている場合ではない。

　コミュニケーション論はわれわれに、communication の語源はラテン語のcommunis すなわち「共通したもの、共有物」であり、communication とは送り手と受け手との間で情報が「共通のものとなる」ようにつとめる営みであることを教えている。そのためにはまず送り手の側では、個人差や文化差を乗り越えてできるだけ齟齬の少ない形で情報を受け手に伝える工夫が必要になる。かつては政治的・軍事的・経済的な力を背景に、宗主国や大国が植民地や小国に対して行っていた送り手本位の「コミュニケーション」、いわば送り手の都合や意地にこだわって受け手に対する配慮を欠いた「コミュニケーション」では「情報の共有性」は確保できないということである。

　このことを人類に最初に痛切に思い知らせたのが「神の教え」の布教であった。かつてのローマ・カトリック教会は、長らく教会の一方的な都合によって一般大衆には読解不能なラテン語ウルガタ訳の聖書を公認聖書と定めていた。その上、聖書を大衆の生活言語へ翻訳することさえも厳しく禁じていた。送り手の権威や面子にこだわって、受け手の都合は全く省みられることはなかった。当時、教会側と一般大衆との間には、「神の教え」という情報は「共通したもの」とはなっていなかったことを意味する。

表 5-1　各国の代表的な*対外広報機関

(調査：大谷泰照)

国	アメリカ	イギリス	フランス	ドイツ	スペイン	中国	韓国	日本
代表的な対外広報機関	アメリカン・センター	ブリティッシュ・カウンスル	アリアンス・フランセーズ	ゲーテ・インスティトゥート	セルバンティス文化センター	孔子学院	韓国文化院	日本文化会館
世界の設置個所 (数)	178	220	1,085	158	72	548	32	3
日本の設置個所 (数)	5	6	6	3	1	17	2	

＊ 本表のデータは各国の最も代表的な対外広報機関に限った。その他の、必ずしも代表的とは考えられないアメリカン・コーナーズ (アメリカ) やアンスティチュ・フランセ (フランス) や孔子学級 (中国) や日本文化センター (日本) などは含めていない。それらを含めると、たとえばアメリカの対外広報機関全体 (American Spaces と呼ぶ) は 640 を数える (2019 年 4 月現在)。

　この一方的に教会本位の姿勢に疑問をもち、その状況の改善のために勇敢に立ちあがったのがイギリスのウィリアム・ティンダル (William Tyndale 1494-1536) であった。彼はヘブル語およびギリシャ語の原典から大衆の生活言語への「橋渡し」(翻訳) となる最初の英訳聖書を完成させ、「情報の共有姓」の確保に大きな一歩をしるした。当時のラテン語は学術上の国際語であり、聖職者にとっては「神の教え」を伝える神の唯一の言葉であり、聖職者のアイデンティティの文字通りの拠りどころをなすものであった。しかし、ティンダルは自らも聖職者でありながら、このラテン語聖書に拠ることなく、ヘブル語・ギリシャ語原典を直接大衆のことばに移すという聖書の大胆な翻訳を成し遂げた。彼はこの「神聖な掟」を破った「異端」の罪で焚刑に処されたが、文字通り命をかけてこの偉業を成し遂げた彼が刑場で遺した最後のことばは「神よ、イギリス国王の目を開かせ給え」であったと伝えられる。ティンダルの願いは一般大衆へのおもねりでも迎合でもなく、それらをはるかに超えた「情報の共有性」の実現という高い志であった。

　それから数えて 500 年、いま「名－姓」と「姓－名」表記の問題では、情報の受け手側よりも専ら送り手側本位の表記の「徹底」を図ろうとするわが文部科学省の「目」の開き具合そのものが、あらためて国民的に問われていると考えるべきではないか。

3. 外務大臣と姓名表記

　柴山文部科学大臣の記者会見と同じ5月21日に、河野外務大臣もこの問題についてあらためて記者会見を行った。彼は文化庁の「依頼」ではなお根拠薄弱であると考えたのか、「姓－名」を推奨するいま1つの根拠として近隣諸国の具体的な例を取り上げた。中国の習近平(Xi Jinping, シー・チンピン)国家主席も韓国の文在寅(Moon Jae-in, ムン・ジェイン)大統領も、ともに英語の文脈においてもなお自国語の「姓－名」の順を守り通していると強調して、安倍晋三首相にも'Abe Shinzo'と表記していただくのが望ましいと述べた。実は、近隣の漢字文化圏諸国では欧米におもねらず自国語の「姓－名」の順を守り通しているという説は、わが国の姓名のローマ字表記に関する議論ではほとんど常に繰り返される「論拠」である。そして、特にこの種の「日本人を取り戻そう」という主張はとかく日本人の「自尊心」を刺激して、日本人の立場からは異論を差し挟みにくい意見であると考えられている。

　しかし、河野大臣が本当の意味で「外務」大臣であるならば、そのような「近隣の状況」とともに、あわせて広く世界では日本人の特性を示すといわれる次のような小話がよく語られることも忘れてはならないであろう。

　　救命ボートの数に限りのある大型旅客船には、船の万一の沈没の際に備えて、船員が乗客に呼びかける言葉を記したマニュアルが準備されている。
- ・アメリカ人には「飛び込んでください。あなたはヒーローになれますよ。」
- ・ドイツ人には「飛び込んでください。それがこの船のルールです。」
- ・イギリス人には「飛び込んでください。あなたは紳士でしょう。」
- ・イタリア人には「飛び込んでください。あなたは女性にもてますよ。」
- ・フランス人には「絶対に飛び込まないでください。」
- ・日本人には「もうみんな飛び込みましたよ。」

国民性や民族性を誇大に揶揄するよく知られたエスニック・ジョーク(ethnic joke)である。ところが河野外務大臣は、このようなジョークが単なる誇大なジョークではなく、実は日本人の国民的メンタリティーそのものであることをわざわざ大臣自らが身をもって体現してみせる結果になった。中国人も韓国人も「もうみんな飛び込みましたよ。」。だから「日本人も飛び込みましょう。」と外務大臣自身が国民に離船(脱「名-姓」)を訴えかけた。その上、近く各国の主要報道機関にもこの趣旨を伝え、国際的な協力を要請するという。

　まるで香典の額を周りの人間の顔色をうかがいながら決めるかのように、この国では外務大臣までが、姓名のローマ字表記のあり方を自分の責任で考えるというよりも、近隣の国々の顔色をうかがって決めようとする。国の方針さえも、「自尊心」どころか、むしろ近隣の国々の動きに倣って決めるという、文字通りいかにも主体性を欠いたこの国のありようをはしなくも露呈してしまった。日本の場合、エスニック・ジョークは、決してジョークなどではなく、むしろこの国のありのままの実態であることを日本の外務大臣自らが各国の主要報道機関を通して広く国際的に明らかにするのだという。

　なお、河野外務大臣だけでなく、近年はこの国の政治家やマスコミのなかにも、中国や韓国では自国語に強い誇りをもち、姓名のローマ字表記も自国語本来の「姓-名」方式で押し通しているにもかかわらず、ひとり日本だけは自国語流を簡単に捨てて欧米流の「名-姓」方式に迎合する傾向が強いことを批判的に指摘する声が目立つ。その結果、日本人のなかには、これを自国語に誇りを失った日本人のあわれな姿と思い込み、そんな「汚名」を雪ぐためにも、あえて日本語本来の「姓-名」順を押し通すべきであるという心情的な意見まで聞かれるようになった。このような発想そのものが1つの問題であることについては後に触れるが、ここでは、まず政治家やマスコミが拠り所とする肝心のデータそのものについての疑問を指摘しておかなければならない。

　仕事柄、これまで学会・研究会や公務などで韓国、中国、台湾、シンガポール(国民の74%が中国系)などの漢字文化圏の大学や研究機関へ出向く機会が

少なくなかった。そのうち、特に近年の姓名のローマ字表記の実情を確める
ために期間を過去 20 年ばかりに限って、その間にそれらの国・地域で交換
した名刺を取り出して、あらためて整理してみた。

　名刺の相手の所属機関は韓国ではソウル国立大学や国史編纂委員会など、
中国では北京大学、湖南師範大学など、台湾では国立台湾大学、国立台湾
師範大学など、シンガポールではシンガポール国立大学、Regional Language
Centre（RELC）などの、いずれもその国・地域を代表する大学・研究機関で
あり、また名刺の主は主として言語教育・言語政策専攻の教育者・研究者で
ある。

　手許に残るそれらの名刺の具体的な数と姓名のローマ字表記法を示せば以
下の通りである。

　もちろん、調査対象の人数は限られたものではあるが、しかし、彼らのほ
ぼ全員がそれぞれの国・地域を代表する知的階層に属し、しかも言語関連問
題の専門機関の教育者・研究者である。それぞれの国・地域で国際交流の最

表 5-2　近隣諸国・地域の姓名のローマ字表記の実態

（調査：大谷泰照）

国・地域	調査人数（人）	「姓−名」順（人）	「名−姓」順（人）	「名−姓」順の代表例
韓国	63	24（38%）	39（62%）	権五良 Oryang Kwon （ソウル国立大学）
中国	35	24（69%）	11（31%）	危小真 Xiaozhen Wei （湖南師範大学）
台湾	31	4（13%）	27（87%）	周中天 Chung-tien Chou （国立台湾師範大学）
シンガポール（いずれも華人。ただし、シンガポールの第1公用語は英語）	9	0（0%）	9（100%）	Yolanda Beh （RELC）

前線に立つ立場の人々と考えてよい。

　その結果は、韓国では 62%、中国では 31%、台湾では 87%、シンガポールでは 100% が自分の名前をまぎれもなく「名－姓」順のローマ字で表記している。今日までわが国では、「名－姓」方式をとるのは日本だけで、日本以外の国・地域では考えられない（すなわち 0%）ことであるかのようにまことしやかに喧伝されていた。ところが実際には中国でも 3 割以上、韓国では 6 割以上、台湾にいたっては実に 9 割近くがその考えられないはずの「名－姓」方式であるという驚くべき結果である。

　このような実態にもかかわらず、なぜ日本国内ではそれとは似ても似つかぬ情報 (fake news) が広く官から民まで大手を振ってまかり通っているのか。日本で流布する情報からは想像もできないこのような諸外国・地域の実態を、いったいどのように説明するのか。実はこれほどまでに事実を大きく歪めた諸外国・地域に関する情報によって、「名－姓」表記に卑屈にも迎合するのは日本ただ 1 国であり、近隣諸国・地域は「もうみんな飛び込みましたよ。」と、われわれは国務大臣から脱「名－姓」方式という離船を急かされていることになる。われわれは、かつて太平洋戦争では「不敗神話」を国から信じ込まされ、戦後も原子力発電では「安全神話」を国から信じ込まされたという苦い歴史的体験をもつ。そしていままたわれわれは、姓名表記問題について諸外国・地域に関する根拠の怪しい「「姓－名」表記神話」を外務大臣から聞かされ、それを危うく信じ込まされようとしている。

　諸外国・地域の実態とそれに関する日本国内の情報とのこれほどまでの大きな乖離が、一体全体なぜ生じたのか。これはこれで、あらためて取り上げるべきもう 1 つの看過できない重要な調査・研究テーマである。このような情報が、もし日本国内での何らかの意図的な操作の結果であるとするならば、単なる姓名表記をめぐる議論などをはるかに超えた、新たな問題をわれわれは抱えていることになる。歪曲された情報により民意のあり方そのものが特定の方向に導かれかねない背筋の凍るような深刻な問題を含んでいるからである。少なくとも、異文化理解のプロなどと目される外国語関係者が、このような世論の醸成に軽々に加担することには厳に慎重でなければなるまい。

　以上は、筆者の資料からみた日本国内で流布している情報に関する看過できない問題点である。しかし、われわれがいま当面する姓名表記の問題については、いうまでもなく、以上のような近隣諸国・地域の状況や文部科学大臣・外務大臣の勧告などに惑わされることなく、あくまでもわれわれ自身の自立的な視点と責任において検討されるべき問題である。この点は、いま一度あらためてしっかりと肝に銘じておく必要があろう。

4. アイデンティティと姓名表記

　日本人が姓名表記の「姓－名」の順にこだわるさらなる論拠としては、日本人のアイデンティティ重視の考え方がある。日本人が日本人としてのアイデンティティを保持し続けるためには、日本語表記であろうとローマ字表記であろうと、基本的には「姓－名」の順をくずしてはならないという考え方である。個々の人間の姓名とは、個々人を見分けるための単なる符牒などではなく、個々の人間の存在そのものの証であり、時代や環境の変化によって安易に左右されてはならないという考え方である。

　しかし、姓名の表記を「姓－名」から「名－姓」に移せば、はたしてそのとたんに日本人としてのアイデンティティは音を立てて崩れ去るものなのか。もしも、日本人としての「アイデンティティ（identity）」を日本人が基本的にもつ「文化的・社会的な独自性」、あるいは、より簡単に言えば、日本人としての「自分らしさ」であると考えるとすれば、その独自性や自分らしさとは、姓名の表記方法次第でその基礎がぐらつくほど不安定な存在なのか。

　日本では一般に、姓名の記述順どころか肝心の姓そのものについてさえ、豊田さんも山崎さんも、'Toyota' と呼ばれようと 'Toyoda' と呼ばれようと、あるいは 'Yamasaki' と呼ばれようと 'Yamazaki' と呼ばれようと、それでアイデンティティを損なわれたとその都度大騒ぎになることは、一般にはまずない。筆者の旧同僚で、筆者が秘かに本物の外国文学研究者であったと考えている角田文雄などは、'Kadota' と呼ばれようと、'Sumida' と呼ばれようと、'Kakuta' と呼ばれようと 'Tsunoda' と呼ばれようと、それで相手をとがめ

だてするようなことはなかった。自分のアイデンティティを損なわれたと気色ばむことなどついぞなかった。知らないもの同士が出会えば、言いかえれば日常の異文化間の接触場面においては、そのようなことはむしろ当然すぎるほど当然の日常茶飯事ではないか。いやしくも社会的人間ならば、とりわけ首相自身が「グローバル化」の理想を説く国の国民であるならば、最初からその程度の心得は、いわば当然の「免疫」としてそなえておくべき問題ではないのか。それを何をいまさらと、角田はいう。どうしても間違われたくなければルビを振っておけばよろしい、とさすがこの異文化間研究のプロは涼しい顔であった。やはり英語という外つ国の言語や外つ国文学の研究者であった土井晩翠は、生涯 'Tsuchii' とも 'Doi' とも呼ばれ続けたが、それで彼のアイデンティティが揺らいで『荒城の月』が書きづらかったという話は聞かない。これは土井を岳父にもつ中野好夫から直接聞かされた述懐である。

　「外交の中曽根」といわれた中曽根康弘首相に至っては、G7 の先進国首脳会議では自分の中曽根姓さえも使おうとしなかったという。親の熱い願いや希望を込めて命名されたはずの折角のその名「康弘」さえ、国内ではおそらく親兄弟でさえも呼ばないであろう「ヤス」などと自称して、レーガン米大統領との間柄を 'Ron-Yas' 関係と実に誇らしげであった。姓名そのものについてさえもこれほどまでに自由度が大きく度量の広い日本人が、その姓名の、そして殊更にただ1つその表記順だけに限っては、なぜ唐突に国民のアイデンティティがらみの話になり、ついには国が国民に対してわざわざ「要請」を出すほどの大問題になるのであろうか。

　個人の姓名だけではない。文部科学大臣や外務大臣が音頭をとるのであれば、まずは何よりもわれわれの国そのものの呼称についてはどうか。日本人は自国名を英語で表す場合には至極当然のことのように 'Japan' などと書いて毫も疑うことがない。中学・高校の文部科学省検定済みの現行英語教科書では、すべての出版社が申し合わせたように見事に 'Japan' で統一されている。国務大臣である文部科学大臣も外務大臣も、本気で「固有の形式が生きる形で紹介・記述されることが望ましい」と考えるのであれば、何をおいても、なぜまず国名については日本人が日常使う「固有の形式」でもない 'Japan'

のままに放置しておくのか。なぜ日本人が日常使う「固有の形式」である‘Nihon’や‘Nippon’に改めるように教科書検定を見直し、関係諸機関に要請を行わないのか。

　現に、戦時中の中学校の事実上の国定教科書『英語』では、表紙のタイトルは最初の『英語1』こそ横書きであるが、『英語二』『英語三』にいたっては日本語本来の書字方向に忠実にまぎれもなく縦書きであり、教科書本文でも「日本」は‘Japan’ではなくすべて日常使う「固有の形式」に従って‘Nippon’に統一されていた（もっとも、形容詞形としては‘Japanese’を使うという一貫性のなさを露呈していた）。もしも本当にアイデンティティを言うのであれば、この国名問題は「姓－名」か「名－姓」かの表記順どころの比ではない。それをはるかに超えた、それこそ一国のアイデンティティそのものに関わる重大問題のはずであり、それを放置する国務大臣の責任は厳しく問われるべきではないか。人名や国名そのものについてはこれほどまでに無定見・無原則を貫きながら、ただ1つ、特に姓名の、とりわけ表記順のみに限っては、殊更にアイデンティティを問題にする。これほどまでにご都合主義的で一貫性を欠いた政策が、国民の間に受け入れられ、広く定着することになるとはとうてい考えられない。

　このようにみてくると、姓名の表記順問題は、言語・文化の多様性の尊重とも、日本人のアイデンティティの確立ともほとんど無関係の、一種の国際的な言語・文化的自己顕示の隠れ蓑のように映る。言語・文化の多様性の尊重や日本人のアイデンティティの確立などの問題は、個人名や国名の問題については全く不問のまま、殊更に姓名の、それもとりわけ表記順のみを論ずる論拠としてはいささか牽強付会の感をぬぐえない。

　なお、この際忘れてならないことは、特にこの姓名の表記順の問題は、戦後も日本全体が貧しく、日本人が対外的にも自信を大きく喪失していた時代には、不思議なことに、殊更に問題になることなど全くなかったという事実である。ところが、1970年代に入る頃から、日本は世界の経済大国などと言われ、日本人は自らの国を『ジャパン・アズ・ナンバーワン』などと呼ばれて、それを無邪気にも信じ込むようになった。日本の現職首相が、公然と

いわゆる「世紀の妄言」と評された「アメリカ人の知識水準は低い」などと口走るほどに尊大になり、政権政党の平泉試案にいたっては不遜にも「わが国では外国語の能力のないことは事実としては全く不便を来さない」とまで言い切り、戦後は英語一辺倒であった日本人が、徐々に日本語に回帰しはじめることになる。実は、日本人の姓名のローマ字表記の問題は、決して思いもかけず唐突に降って湧いた問題ではなく、戦後のこのような日本人の対外姿勢の変化に平仄を合わせるかのように浮上してきた問題の1つであることを見落としてはならないであろう。

■国際的にみた姓名表記の考え方

5.「*Jack and Betty* 時代」

戦後、日本では中学校は義務教育化して新制中学校が発足したが、その英語教科書の1つが後に中学校英語教科書の代名詞ともなった *Jack and Betty*（開隆堂出版、昭和24年）である。この *Jack and Betty* は戦後最初の検定教科書であり、わが国最初のアメリカ英語による英語教科書であった。

Jack and Betty という書名は、それまでの日本の旧制中学校の英語教科書名 *The New King's Crown Readers* や *The New World Readers* や *The Standard English Readers* などのややスノビッシュないかめしさに比べるとあまりにも親しみやすくくだけた斬新さが、厳しく荒んだ戦争の時代に慣れた教師や生徒たちを大いに驚かせた。編集者の稲村松雄らは当初、書名はアルファベットの最初の2文字にちなんで *Andy and Betty* とする予定であった。ところが稲村が依頼した英語校閲者で当時占領軍民間情報教育局（CIE）の静岡民生部教育部長であった Jack Layton Horner から、書名のリズムとしては 2 syllables and 2 syllables よりも monosyllable and 2 syllables のほうがはるかに望ましいと助言をうけ、ホーナー の名の1つ Jack をとって *Jack and Betty* と決まった。表意文字を使う日本人と表音文字を使うアメリカ人のリズム感の差をあらためて思い知らされた助言であったと、後年、稲村自身から書名決定の際の印象を聞かされた。

戦前・戦中の中学校の英語教科書は、一般に解説文・論説文・文学作品を

中心としたやや堅苦しいものが多かった。しかし稲村たちは、戦後の新しい中学校の教科書としては、面目を一新してアメリカにおける同じ世代の中学生の生活を話題にして、会話文の多い親しみやすいものにしたいと考えた。*Jack and Betty* は、そんな教科書に登場する中学生の主人公 Andy Jones を改めた Jack Jones と Betty Smith の名にちなむ設定であるが、実はこの書名自体が単なる男女の人名にとどまらず、日本人向けの外国語教科書としては、編集者たちの意図を超えて豊かな異文化教育的意味あいをもった命名であった。

　日本の学校では、一般に生徒や学生は姓で呼ばれて、名で呼ばれることはまずない。特に戦時中の日本では、教師は生徒・学生を男女を問わず軍隊式に「鈴木」「佐藤」などと姓の呼び捨てが一般で、「君」や「さん」づけにすることさえ優柔な呼び方として嫌われた。したがって、こんな習慣が色濃く残る終戦直後の当時、登場人物 2 人の名にちなむとなれば、普通ならばまず『鈴木と佐藤』のような書名が考えられる。『鈴木君と佐藤さん』のような優しい呼び方にはならなかったであろう。ところがアメリカでは一般に、姓本位の *Jones and Smith* や *Mr. Jones and Miss Smith* などよりも、名本位の *Jack and Betty* とするのがごく自然な命名である。おそらく今日ではこんな命名に驚く日本人は少ないであろうが、万事が家本位、あるいは姓本位の当時の日本人にとっては、これは実に目の覚めるような新鮮な教科書名に映った。昭和 24 年度の 7 種、25 年度の 16 種の中学英語教科書のなかでも、これほど奇抜で教科書らしからぬ書名はなかった。今日では信じ難いことであるが、国民の大半がまだアルファベットすら全く読めず、終戦直後に日本人が競って読んだベストセラーの『日米會話手帳』(全 32 ページ) の内容も、実は「会話」と呼ぶには程遠く、「有難う Arigato　Thank you! サンキュー」で始まり、「さよなら Sayonara　Good-by! グッバーイ」「one ワン　hitotsu」「two ツウ hutatsu」「three スリー mittsu」などと続く英語の完全な初歩の初歩レベルの手引きに過ぎなかった。当然、日本人はアメリカ人の生活の実態も知る由もなく、つい先年までは彼らを本気で「鬼畜米英」と呼んで疑わなかった時代であった。

　さらに *Jack and Betty* は、一般には日本のいわば『太郎と花子』の英語版であるかのように考えられやすい。しかし実は、『太郎と花子』の英語版なら、

むしろ *John and Elizabeth* となるはずである。それを特に *Jack and Betty* としたのは、それが *John and Elizabeth* の愛称 (diminutive) であるからである。強いて言えば日本語なら『ターくんとハナちゃん』にでも相当する親しみをこめたくだけた呼び名であるが、それがアメリカの日常生活ではごく普通に呼び合う名であるからにすぎない。アメリカの学校では、児童・生徒・学生がお互いを姓で呼び合うことはまずあり得ないし、職場の同僚同士も、よほど身分の違いが大きくない限り、彼らはお互いを愛称で呼び合う。後の米大統領の James Earl Carter, Jr. などは、大統領職についてもなお自ら Jimmy Carter と名乗ったほどである。アメリカに駐在したばかりの日本人が、仕事相手のアメリカ人を丁重に姓で呼ぶために、'stiff and unfriendly' と敬遠されがちであることはよく聞く話である。日本では、幼児用の絵本ならともかく、生意気盛りの年齢の中学生用教科書としてはいかにも子どもじみて不似合いにみえるこんな書名があえて選ばれた意味が、残念ながら、当時の日本人には十分に理解されていたとは言いにくい。中学生用の教科書名に姓よりも名を使い、しかもその名も特に愛称を使う。当時の日本人がこの *Jack and Betty* を通して始めて知ることができたはずのアメリカ人の生活の一面であった。

　とかく外国語教育を通しての異文化理解といえば、かなり上級のレベルに達してはじめて可能な問題と考えられがちである。英語そのものもろくに読めなくて、何が異文化理解か、などといわれる。しかし、異文化という対象を英語のパイプで吸い上げるというよりも、むしろ英語のパイプそのものの異文化性に注目するという発想をなぜもてないのであろうか。

　たとえば、中学 1 学年の最初から出てくる上記教科書の 'Jack' や 'Betty' などの愛称を考えてみるとよい。われわれの指導は一般に、これらを単に「ジャック」や「ベティ」と言いかえるだけで、それ以上にはほとんど一歩も出ない。特に日本とは大きく異なるアメリカの個人名の愛称については、戦後も一貫してほとんど注意が払われた形跡はない。これでは、これらの愛称がわが「太郎」や「花子」などとそっくりの対応関係にあるという誤解を広く生み出すのも、少しも不思議ではない。

　表 5-3 に挙げたのは、日本の中学・高校の英語教科書に繰り返し出てくる

表 5-3　愛称およびそのファーストネーム：正答結果

（調査：大谷泰照）

愛称	A における正答人数 （総人数 356 人中）	B における正答人数 （総人数 416 人中）	ファーストネーム
Betty	49	73	Elizabeth
Bill	36	63	William
Bob	27	60	Robert
Dick	0	6	Richard
Jack	3	0	John, Jacob
Kate	48	64	Katherine, Catharine, Catherine
Nancy	12	9	Anna, Ann, Anne
Peggy	2	5	Margaret
Poll	0	0	Mary
Ted	0	0	Edward,Theodor,Theodore

英米人のごく一般的な名（ファーストネーム）とその愛称である。中学や高校の英語教科書の登場人物は、姓ではなくファーストネームで、しかも圧倒的にその愛称で呼ばれることを考えれば、その種の愛称が英米の文化においてはいかに重要な役割を果たしているかが理解できよう。

　この表は、わが国の大規模の国立大学 A と志願者数の多さで知られる大手の私立大学 B の、いずれも英文科を含む文学部の専門課程（3、4 年生）学生に対して、10 の愛称を示して、それが由来する本来のファーストネームを答えさせてみた結果である。調査時期は 1986 年から 1990 年で、*Jack and Betty* が日本全国で使われ始めてすでに 40 年も経過した時期である。

　戦後、新制中学校の全学年が揃った昭和 24 年度用の中学校英語教科書は以下の 7 種であった。

The Gate to the World

Jack and Betty

Let's Learn English

My Own Readers

The New Vista English Readers

The Revised Standard English Readers

The Tsuda Readers

　一目でわかる通り、特に *Jack and Betty* はすでに書名から英米人の名前を冠した唯一の教科書であり、しかもこの教科書は、当初は全国の実に 80% 以上、その後も 10 数年にわたって国内過半数の中学校で採択され続けるという圧倒的な人気ぶりであった。しかもこの教科書は、多様な話題をとりあげた他の教科書とは違って、一貫してアメリカの中学生の学校生活、家庭生活を中心とするアメリカ社会を題材として、彼らの話し言葉を重視する編集方針であった。

　とすれば、このような教科書を使った戦後日本の中学卒業生の多くが、アメリカ人の社会生活における名前のあり方については一定程度の知識をもっていると期待されても特に不思議はない。ところが実際には、表 5-3 でも明らかな通り、日本の代表的な国立・私立の大学の英語・英文学関係学科を含む文学部学生 772 人を調べてみると、アメリカ人男性の名前としては最も一般的とみられる Jack についてさえも、それが John や Jacob の愛称であるというごく初歩的な知識さえもほとんど全く欠いているという驚くべき結果である。調査した大学生が実に一人残らず Poll と Mary、Ted と Edward は全く無関係の別名と思い込んでいる有様である。日本の中学生だけではない。日本の英語教育の専門家が書いた問題集や参考書類にも、Poll is Mary's sister. や Jack is taller than John. などの例文を見かけることは決してめずらしくはない。なお、William や Margaret や Mary などの語頭の [w] 音や [m] 音が同じ両唇音の破裂音 [b] 音や [p] 音に音変化を起こしやすいことも、英語教師ならば必須の英語音声学の初歩的知識のはずである。

　このようにみると、戦後長らく続いたいわゆる「*Jack and Betty* 時代」とは、日本の英語教育にとって、いったい何であったのかと考え込まざるを得ない。「*Jack and Betty* 時代」などといわれながら、Jack や Betty に代表される英語の固有名詞やその役割について、はたして何が教えられていたのであろう。イギリスの主要王室メンバーからの離脱が話題となったチャールズ皇太子の次男王子については、日本のマスコミではヘンリー王子 (Prince Henry) かハリー王子 (Prince Harry) かの正誤論争が起こったり、芸能人のベッキー (Becky) のスキャ

ンダルの際には、彼女の本名は実はレベッカ (Rebecca) であると、この国の週刊誌は、さも彼女が長年にわたり偽名を使っていたかのように報じた。戦後、*Jack and Betty* が広く全国の中学校で使われはじめてすでに 70 年近くにもなるが、Harry や Becky は単に Henry や Rebecca の愛称に過ぎないという程度の個人名についての初歩的な理解さえも、広くわれわれには欠けているようである。

　しかし実は、これをもって中学生や英語の教師たちを責めることはできないであろう。よく考えてみれば、これも元をたどれば大学の英語教員養成課程の教育そのものが何であったのかをあらためて深く思い返さざるを得ないからである。

6. 欧化主義と姓名表記

　あらためて考えてみると、平成 12 年に、文化庁から日本人の姓名のローマ字表記は「姓－名」の順とすることが望ましいとする通達が出された。しかし、わが国の政府機関をはじめ社会一般でも、今日に至るまでこの通達が浸透しているとはとても言えそうにもない。ところがそのなかでも、ただ中学英語教科書だけは、当時の全 6 種のすべてが、早くも 2 年後の平成 14 年には、通達通りの「姓－名」順の方式に一斉に足並みをそろえた。もっとも、*New Crown* (三省堂) だけは一足早くすでに昭和 62 年から「姓－名」順を採っていた。

　しかしいずれにせよ、日本のすべての中学英語教科書が戦後そろって採ってきた「名－姓」方式がいったいなぜ不都合であったのか。それにもかかわらず、なぜ長年にわたってその「名－姓」方式をそのまま採り続けてきたのか。そして、なぜこの時期に至ってはじめて、ほぼ一斉に突然これが「姓－名」方式に転じたのか。これは国民一般の目には容易には理解しにくい不可思議な変化と映った。言うまでもなく英語教科書編集者たちは、英語教育については国語審議会のメンバーよりもはるかにその道の専門家集団でありながら、なぜこれほどまでに簡単に、しかも一斉に国語審議会の答申を唯々諾々と受

け入れてしまったのか。英語教育専門の教科書編集者なら、長年続いた中学生に対する教育の方針を突然、一斉に変更するにあたっては、少なくとも社会一般に対して教育の専門家としての考え方を説明し、それについての理解と協力を求める姿勢くらいは示すべきではなかったのか。また、実際に生徒を教える現場の英語教師の間でも、この指導方針の突然の転換については教育現場における自らの教育責任の問題として、もう少し真剣な討議があってもよかったのではないか。

　それというのも、6種の全中学英語教科書は、確かに文化庁の通達通りに「人名固有の形式が生きる形で紹介・記述される」ようにと、姓名表記は英語流の「名－姓」から日本語流の「姓－名」に一斉に転じた。しかし、姓と名の表記順は変わったものの、実は教科書中の日本人の登場人物は、不思議なことに、一人の例外もなく日本人の「人名固有の形式が生きる形」では呼ばれてはいない。日本では一般に生徒名は名ではなく姓によって呼ばれる。しかし、中学英語教科書に登場する日本人生徒はすべて姓ではなく名で呼ばれている。Kumi、Ken、Miki、Kazuki、Yuki、Kota、Saki、Takuma、Ayaka、Kazuki 等々である。日本の中学校の普通の教室で、生徒の出席簿が姓でなく名で書かれていて、教師が生徒を姓ではなく名で呼び、生徒同士もたがいに姓でなく名で呼びあうことは、少なくとも一般的には考えにくい。ましてや、Takuma を Taku、Ayaka を Aya、Kazuki を Kazu などと短縮して呼ぶことが日本の中学の「生きる形」の生徒名簿であるとはとても思えない。こんな呼び方が許されるのは、おそらく家族のなかでも一部の年長者に限られよう。母親でさえも中学生の子どもの名は呼び捨てでなく「ちゃん」付けなどにすることさえ多いであろう。

　このようにみると、日本の「人名固有の形式が生きる形」に改定されたはずの中学英語教科書は、表看板とその内容との間には明らかに一貫性を欠き、しかも大きな齟齬があることを認めざるを得ない。姓でなく Takumaや Ayaka や Kazuki などの名で呼び、それも Taku や Aya や Kazu などの愛称（diminutive）まで使う。これが姓ではなく Elizabeth や William や John などの名を使い、それも Betty や Bill や Jack などの愛称で呼ぶアメリカの教室を強く

意識していることは明らかである。日本人の「人名固有の形式が生きる形で紹介・記述され」たとはとても言えそうもない。このような新しい教科書の不可思議な実態に疑問をもつ生徒や教師は少なくないはずである。なぜこのような編集方針の「混乱」が生じるのであろう。

　たかが固有名詞の表記方法である。それにもかかわらず、これほどまでに固有名詞の表記方針が揺れ動いて腰が定まらないのは、その根底には、日本人の思考が明治以来、欧化主義に「毒されて」きたという民族的後ろめたさがあるのであろうか。あるいはこれは一種の対欧米コンプレックスと呼んだほうが正しいのであろうか。平成12年12月8日の国語審議会の答申そのものには以下のような考え方がうかがえる。

　　　　日本人の姓名をローマ字で表記するときに、本来の形式を逆転して「名
　　　－姓」の順とする慣習は、明治の欧化主義の時代に定着したものであり、
　　　欧米の人名の形式に合わせたものである。

　そして、その国語審議会の審議の内容を記した議事録には、審議会としてはそのような今日の「日本人の意識を変えることが一番の問題である」と日本人の意識改革の必要が最重要の問題であると指摘して、「教育現場へのメッセージは、「姓－名」順に表記すべきだということ」であるとする審議会の結論が記録されている（文部科学省「第22期国語審議会第3委員会（第14回）議事要旨」）。

　このようにして明治の欧化主義によって「ゆがめられて」きた日本人の「名－姓」表記から、いまこそ日本人は誇りを取り戻し日本人本来の「姓－名」表記に立ち返らなければならないという主張である。このような国語審議会の答申がそのまま文部省の見解となり、そしてこの国全体の教育方針となった。

　たしかに明治初期の欧化主義の時代には、たとえば廃仏毀釈のように、極端な欧米一辺倒の風潮に取りつかれた日本人は、国宝級をも含む数々の貴重な文化遺産を簡単に廃棄したり、破壊・抹殺さえもあえてするという取り返しのつかない蛮行にも走った。しかし、明治以来の日本人の「名－姓」順のロー

マ字表記が、はたして今日からみて「日本人の意識を変えることが一番の問題である」と咎められるほどに国民全体が反省すべき歴史的な過誤や恥辱といえるのであろうか。

　国語審議会によれば「名－姓」の方式は「明治の欧化主義の時代に定着した」といわれる。しかし、実は江戸時代から明治の初めまでは、少なくとも日本の総人口の9割以上を占める農民や漁民や町人たち平民は、姓そのものを持っていなかった。「定着」するもしないも、苗字帯刀禁止令(享和元年、1801年)によって、そもそも姓(氏)そのものをもつことすら許されていなかったではないか。彼らは姓を持たずに名をもつのみで、「百姓与助」や「漁師伝八」、「孫兵衛娘いと」や「平太妹よね」などと呼ばれるのが一般であった。簡単に日本人名の「本来の形式」などというが、欧化主義の初期には、いまだ日本人の多くは姓をもたず、したがって当然「姓－名」の形式そのものさえももっていなかったことを忘れてはならない。太政官布告によって平民に姓(氏)の使用が義務化されたのはやっと明治も8年2月のことであったが、そんな風に突然に文字通り「取って付けたように」強制的に付けさせられた各自の新しい姓に簡単になじむわけもなく、むしろ戸惑ったり煩わしく思う日本人は多かった。それほどに大部分の日本人は「姓」などとは無関係に、むしろ単に「名」だけの生活を長く続けて、それに特別の不便を感じていなかった。

　その姓の使用が義務化されたのは、英語異常ブーム(明治5年)や森有禮の英語国語化論(明治6年)などの欧化主義の英語熱が高まった時期よりも以後のことである。とすると、今日のわれわれの名前を、「日本人の意識を変えることが一番の問題である」として欧化主義以前の「本来の形式」に戻すということは、大多数の日本人にとっては当時の単に名だけの「百姓与助」や「漁師伝八」、「孫兵衛娘いと」や「平太妹よね」などに戻ることを意味する。これは、'Yosuke, peasant'や'Denpachi, fisherman'、あるいは 'Ito, daughter of Magobei'や'Yone, sister of Heita'などと再び姓をもたない状態に帰ることであって、おそらくいまだ定着していなかった「姓－名」には戻らないはずである。明治の欧化主義の当時、日本人の大多数は姓などもたない生活をむしろ当然のことと考えていて、「姓－名」は日本人名の「本来の形式」などでは

なかった。「姓－名」か「名－姓」かどころではなく、姓の存在自体がその程度にしか考えられていなかったし、「姓」は日本人のアイデンティティなどとはまるで無関係の存在であった。

　そんな「姓」が、新たにそれまでの「名」に加えて必要とされるようになったのは、中央集権体制の近代国家にとって国民軍の創設のための「国民皆兵」の必要が生じたためであった。そのために明治4年には戸籍法が制定され、明治6年には全国的な徴兵制を敷くための徴兵令が施行され、明治8年の苗字必称義務令によって、皇室を除くすべての日本人は、名のほかに必ず苗字（姓）を持つことを義務づけられた。この苗字必称義務令にはたしかに欧米のgiven name（名）と family name（姓）の姓名制度が参考にされて「欧米の人名の形式に合わせたもの」にはなった。ただし、given name は一般には first name、family name は last name とも呼ばれることからも明らかなように基本は「名－姓」順表記であるが、これを日本人の姓名表記が真似ることはなかった。

　しかし、はたして国語審議会が考えるように、だから今日、「日本人の意識を変えることが一番の問題」として求められ、あらためて欧化主義以前に戻る必要があるのであろうか。この欧化主義によって、われわれの姓名表記のあり方がゆがめられ、日本人としての尊厳が侵されたとみるべきなのか。むしろ、それによって国の近代化のための制度が改善され、より整備されたとみることはできないのか。

　たしかに幕末から明治にかけての欧化主義は、廃仏毀釈などという取り返しのつかない悲劇をわれわれにもたらした。海外の影響に対するそんな警戒心がわれわれに根強いことは認めざるを得ないが、その反面、至極当然のことであるが、欧化主義を含む海外からの物心両面の影響によってわれわれはまた大きな恩恵を被っていることも疑う余地はない。たとえば、日本語そのものについてさえも、たしかに使用頻度の高い基本的な単語や助詞・助動詞のほとんどすべては本来の日本語の和語のままであるが、しかし、いまや日本語の語彙全体の実に4分の3は、中国からの漢語か欧米からの外来語が占めていると言われるほどの現状である。[1] このような重要な事実を決して無視することはできない。あるいは、古来、右から左へ縦書き（右縦書き）の日

本語が、欧化主義の結果、左から右への横書き（左横書き）の書字法をも採り入れたことによって、日本独自の和算から西洋から入った洋算への転換を容易にしたことも見落としてはならない。欧化主義と言われる日本語の左横書き法の採用は、明治以後、「世界の数学大国」と呼ばれるまでになった日本の近代数学の発展に決定的な役割を果たしたことを忘れてはならない。言うまでもなく、ひいてはそれが日本の近代の科学技術の飛躍的な進歩に不可欠な要件であったことは否むことはできない。欧化主義以前の右縦書きだけの日本語ではとうてい果たし得なかった数学や科学技術の成果である。しかし、これをもって、日本語が格段に豊かになったことは認めても、われわれは海外の言語によって日本語そのものが「侵された」とも「毒された」とも考えない。日本を代表する作家の鷗外や漱石の作品群そのものも、彼らが学んだ漢学および洋学の強い影響なしにはとうてい生まれ得なかったという事実は疑う余地もないことではないか。

　とすると、われわれがここで気づかねばならないことは、国語審議会の説く「日本人の意識を変えること」とは、日本人の意識を脱亜入欧に走った「屈辱的な」現在の日本人から、欧化主義以前の島国の「自尊心のある」日本人に戻ることではないはずである。むしろ多様な異文化共生の新しい時代にふさわしい日本人のあり方にしっかり目覚めることでなければなるまい。これを姓名のローマ字表記の問題についていえば、単に個人の姓名表記のあり方の問題としてではなく、もう少し広い視点からみて、たとえば、少なくとも個人が置かれた環境としての住所表記とともに考えてみると分かりやすい。

　日本語では、われわれの住所・氏名の表記は一般には、以下のように国名に始まり個人名に終わる順になる。

① 日本国　101-8466　東京都　千代田区　神田錦町　3 番 24 丁目　錦町マンション 35　鈴木 太郎

　これを、日本語では逆にして、個人名から始めて国名に終わる以下のように言い表すことは一般にはしない。

② 太郎　鈴木　35 錦町マンション　24 丁目　3 番　神田錦町　千代田区　東京都　101-8466　日本国

これに対して、たとえばアメリカ人ならば、一般に住所・氏名は以下のように書き表す。

③ John Smith Apt. 204, 910 Kapahulu Ave., Honolulu, Hawaii 96816, U.S.A.

これを、彼らは英語では一般に、以下のように逆転して書き表すことはあり得ない。

④ U.S.A., 96816 Hawaii, Honolulu, Kapahulu Ave., 910 Apt. 204 Smith John

とすれば、住所・氏名をたとえ①のように書く日本人の鈴木太郎も、アメリカに住んで英語で自分の住所氏名を齟齬なく伝えるためには、当然③の方式に従わなければなるまい。日本人であり、日本人の自尊心を損なわないためにという理由で、かたくなに①に準じた④方式に固執しては自分の住所・氏名を齟齬なく伝えることは困難になろう。同様に、John Smith が日本に住む場合にも、自分がアメリカ人であるという理由で、アメリカの住所表記③方式に準じた②方式にこだわっては自分の住所・氏名を正確に伝えることにはならない。これでは当然「情報の共有性」が確保しにくい。

　言うまでもなく、これは単に「姓－名」か「名－姓」かの字面上の記述順の問題ではない。もう少し基本的な問題として、一般にマクロからミクロへと向かう日本語の発想法と、これとは対照的なミクロからマクロへと向かう英語の発想法との基本的な文化的差異の問題である。われわれに問われるのは、この事実を認めるか、認めないかという問題にすぎない。日本人が、文明開化の時代から今日まで 1 世紀以上もの間、国から何度も勧告を受けながらも、いまなお英語の環境では「名－姓」方式を捨てきれないでいるのは、このよ

うな日・英の発想法の違いを敏感に感じとっているためではないのか。明治8年、苗字必称義務令によって日本人が名に加えて新たに姓を持つことになった際も、後から追加する姓を後置して「太郎－鈴木」順でなく、あえて姓を前置した「鈴木－太郎」順を選んだのは、決して偶然や単なる思いつきではなく、このような日本語の基本的な発想法に基づくものであった。[2] しかし、現在問題の「日本人の意識を変えること」が本来意味することは、単に国語審議会や国が考える欧化主義からの離脱や自尊心の回復などではなく、英語によるコミュニケーションには、英語独自の発想法を無視することはできないという至極当たり前の意識への転換ではないのか。

　これは、当然、英語だけの問題ではない。朝鮮語、中国語、モンゴル語、ビルマ語などを相手とする場合には、それぞれの言語独自の発想法を無視することはできない。モンゴルやミャンマーなどのように日本や欧米などに似た姓名の形式を持たない言語についてはさらに複雑な問題も伴う。

　異言語によるコミュニケーションが成り立つためには、当然、その異言語・異文化のルールに則ってできるだけ齟齬の少ない相互の理解が果たせるように、特に情報の送り手側の可能な限りの工夫が求められる。これはコミュニケーションを成り立たせるための基本的な心得であろう。日本語の文脈ならば「鈴木太郎」、英語の文脈では‘Taro Suzuki’と名乗ることは、決して屈辱でも不名誉でもなく、むしろわれわれはより豊かな表現方法という強みを獲得したことを意味する。さらにアラビア語やモンゴル語などを学び、それぞれに異なる表記法を使い分ければ、その強みはさらに一層広がることになる。「鈴木太郎」は「鈴木太郎」以外にも、必要に応じてさらにそれぞれの環境にふさわしいペンネームをもつことも、芸名を名乗ることも可能である。そして、英語の環境で使う‘Taro Suzuki’もそのような名前の1つにすぎない。

　封建時代の村落共同体では名のみの、しかも文字を伴わない音声だけの「タロウ」で十分に機能していたものが、読み書きが必要な時代になるにつれて、本来外国語であった中国由来の漢字やそれから生まれた平仮名を使って「太郎」や「たろう」と表記するようになった。さらに、より大規模で複雑な近代国家を形成するにつれて戸籍が整備されて名に姓が加わる「鈴木太郎」にな

り、さらに海外との交流が密になり国の国際化が進むにつれて西洋の文字のローマ字による表記‘Taro Suzuki’も併せ持つことになった。われわれは、いわば住む世界が広がり変化するにつれて、それに適応した名を追加したり使い分けることを学んできた。西洋文字表記の‘Taro Suzuki’や中国文字表記の「鈴木太郎」を恥じて、日本人の「尊厳」を取り戻すために、西洋文化や中国文化に接触以前のはるか音声だけの「タロウ」時代に回帰する問題ではない。本来は、自分の姓名表記に外国語であるはずの漢字やローマ字を使うこと自体が、文字通りアイデンティティ（自分らしさ）の深刻な棄損に他ならないにもかかわらず、われわれはそんな意識をほとんどもたなかった。それは、姓名の新しい表記法の獲得が、われわれの能力のストックの豊かさと視野の広さを示すものであると感じていたためではないか。

　われわれは、とかく簡単に「日本人のアイデンティティ」や「日本人らしさ」などと口にする。しかも、それがまるで万古不易の概念であるかのように思い込みがちである。とすれば、全語彙の4分の3を中国からの漢語や欧米からの外来語が占めている現在の日本語は、はたして日本語本来のアイデンティティを失った没個性的な言語とみるべきなのか。日本語のアイデンティティを取り戻すためには、外来語や漢語は排除して、外来語や漢語を導入した以前の和語だけの時代の日本語に戻ることが必要なのか。あるいは漢学や洋学の学識の豊かな鴎外や漱石は、はたして日本人のアイデンティティそのものを疑われる自尊心を欠いた恥ずべき小説家なのか。彼らが日本人としてのアイデンティティを取り戻すためには、彼らの漢学や洋学の知識をすべて払拭する必要があるのであろうか。

　たしかに、外国語の学習や外国旅行などの異文化接触は、われわれのアイデンティティそのものを大きく揺り動かすことが多い。とすれば、そのような異文化接触は、われわれのアイデンティティにとっては必ずしも好ましい影響を及ぼすものとは言えないのであろうか。外国旅行や外国語の学習などの異文化接触は、日本人や日本語のアイデンティティの形成を妨げる、むしろわれわれにとっては有害な結果をもたらす営為と考えるべきなのか。

　このようにみてくると、日本人や日本語の「アイデンティティ」と呼ばれ

るものの実態は、われわれが一般に思い込んでいるような確固として不動の
存在ではないことが分かろう。実はそれは、時代や環境の推移につれて変転
して留まることのないいわば融通無碍の存在であるとみるべきではないのか。
われわれの様々な形での異文化接触は、異なる世界への知見を広め新鮮な発
見を伴い、むしろ日本人や日本語の「アイデンティティ」に新たな柔軟さと
豊かさを増す結果になることに気づくべきではないのか。われわれが学問を
することは、新しい理解や発見を重ねてわれわれ自身を大きく変えることで
あると言ったほうが正しい。

　思えば今日の日本人自体も、すでに明治や大正の日本人とは明らかに大き
く変化している。かつての目の色も髪の色も黒く、肌の色は黄色い日本人だ
けではない。現在では目は青く、あるいは茶色で、髪は金色や灰色で、肌は
白く、あるいは黒い日本人さえ目立つようになった。その彼らが日本を代表
する文化人や芸能人やスポーツ選手として国際的にも活躍する時代である。
日本人が日本人としてのアイデンティティを取り戻すためには、そのような
新しい日本人を排除する必要があると考えようとするのであろうか。まさか、
国語審議会もかの白豪主義の日本版、黄日主義を期待するわけではあるまい。

　加藤周一などはこのような日本の文化を「雑種文化」の典型と考え、慧眼
にもこの文化的「雑種性」にこそ大きな希望を託すことができると考えてい
るほどである（加藤周一「日本文化の雑種性」；「雑種的日本文化の希望」）。国語
審議会は、'Suzuki Taro' なら日本人のアイデンティティに即するが、'Taro
Suzuki' では日本人のアイデンティティに背くかのように考え、このような
教育を日本の学校英語教育で心がけることを期待している。しかし、ここで
あらためて考えなければならないことは、われわれが立ち返るべき「本来の」
日本人や日本語とは一体何であるかという問題であろう。

　日本語・英語間の姓名表記の問題は、実は異文化接触論ではごく一般的な
問題であって、特別の政治的・民族的意図を持ち込まない限り、本来、さほ
ど複雑な論争を呼ぶ問題などではない。ましてや国会の外交・防衛委員会で
長々と議論したり、国が国内外にわざわざ公文書で依頼や要請を出すほどの
大袈裟な問題では決してあり得ない。

　日本の民法は、結婚した男女はその一方が自分の姓を完全に放棄して、全く新しい相手の姓を名乗ること（夫婦同氏制、明治 31 年制定）を定めている。しかしよく考えてみれば、いや、よく考えるまでもなく、これほど個人のアイデンティティ（自分らしさ）を堂々と完全否定する法律も少ない。この国では、結婚した国民の確実に半数が、先祖伝来の自分自身のいわば存在の証であるはずの姓を痕跡もなく抹消させられる。個人的にはこれほどまでの決定的なアイデンティティの棄損が、はたして他に考えられるであろうか。同じ漢字文化圏でも韓国や中国では夫婦は原則として別姓であり、結婚により日本のように簡単に個人のアイデンティが否定されることはない。実は、日本でも「苗字必称義務令」が発令されて以後も明治 31 年まで、太政官指令により実際に「夫婦別氏制」が続いていた歴史もある。

　しかし現在の日本は、これほどまでに個人のアイデンティティを完全に無視した法律を平然と全国民に強いている。ところが他方で、その同じ国が「鈴木太郎」が「鈴木太郎」の名を放棄するわけでもなく、ただそれに加えて、さらに英語の文脈に限って齟齬のより少ない表記 'Taro Suzuki' を名乗ろうとすると、実に不可思議にもその表記がローマ字であること自体については全く問題にすることもなく、ただ単に姓と名との表記順だけを理由に、欧化主義の残滓であり個人のアイデンティティの棄損であるかのように騒ぎ立てる。つまり、「鈴木太郎」を 'Taro Suzuki' と表記することが、結婚した日本人の半数が強いられる生まれながらの姓の放棄という事実よりも、はるかに重大な個人のアイデンティティの棄損であるとみなされている。言いかえれば、「鈴木太郎」は、結婚した妻には彼女の旧姓を完全に放棄させていささかの痛痒も感じないにもかかわらず、自分が 'Taro Suzuki' と呼ばれることにはひどく自尊心を傷つけられるという文字通りの身勝手さである。したがってこの国はいまや、このように 'Taro Suzuki' と名乗る日本人の「意識の改革」という洗脳が必要であるとみなし、特に学校の英語教育に対して 'Suzuki Taro' 方式を教えるようにと新たに強く要請するまでになった。日本国の個人のアイデンティティ感覚とは、実はこれほどまでに極度にご都合主義的であり恣意的である。

　このように考えてくると、日本人の姓名のローマ字表記の問題は、単なる個別文化の技術的な表記法の問題を超えて、いわば異文化に向き合うわれわれの基本的な姿勢の問題であることがはっきりする。情報の送り手本位か、それとも受け手本位かと考えてもよい。これはつまるところ、異文化間のコミュニケーションに関して、自らの権威やプライドを優先したかつてのローマ・カトリック教会の立場をとるか、それとも一般大衆の理解や便宜を優先する「情報の共有性」を重視したウィリアム・ティンダルの立場をとるかの問題であると言いかえることができる。

7. 姓名の片仮名表記

　以上のように考えてくると、欧化主義への迎合とも、自尊心の欠如ともいわれる日本人の姓名のローマ字表記「名－姓」方式も、決して一般に言われるような日本人の歴史的過誤などではなく、むしろ結果的にみると、21世紀の現代にも立派に通じる明治の日本人の対異文化姿勢の在り方を顕すものとも言えそうである。明治の日本人は、必ずしも明確な洞察力をもってとはいえないものの、少なくとも人類の言語や文化の多様性を認め、人類として相互に相手の言語・文化を認めあい、あるいは相互の言語・文化を学びあうことの必要は否定しなかった。文化庁の勧告以来20年近くを経た現在も、国の省庁も文部科学大臣も総理大臣さえもいまだに「名－姓」方式から離脱できないでいる現状は、考えてみれば、むしろこのような明治以来の日本人の対異文化姿勢としては至極無理からぬ結果であるとみるべきではないか。

　世界の多様な言語のなかでも、特に英語によるコミュニケーションの場面においては、日本人の姓名のローマ字化については「名－姓」表記をとった明治の日本人であったが、むしろ彼らを悩ませたのは、逆に主として英語圏における人名をいかに日本語で表記するかという問題であった。

　基本的には表意文字の漢字で書き表される日本人名 (特に姓) を、その読み方に従って表音文字のローマ字 (ラテン文字) に移すことにはさほどの困難はなかったが、それに比べると、表音文字のローマ字で書かれる欧米人の姓名を、

そのまま表意文字の漢字で表記することは至極大変な難作業であった。たとえば、シェイクスピアは漢字では「沙比阿」や「沙吉比亜」や「沙翁」等々と書かれたし、ナポレオンは「奈破翁」、「那破崙」、「那波列翁」等々と書かれた。書き手次第で実に様々な意味を込めた様々な表記が可能になるだけでなく、漢字では肝心の原音の発音を正確に伝えることが容易ではなかった。このような欧米人の姓名の漢字表記には、漢字そのものがはたして意味を表すのか音を表すのかが、文字面からだけでは判然としないという決定的な弱点があった。

　これは他の漢字文化圏でも同様であった。たとえば中国でも、言うまでもなく現在も外国人名は漢字で書かれているが、原音の発音を忠実に伝えることは必ずしも簡単ではないという悩みを持つといわれる。ただ中国では、漢字の表記自体は以下のようにほぼ統一的になったが、これは近年、新華社通信の表記方法に従うことになったためと言われている（中国漢字は日本漢字に改めた）。

　　ドナルド・トランプ　　　　唐納徳・特朗普
　　ウラジーミル・プーチン　　弗拉基米爾・普京
　　エマニュエル・マクロン　　埃馬紐埃爾・馬克竜

　しかし、漢字が唯一の表記文字である中国とは違って、日本は漢字以外にも、漢字から独自に生み出された片仮名と平仮名というさらに 2 種類の便利な文字を持っていた。そのうち特に片仮名は、本来日本人からみれば外国語であった漢文を日本語として読み解くために作り出された表音（音節）文字であり、そのような音を示すための文字の発生時の性格を反映して、とりわけ本来の日本語にはなじみにくい外来語や擬音語の類を耳に響く通りに忠実に転写するための「録音機」の役割をもつようになった。外国人名についても、当初の漢字表記から次第に片仮名表記が使われるようになったのはそのためであり、この段階で、特に姓については基本的には漢字を用いるはずの日本語の原則が崩れてしまった。

　欧米の固有名詞を日本語表記に移すにあたり、表意文字の漢字ではなく表

音文字の片仮名を転写装置として使えば、当然、音声そのものは漢字に比べてはるかに忠実に写すことが可能になり、転写装置であるために姓名表記も原語通り「名－姓」順のままになり、そして欧米語の姓名がもつ意味合いは完全に抜け落ちてしまう。それを嫌った欧米人のなかには以下のように、わざわざ片仮名表記を避けて漢字表記の「姓－名」順で通そうとする人々も出るくらいである。

Donald Keene　鬼怒鳴門　（ドナルド・キーン）
Jack Halpern　　春遍雀来　（ジャック・ハルペン）

　欧米人の姓名を漢字で表記すれば日本語流の「姓－名」順になるが、本来、外国語の日本語への転写装置として作り出された片仮名で表記すれば、当然、原語のままの「名－姓」順になる。したがって、長崎生まれの日本人「石黒一雄」がイギリスに渡り、イギリスの国籍をとり、ノーベル文学賞を受賞した現在、彼はいまや日本では「カズオ・イシグロ」と呼ばれている。「石黒一雄」は日本人であるが、片仮名表記の「カズオ・イシグロ」は非日本人乃至外国人の目に映る日本人であり、姓名表記のルールも非日本人的扱いを受けることになる。
　姓名以外の固有名詞でも、たとえばパリの「ラテン語地区」は、フランス語の場合なら「カルチェ・ラタン」（‘Quartier Latin’）となり、同じ地区が英語の場合なら「ラテン・クオーター」（‘Latin Quarter’）と転写される。またフランスの言語・文化の国際広報機関も、フランス語の場合なら「アリアンス・フランセーズ」（‘Alliance Francaise’）となるが、同じ組織が英語なら「フレンチ・アライアンス」（‘French Alliance’）と原音の発音と語順をそのまま片仮名に写すことになる。このような異言語の転写専用の表音文字を持つことは、韓国・北朝鮮のハングルなどを除けば、印欧語やシナ・チベット語をはじめ世界の諸言語のなかでもきわめて特異な日本語の特徴であるといえる。また、同じ仮名文でも、この片仮名を使うことによって、平仮名との意味の差をも伝えることになる。たとえば、

「おはようございます」
「オハヨウゴザイマス」

を比べると、平仮名は普通の日本人の発話であると考えられるが、それに対して片仮名は一般には自然な日本語ではない外国人風もしくは幼児風の発話であることを表すことになる。

「鈴木太郎」は英語の文脈では‘Taro Suzuki’と姓と名が逆転する。それならば、‘William Shakespeare’は日本語の文脈では「シェイクスピア・ウイリアム」と逆転するはずであろう。ところが、欧米人の姓名は実際には一般に以下のように表記される。

ウイリアム・シェイクスピア（William Shakespeare）
ウインストン・チャーチル（Winston Churchill）
ジョージ・ワシントン（George Washington）
マリリン・モンロー（Marilyn Monroe）

これもまた、日本語の「姓－名」順を無視した日本人の欧米追随姿勢の何よりの証拠であるかのように言われることが多い。しかし、これは当初は欧米人の姓名を漢字で表記しようとつとめた明治人が、ついにそれが到底困難であると思い知らされた末にやっとたどり着いた彼らなりの精一杯の知恵であったと考えるべきであろう。言うまでもなく中国（当時は支那）では漢字で、また英語圏ではローマ字で外国人の姓名は表記されるが、日本では表意文字の漢字のほかに、さらに2種類の表音文字の片仮名と平仮名をもつ。そして、特に片仮名はすでに外国語としての漢文を学んだ際に、漢文を日本語として読み下すための転写装置として有効に機能することが実証ずみであった。この経験を、明治人は英語についても踏襲することになった。

英語圏でも、すべての姓名が「名（first name）－ 姓（last name）」で表記されるわけではない。First name と last name の間に複数の middle name を持つ例は少

なくない。洗礼名、先祖の名前、母方の姓、尊敬する人物名などが多い。あるいは、たとえばシンガポール国立教育大学の Claire Dawn Yio Siew Koon 教授の名前などは、Claire も Dawn も Christian name、Yio は family name、Siew も Koon も given name である。英語圏内でも実際には、日本人の考える「姓－名」や「名－姓」表記の分類では処理しきれないものは多い。片仮名表記は、そのような分類にこだわらず、複雑な姓名をも原語のままの音声と語順を忠実に転写することを可能にした。

　世界にはむしろ、「名－姓」「姓－名」表記では分類不能な名前のほうが多数派かもしれない。元横綱の朝青龍はモンゴル出身であるが、彼の本名は「ドルゴルスレンギーン・ダグワドルジ」（'Dolgorsürengiin Dagvadorj'、モンゴル語キリル文字のラテン文字への転写）であるが、前半は父親の名、後半は本人の名で、姓などはもたない。この 2 語がその順でそろってはじめて彼自身の full name となる。ミャンマーの「アウン・サン・スー・チー」（'Aung San Suu Kyi'、ビルマ語のラテン文字への転写）国家顧問兼外相の名前などは、Aung San は父親の名、Suu は父方の祖母の名、Kyi は母親の名の一部であり、本人自身の姓もなければ名もない。しかし、この 4 語をこの順序に並べてはじめて本人のfull name となっている。勝手に 4 語の語順を変えることはできない。一般に「ピカソ」と呼ばれるスペインの画家に至っては、本名は「パブロ・ディエゴ・ホセ・フランシスコ・デ・パウラ・ファン・ネポムセーノ・マリア・デ・ロス・レメディオス・クリスピニアーノ・デ・ラ・サンティシマ・トリニダード・ルイス・イ・ピカソ」（'Pablo Diego José Francisco de Paula Juan Nepomuceno María de los Remedios Crispiniano de la Santísima Trinidad Ruiz y Picasso'）である。'Picasso' 以外は洗礼名と先祖の名前を並べたものであるが、これを日本語で伝えるには、その名のすべてを片仮名でそのまま忠実に転写する以外には方法はあるまい。日本人が日本人の勝手な都合で「姓－名」か「名－姓」かなどと語順の決定ができる話ではない。日本語が、漢字仮名交じりの日常語以外に、他の言語には類まれな優れた異言語の転写専用の表音（音節）文字である片仮名をもったことを、この国の異文化交流のためには願ってもない僥倖であったとみるべきかもしれない。

　以上のように姓名表記の問題を考えてくると、英語によるコミュニケーションの場に限っては、日本人の姓名表記を「名－姓」順とするのは、欧米諸国に対する卑屈な迎合の結果とは必ずしも言えそうにない。むしろ、何よりも基本的な対異文化接触の姿勢として、齟齬なくコミュニケーションを達成するためには、英語の表記に当たっては漢字や仮名ではなく、当然ラテン文字を使用するのと同様に、文の構造についてもマクロからミクロに向かう日本語の思考法ではなく、当然ミクロからマクロに向かう英語の思考法に従うということに過ぎない。もちろん、英語以外のたとえば中国語の文脈においては、中国語の思考法に従って「姓－名」順の表記となる。

　また、日本人が英語を含む世界の多様な姓名の表記を日本語で行う場合には、原語のままの姓名をそのまま片仮名（ただし、漢字文化圏諸語については漢字）で転写する以外には有効な方法はなさそうである。これは日本語側の漢字の持つ表意文字としての特性によるものであり、これも必ずしも諸外国に対する迎合の結果とはいえない。これらを整理すれば、ほぼ**表 5-4** の通りになる。

　なお、以上のような姓名表記の考え方では、たしかに諸言語の姓と名の別を明確に表すこともできないし、姓名がもつ本来の含意も、あるいはその構成自体も明らかにはならない。しかし、このような説明は本来、姓名の表記法そのものに求めるべき問題ではない。それこそが、人類の言語や文化の多様性を尊重するためには、人類が相互に相手の言語・文化を敬意をもって認め合い、あるいは相互の言語・文化を謙虚に学びあうことが不可欠であると考えられる所以である。歴史の教訓に学んだ戦後の各国が、対外広報機関を拡充・強化して、それぞれの言語・文化の国際的普及・伝播に力を注ぐのはそのためである。異言語間の姓名表記の問題も、つまるところは、それぞれの言語話者の異言語・異文化に対する関心や熱意のありようそのものが真正面から問われる問題であることを意味している。

　本稿脱稿後の令和元年 9 月 6 日、内閣は閣僚懇談会において、日本人の姓

表5-4　日本語の立場からみた姓名表記の考え方

(作成：大谷泰照)

	日本語から	諸言語へ	諸言語から	日本語へ
①漢字文化圏で「姓－名」表記を採る国	日本語(漢字：「姓－名」)〈例〉鈴木太郎	中国語・朝鮮語など漢字圏諸語(漢字：「姓－名」)〈例〉鈴木太郎	中国語・朝鮮語など漢字圏諸語(漢字：「姓－名」)〈例〉毛沢東	日本語(漢字：「姓－名」)〈例〉毛沢東
②印欧語圏で姓・名表記を採る国	日本語(漢字：「姓－名」)〈例〉鈴木太郎	印欧語圏諸語(ラテン文字：「名－姓」)〈例〉Taro Suzuki	印欧語圏諸語(ラテン文字：「名－姓」)〈例〉Donald Keene	日本語・(漢字：「姓－名」)〈例〉鬼怒鳴門・(片仮名：「名－姓」)〈例〉ドナルド・キーン
③それ以外のすべての言語圏の国	日本語(漢字：「姓－名」)〈例〉鈴木太郎	その他の諸言語(当該言語の文字もしくはラテン文字：必ずしも姓・名の形式をとらない)〈例〉当該言語話者の最も理解しやすい姓名表記方式で	その他の諸言語(当該言語の文字もしくはラテン文字：必ずしも姓・名の形式をとらないもの)〈例〉Aung San Suu Kyl(ビルマ語表記、もしくはそのラテン語文字表記)	日本語(片仮名：当該言語の姓名表記方式で)〈例〉アウン・サン・スー・チー

①は漢字文化圏内で、漢字を日常文字として「姓－名」表記方式を採る国々。

　これらの国相互の間では、そのままの文字と姓名表記方式を相互の言語に移すことができる。

②は使用文字がラテン文字圏で、姓と名の表記方法を採る国々。

　日本語の漢字の姓名はその音声をラテン文字に写し、姓名は印欧語話者の最も理解しやすい「名－姓」順方式に移す。

　印欧語のラテン文字の姓名は、日本語の漢字に移す場合には日本語話者の最も理解しやすい「姓－名」順に、あるいは片仮名に移す場合には片仮名の録音機能により姓名の表記も原語のままとする。

③漢字・印欧語圏以外の多様な文字で、姓名表記方式も多様な国々。

　日本語の漢字の姓名はその音声を相手の使用文字もしくはラテン文字に写し、姓名も当該言語話者の最も理解しやすい表記に移す。

　相手の姓名を日本語の片仮名に移す場合には、片仮名の録音機能により、すべて相手原語の表記順のままとする。

名のローマ字表記は、国の公文書では「姓－名」の順とすることを政府の方
針として決定した。その後、この方針は令和2年1月1日から実施されるこ
とになった。

　※ 本章の考え方を最初に発表したのは、
　　大谷泰照「姓名表記の考え方」『英語教育』開隆堂出版、平成元年7月
　であった。
　　本章は、それ以後30数年間に折にふれて発表した関連する拙稿を統合・整理し、
　大幅に加筆したものである。

［注］

第1章

1 Torsten Husén（ed.）, *International Study of Achievement in Mathematics: A Comparison of Twelve Countries*（Stockholm: Almqvist & Wiksell, 1967）, Vol. I, p. 34.

2 本文中の表 1-1、表 1-2、表 1-3 は、いずれも注 1 のこの IEA 報告書の資料を筆者が整理し直したものである（Vol. I, pp. 254, 277 & 279; Vol. II, pp. 22, 24 & 30）。学校制度の違いから、参加 12 か国・地域すべてについて一律に比較することが不可能であった項目もある。またスコットランドは教育行政の面ではイングランドとは別になっているため、この調査には別個に参加した。

3 この数学と言語の問題については、すでに 1970 年代に、水谷静夫（『言語と数学』森北出版、1970 年）や 銀林浩（「数学と文化・人間」『数学教室』国土社、1971 年12 月）の指摘がある。

4 泉井久之助「数詞の世界」『言語生活』筑摩書房、1973 年 11 月、p.17.

5 Douglas MacArthur が、1951 年にアメリカ上院軍事外交委員会で証言した「日本人 12 歳説」についても、11 歳でも 13 歳でもなく、特に 12 歳と述べた意味が、完全な 10 進法をとる日本人に正確に理解されていたかどうか疑わしい。

6 D. Pauling, *Teaching Mathematics in Primary Schools*（O.U.P. , 1982）, p.33 .

7 英語は 20 をこえると twenty-one ... と比較的合理的な数詞になるが、ドイツ語では相変わらず einundzwanzig（1 + 20）（もっとも、英語にも年齢を表す時には one and twenty ... という言い方が残っている）... neunhundertneunundneunzig（900 + 9 + 90）とどこまで行っても不規則で、算数教育のひとつの悩みとなっている。

8 逆に、日本の学習者にとって障害となっているのは数字の位どりである。われわれには、「二億三千万」は、日本語の数詞に従って 2,3000,0000 と 4 数位区切りが合理的であるが、実際はヨーロッパ語に従って 230,000,000 と日本人には無意味な 3 数位区切りを強いられる。

9 竹内好『中国を知るために』勁草書房、1971、p.189.

10 教科書によって異なるが、大阪書籍は約 1 か月、啓林館、東京書籍は約 2 か月。

11 *Proceedings of the General Conference of the Protestant Missionaries of Japan*（Yokohama : R. Meikle-john, 1883 ）, p.166.

12 各回の IEA 報告書の資料を筆者が整理し直したものである。

13　中国語の語順には、ヨーロッパ語との類似点が多く、数式についても、日本語の場合ほどの不適合は起こさないといわれる。(中国の湖南師範大学および湖南農業大学の数学教室の見解による)。

14　銀林浩「数学と文化・人間」『数学教室』国土社、1971 年 12 月、pp.10 -12.

15　森有禮 'Education in Japan.' (1873)『森有禮全集 第 3 巻』宣文堂書店、1972、p. 286.

16　ドロシー・G・ウェイマン著　蜷川親正訳『エドワード・シルベスター・モース 下巻 』中央公論美術出版、1976 、p.60.

その他の主要参照文献
外山滋比古「修辞と文体」『言語と思考』小学館、1968.
遠山啓『数学の学び方・教え方』岩波書店、1972.

第 2 章

1　Edwin O. Reischauer, 'The English Language and Japan's Role in the World,' *The English Teachers' Magazine* (Tokyo: Taishukan), January 1962.

2　Earl J. Rand, 'Some Evidence for the Predictive Validity of the ESLPE,' *Workpapers in Teaching English as a Second Language* (UCLA), June 1974, p.59.

3　E. Glyn Lewis & Carolyn E. Massad, *The Teaching of English as a Foreign Language in Ten Countries* (Stockholm: Almqvist & Wiksell, 1975) .

4　John W. Oller, Jr., 'Integrative and Discrete Point Tests at UCLA,' *Workpapers in Teaching English as a Second Language* (UCLA), June 1973, pp.86f.

5　江崎玲於奈「日本が構える独特の障壁」『朝日新聞』(昭和 49 年 1 月 4 日) .

6　Lewis & Massad, *op. cit.*, pp.102f.

7　Marilyn J. Rymniak, *Language Programs in Industry*, (Unpublished master's thesis, UCLA, 1975) , pp.23-26.

8　たとえば、Alison R. Lanier, *Living in the U.S.A.* (New York: Charles Scribner's Son, 1973) , pp.16f.; David Abercrombie, 'The Social Basis of Language,' *Teaching English as a Second Language*, eds. Harold B. Allen & Russell N. Campbell (New York: McGraw-Hill, 1972) , p.261.

9　Jack Seward, *The Americans and the Japanese* (Tokyo: Eichosha, 1976) , p.44.

10　向山洋一「小学校英会話の授業づくりは中学校英語が世界最下位の力しかつけ

られなかったことを直視することから始まった」『教育ツーウェイ』2002 年 6 月．

11　大谷泰照「この国の教育的熱意」、「外国語教師とは何か」、「国際的動向から何を学ぶか」（大谷泰照編集代表）『国際的にみた外国語教員の養成』（東信堂、2015）参照。

第 3 章

1　20 世紀の初めには、すでに以下のような研究が出ている。

O.P. Cornman, 'Size of Classes and School Progress,' *The Psychological Clinic* 3（1909）.

C.L. Harlan, 'Size of Class as a Factor in Schoolroom Efficiency,' Educational Administration and Supervision 7（1915）.

2　それは、1982 年に以下の出版物にまとめられた。

Gene V Glass et al. , *School Class Size.*（Beverly Hills : Sage, 1982）.

3　F. Mosteller, 'The Tennessee Study of Class Size in the Early School Grades,' *The Future of Children* 5,（1995）.

4　「第 151 回衆議院文部科学委員会会議録」第 3 号．

5　「第 151 回衆議院文部科学委員会会議録」第 5 号．

6　国立教育研究所『第 2 回 IEA 国際数学教育調査の中間報告（国際比較）』（国立教育研究所、1986）.

7　『朝日新聞』2018 年 6 月 10 日．

8　OECD, *Teachers Matter:Attracting, Developing and Retaining Effective Teachers.*（OECD: 2005）, p.199.

9　European Commission, *Improving the Quality of Teacher Education.*（Publications Office of the European Union, 2007）, pp.9-10.

10　佐藤学「教員養成に必要とされるグランド・デザイン ― 教師の教育基盤をアップグレードするために」*BERD*, No.10, 2007.

11　European Commission/ EACEA/ Eurydice, *Key Data on Teachers and School Leaders in Europe 2013 edition. Eurydice Report*（Publications Office of the European Union, 2013）, pp. 26 & 28.

12　韓国教育開発院『2016 教育統計分析資料集』2016.

13　相川真佐夫「国際的視点からみた日本の外国語教育」*JACET Kansai Journal*, 2020 年 3 月．

14　文部科学省『平成 28 年度学校教員統計調査』平成 28 年 9 月．

15 ETUCE, *Teacher Education in Europe*（ETUCE, 2008）, pp.20-21.

16 このような認識が問われるのは、単に組織的な異文化接触としての戦争や異言語教育だけではない。2020 年に突如全世界を襲った新型コロナウイルス禍についてはどうか。

　われわれは、今世紀に入ってからでも、すでに SARS（2002-2003 年）や MERS（2012 年）などの世界的な感染症の蔓延を体験した。そんな体験からわれわれが汲み取るべき教訓とは、ただ現状をひたすら凝視するだけではなく、視点をぐんと引いていくらかでも広く歴史的、国際的、重層的な目で問題をとらえようとする新しい姿勢ではないのか。今回のコロナウイルスの対処に際して、韓国や台湾に比べてわが国の医療行政の混乱ぶりが目についたのは、基本的にはこの国のそんな意識の欠如によるものと考えざるを得ない。それは、この期に及んでなお、わが国の政治家からは「日本人の民度［の高さ］」発言が飛び出すことにもはっきりと顕れている。

第 4 章

1 銀林浩「数学社会学のすすめ」『数学教室』国土社、昭和 45 年 8 月.

2 國弘正雄『国際英語のすすめ』実業之日本社、昭和 47 年、pp.9-10.

3 中津燎子『なんで英語やるの？』午夢館、昭和 49 年.

4 大和田建樹『明治文學史』博文館、明治 27 年、p.4.

5 原文は 'our meagre language.' 森有禮 'Education in Japan'（明治 6 年）『森有禮全集 第 3 巻』宜文堂書店、昭和 47 年、p.266.

6 森鷗外「洋学の盛衰を論ず」（明治 35 年）『鷗外全集 第 34 巻』岩波書店、昭和 49 年、p.222.

第 5 章

1 たとえば、大槻信「東京で学ぶ京大の知：王朝時代のことばと文字」（講演）京都大学東京オフィス、2010 年 11 月 24 日。

2 日本人の姓名のローマ字表記では、欧米語に倣って「名－姓」の順に従った明治人も、苗字必称義務令によって日本人の本来の「名」に加えて新たに「姓」を併せ使うことになった際には、追加された「姓」を後置して「名－姓」（first name-last name）順の表記を採ろうとはしなかった。実は、欧化主義の時代の明治人も、今日の国語審議会やその答申を鵜呑みにしたわが国政府が考えているほど簡単に日本語表記の欧風化に流されたわけではなかった。たとえば、欧米の 'economy'

や‘democracy’の考え方を採り入れるにあたっても、「エコノミー」や「デモクラシー」と英語音をそのまま安易に転写した仮名書きよりも、「経済」や「民主主義」という漢字の新語を考え出して日本語を豊かにする努力を怠らなかった。「政府」、「選挙」、「銀行」、「鉄道」、「自動車」、「体育」、「野球」などの今日の日常語の多くが、そのようにして日本語にこだわる明治人の努力によって産み出された新語であったことを忘れてはならない。

　今日のわが国政府は、日本人名の「名－姓」順のローマ字表記は明治の欧化主義の残滓であり、日本の学校英語教育においては、今後、日本語本来の「姓－名」順表記を教えるべきであるとする閣議決定を行い、その実施方を関係各方面に通達した。しかし、その同じ政府が、いったんコロナウイルスがこの国を襲えば、「感染症の世界的流行」は「パンデミック」、「都市封鎖」は「ロックダウン」、「感染爆発」は「オーバーシュート」、「感染者集団」は「クラスター」等々（特に令和2年3月21日の厚生労働省の発表文書以後）、さらには「接触回避」は「ソーシャル・ディスタンス」、「外出自粛」は「ステイ・ホーム」、「生命尊重」は「セイブ・ライブズ」、「在宅勤務」は「テレワーク」と、実に驚くほど安直に欧化主義に押し流されて英語そのものの片仮名表記を乱用し始めた。姓名の表記順どころか、日本語そのものさえも放棄して顧みない異常な現象である。およそ日本語に誇りと責任をもつ政府の所業とはとうてい考えられない。このように文字通り欧化主義に追随して恬として恥じない日本の現状をみれば、むしろ欧化主義に抗い、あえて日本語話者に対する「情報の共有」の確保に心を砕き、数多くの日本語の新語を産み出す努力を重ねた明治人の気概と日本語に対する熱い思いが、あらためて偲ばれるはずである。

日本の異言語教育の現状をどうみるか
—— 「あとがき」に代えて

　今日のわが国の異言語教育の実態は、ただひたすら現状を凝視することによっては決してみえてはこない。むしろ、「今日の」よりも歴史的に、「わが国の」よりも国際的に、「異言語教育」よりも教育全般に、言いかえれば時間的、空間的、そして重層的に一定の距離をおいて眺めてみることによって、はじめて事柄の実相が立体的に、そしていくらかでも鮮明に浮かびあがってくる。

　このようにしてはじめて明らかになるのが異言語教育の成否（効果）に関わる3つの基本的条件である。

　条件1. 言語・文化的環境　第1章および第2章で取り上げた学習者の母語と学習言語との間の言語・文化的距離、および植民地などにおける異文化接触の経験の度合いに関わる問題である。この言語・文化的環境こそが、実は異言語の教育・学習の成否（効果）を決定する最大の条件であり、学習者の母語が異なれば、異言語教育・学習の難易度もまた大きく異なる。これは教師・学習者の能力や努力をはるかに超えた問題であるが、この国ではそのような基本的認識が極めて希薄である。

　条件2. 国の教育政策　基本的には第3章で取り上げた国の教育政策あるいは教育的熱意に関わる問題である。教育に対する国の政策や熱意が異なれば、それは当然、異言語教育・学習の成否（効果）に大きく影響する。これも教師・学習者の能力や努力を超えた問題である。特に近年、この国の教育的熱意の希薄さは、「教育は21世紀のパスポート」と考える世界の動向に大きく逆行するもので、たとえば海外の学術誌からもこの点を厳しく指摘される

ほどに際立つようになった。この問題についても国内の教育関係者の自覚ははなはだ不十分と言わざるを得ない。

条件3. 教師と学習者の資質　第4章及び第5章に述べた考え方をふくめた教育現場における教師の教育能力と学習者の意欲の問題である。とりわけ教師の教育能力や教育法のあり方は、当然、異言語の教育・学習の成否(効果)に大きな影響をもち、文字通り教師の力量や努力そのものが直接問われる問題である。しかしながらこの国では、単に教育技法の改善、あるいは教師のあり方こそが教育の成否(効果)を決定するほぼ唯一・最大のカギであるかのような誤解が、教育界においてさえも広く支配的である。その結果、本来、教師の教育的力量(条件3)を生かしも殺しもする基本的な言語・文化的環境(条件1)に対する自覚、およびその自覚に基づく国の教育政策(条件2)の改善が大きく立ち遅れてしまった。

　以上の3条件は、本来、組織的な「異文化接触」そのものの構造に関わる問題である。そして実は、その構造を何よりも鮮明に顕すのが本書の冒頭で述べた軍事的「戦争」の場合である。いわば異文化接触のなかでも最も建設的な形態としての「異言語教育」よりも、むしろ異文化接触のなかでも最も破壊的な形態としての「戦争」の場面において、組織的な異文化接触の構造はより鮮明に浮き彫りになると考えられる。それぞれに関わる基本的条件をまとめると次表の通りになる。

　このように考えることによって明らかになるのが、今日のこの国の異言語教育のあり方やかつての対外戦争の結果を検討するために必要不可欠な条件は、単なる目先の対症療法(条件3)にとどまらないという事実である。一般にはほとんど省みられることはないが、むしろ、その対症療法そのものを支えて、その対症療法を生かしも殺しもするさらに基本的な原因療法(条件1および条件2)に着目することの必要性である。言いかえれば、異言語教育の成否は、ひとえに教育現場の教師と学習者の資質次第で決まり、あるいは戦争の勝敗はひとえに最前線の軍人の資質次第で決まるかのような支配的な論調がいかに短絡的であり、いかに総合的判断を欠いたものであるかを示すも

表1　組織的な異文化接触の構造―異文化接触のあり方（勝敗／成否）に
　　　関わる基本的 3 条件

（作成：大谷泰照）

		組織的な異文化接触の最も破壊的な形態としての「戦争」の勝敗に関わる基本的条件		組織的な異文化接触の最も建設的な形態としての「異言語教育」の成否に関わる基本的条件	
条件1	軍事的国力	国の資源や経済力などの基本的な軍事的国力：軍人（将校や兵卒など）の軍事的能力や意欲を超えた問題	言語・文化的環境（第1章、第2章）	学習者の母語と学習言語との言語・文化的距離、および植民地などの異文化接触の度合いに関わる問題：教師と学習者の能力や努力を超えた問題
条件2	軍事的政策	国の戦略・戦術の立案能力や洞察力：軍人（兵卒など）の軍事的能力や意欲を超えた問題	国の教育政策（第3章）	国の教育政策や熱意に関わる問題：教師と学習者の能力や努力を超えた問題
条件3	軍人（将校や兵卒など）の軍事的資質	軍人（将校や兵卒など）の軍事的能力や意欲：軍人の軍事的能力や意欲そのものが厳しく問われる問題	教師と学習者の資質（第4章、第5章）	教育現場における教師と学習者の能力や熱意の問題：教師と学習者の能力や努力そのものが厳しく問われる問題

本表を最初に発表したのは、大谷泰照「歴史は繰り返さない、もし人が歴史に学ぶならば―日本の異言語教育のあり方を問う」大学英語教育学会「海外の外国語教育」研究会（令和元年 5 月 25 日　京都外国語大学）であった。

218

のである。そして以上に述べたように、特に破壊的な形態の異文化接触のあり方を通して、建設的な形態の異文化接触の構造をもまた、あらためてより鮮明に浮き彫りにすることができる。

これは、この国の異言語教育関係者が陥っているいわば深刻な「ハッピー・スレイヴ症候群」からの覚醒が、いま何よりも喫緊の課題であることを意味している。

本書中で触れた多くの方々のお名前は、原則として敬称を略させていただいた。引用文の漢字・仮名遣いは、可能な限り原文のままとして、新字体・新仮名遣いに改めることはしなかった。

国際的にみると、「外国語」という呼称は必ずしも言語の実態にそぐわない場合が多い。本書では、母語以外の言語については、学校の教科名としては通例文部省・文部科学省の定めた「外国語」に従ったが、その他の場合には一般に「異言語」を用いることとした。また当然のことながら、「母語」と「母国語」は、原則として区別して用いた。

教育担当者一般については「教師」を、そして特に免許法にいう学校の教育職員が強く意識される場合には「教員」を用いたが、両者を厳密に区別することはしなかった。

本書の基本的な考え方は、すでに筆者の若年時代に発表したものが多い。そのような初期の拙論を、それぞれの出版物に執筆する機会を与えられた以下の諸機関に、あらためて感謝を申し上げねばならない。

朝日新聞社、文藝春秋、駐日欧州連合代表部、大学英語教育学会 (JACET)、英宝社、ELEC、外務省研修所、開隆堂出版、関西大学一般教育研究センター、研究社、国立ソウル大学国語教育研究所、くろしお出版、毎日新聞社、丸善、名古屋外国語大学外国語学部、Department of English, National Taiwan Normal University、日本エスペラント学会、日本フランス語教育学会、日本外国語教

育推進機構、日本経済新聞社、日本言語政策学会、大阪大学言語文化研究科、三省堂、三友社出版、滋賀県立大学国際教育センター、大修館書店、東信堂、Department of English, University of California, Los Angeles、増進堂（アルファベット順）

　本書の執筆を熱心におすすめくださったのは、東信堂社長下田勝司氏であった。拙編著『世界の外国語教育政策 ―日本の外国語教育の再構築にむけて』（平成 16 年 2 月）が同社から出版された直後であったから、もう 10 数年も昔のことになる。その後も度重なる慫慂をいただきながら、結局、拙稿の完成は今日になってしまった。ずいぶんとご迷惑をおかけしたはずであるが、それにもかかわらず本書出版のために大変なお世話を煩わせることになった。同氏のいつもながらの御厚情に対し、ここにあらためてあつく御礼を申し上げる。

　2020 年 3 月

大谷泰照

事項索引

222

人名索引

著者紹介

大谷　泰照 （おおたに やすてる）

桃山学院大学、関西大学、大阪大学、滋賀県立大学、名古屋外国語大学、各教授を歴任。大阪大学名誉教授、滋賀県立大学名誉教授。

異文化接触論、言語教育政策 専攻。

著書：『日本人にとって英語とは何か―異文化理解のあり方を問う』（大修館書店、2007）（2009 年度大学英語教育学会賞学術賞）

『時評 日本の異言語教育 ― 歴史の教訓に学ぶ』（英宝社、2012）

『異言語教育展望 ― 昭和から平成へ』（くろしお出版、2013）、ほか。

編著書：『世界 25 か国の外国語教育』（大修館書店、1999）

『世界の外国語教育政策 ― 日本の外国語教育の再構築にむけて』（東信堂、2004）

『EU の言語教育政策 ― 日本の外国語教育への示唆』（くろしお出版、2010）

『国際的にみた外国語教員の養成』（東信堂、2015）、ほか。

日本の異言語教育の論点──「ハッピー・スレイヴ症候群」からの覚醒

2020 年 8 月 31 日　　　初　版第 1 刷発行

〔検印省略〕
定価はカバーに表示してあります。

著者ⓒ大谷泰照／発行者　下田勝司

印刷・製本／中央精版印刷

東京都文京区向丘 1-20-6　　郵便振替 00110-6-37828
〒 113-0023　TEL (03) 3818-5521　FAX (03) 3818-5514

発 行 所
株式会社 東信堂

Published by TOSHINDO PUBLISHING CO., LTD.
1-20-6, Mukougaoka, Bunkyo-ku, Tokyo, 113-0023, Japan
E-mail : tk203444@fsinet.or.jp　http://www.toshindo-pub.com

ISBN978-4-7989-1648-4　C3037　ⓒ Otani Yasuteru

東信堂

〒113-0023　東京都文京区向丘1-20-6　　TEL 03-3818-5521　FAX 03-3818-5514　振替 00110-6-37828
Email tk203444@fsinet.or.jp　URL:http://www.toshindo-pub.com/

※定価：表示価格（本体）＋税

東信堂

〒113-0023　東京都文京区向丘1-20-6　　TEL 03-3818-5521　FAX03-3818-5514　振替 00110-6-37828

Email tk203444@fsinet.or.jp　URL:http://www.toshindo-pub.com/

※定価：表示価格（本体）＋税

東信堂

〒113-0023 東京都文京区向丘1-20-6
TEL 03-3818-5521　FAX03-3818-5514　振替 00110-6-37828
Email tk203444@fsinet.or.jp　URL:http://www.toshindo-pub.com/

※定価：表示価格（本体）＋税

東信堂

〒113-0023　東京都文京区向丘1-20-6　　TEL 03-3818-5521　FAX03-3818-5514　振替 00110-6-37828
Email tk203444@fsinet.or.jp　URL:http://www.toshindo-pub.com/

※定価：表示価格（本体）＋税

東信堂

オックスフォード キリスト教美術・建築事典	P＆L・マレー著／中森義宗監訳	三〇〇〇円
イタリア・ルネサンス事典	J・R・ヘイル編／中森義宗監訳	七八〇〇円
美術史の辞典	P・デューロ他／中森義宗・清水忠訳他	三六〇〇円
涙と眼の文化史——中世ヨーロッパの	徳井淑子訳	三六〇〇円
青を着る人びと——標章と恋愛思想	伊藤亜紀	三五〇〇円
社会表象としての服飾——近代フランスにおける異性装の研究	新實五穂	三六〇〇円
書に想い 時代を讀む	河田悌一	一八〇〇円
日本人画工 牧野義雄——平治ロンドン日記	ますこ ひろしげ	五四〇〇円
美を究め美に遊ぶ——芸術と社会のあわい	小穴晶子編	二六〇〇円
バロックの魅力	江藤光紀	二八〇〇円
新版 ジャクソン・ポロック	藤枝晃雄	二六〇〇円
西洋児童美術教育の思想——ドローイングは豊かな感性と創造性を育むか？	荻野厚志編著・田中佳編著	二八〇〇円
ロジャー・フライの批評理論——知性と感受性の間で	要真理子監訳・前田茂監訳	三六〇〇円
	要真理子	四二〇〇円
レオノール・フィニー——新しい種 境界を侵犯する	尾形希和子	二八〇〇円

【世界美術双書】

バルビゾン派	井出洋一郎	二三〇〇円
キリスト教シンボル図典	中森義宗	二三〇〇円
パルテノンとギリシア陶器	関隆志	二三〇〇円
中国の版画——唐代から清代まで	小林宏光	二三〇〇円
象徴主義——モダニズムへの警鐘	中村隆夫	二三〇〇円
中国の仏教美術——後漢代から元代まで	久野美樹	二三〇〇円
セザンヌとその時代	浅野春男	二三〇〇円
日本の南画	武田光一	二三〇〇円
画家とふるさと	小林忠	二三〇〇円
ドイツの国民記念碑——一八一三—一九一三年	大原まゆみ	二三〇〇円
日本・アジア美術探索	永井信一	二三〇〇円
インド・チョーラ朝の美術	袋井由布子	二三〇〇円
古代ギリシアのブロンズ彫刻	羽田康一	二三〇〇円

〒113-0023　東京都文京区向丘 1-20-6　　TEL 03-3818-5521　FAX03-3818-5514　振替 00110-6-37828
Email tk203444@fsinet.or.jp　URL:http://www.toshindo-pub.com/

※定価：表示価格（本体）＋税